GEORGES LAFENESTRE

MEMBRE DE L'INSTITUT

LA VIE ET L'ŒUVRE

DE

TITIEN

NOUVELLE ÉDITION

PARIS

LIBRAIRIE HACHETTE ET Cⁱᵉ

79, BOULEVARD SAINT-GERMAIN, 79

1909

3 fr. 50

LA VIE ET L'ŒUVRE
DE TITIEN

161-09. — Saint-Germain-lès-Corbeil. Imp. F. LEROY.

GEORGES LAFENESTRE

MEMBRE DE L'INSTITUT

LA VIE ET L'ŒUVRE

DE

TITIEN

NOUVELLE ÉDITION

PARIS

LIBRAIRIE HACHETTE ET Cⁱᵉ

79, BOULEVARD SAINT-GERMAIN, 79

1909

A TITIEN

Titien, robuste enfant des montagnes boisées
Où les nymphes encor dorment sur le gazon
Près du Christ à genoux priant, les mains croisées,

Chêne touffu, debout dans un chaud horizon,
Qui mis tout un long siècle à pousser ton génie
Comme une incorruptible et verte frondaison,

Laisse-nous, fils chétifs d'une heure moins bénie,
Nous asseoir un instant, pour calmer nos douleurs,
Sous l'abri glorieux de ton œuvre infinie !

O peintre du soleil, du sourire, des fleurs,
D'autres ont pu gravir des cimes plus ardues,
Aux étoiles du rêve allumer leurs couleurs,

Et, d'un plus fier essor perçant les étendues,
Franchir la porte, au fond d'un idéal plus pur,
Des paradis cherchés par nos âmes perdues ;

Aucun d'un cœur si doux, ni d'un regard si sûr,
N'a compris la beauté, la force, la jeunesse,
Et, dans l'enchantement d'un immuable azur,

Plus simple et plus semblable aux bruns pasteurs de Grèce,
Reconnu, dans l'enfant qui rit, le tendre Amour,
Dans la femme qui marche adoré la déesse !

Tout ce qui rayonnait t'énivra tour à tour ;
Et la mort s'écartait de ton front centenaire
En voyant tant de flamme y prolonger le jour :

Pour t'abattre, il fallut un grand coup de tonnerre,
Le dernier d'un immense orage, un soir d'été.
Travailleur invincible, ô maître qu'on vénère,

Donne-nous donc un peu de ta sérénité,
Réchauffe, en nos cœurs froids, la soif de vivre éteinte
Aux salubres splendeurs de la réalité ;

Car, aussi bien, l'effort lasse moins que la plainte,
Et tant gémir est lâche, alors que, sous les cieux,
Toujours neuve, toujours vivante, toujours sainte,

Aujourd'hui comme hier tranquillisant nos yeux
Par l'éclat des effets sur la bonté des causes,
Brille, comme en ton œuvre aux lointains radieux,

L'éternelle beauté des êtres et des choses.

PRÉFACE

Il n'est guère, dans l'histoire des arts, d'existence plus glorieuse que celle de Titien ; il n'en est pas de plus longue ni de plus féconde. Frappé de la peste, dans sa centième année, au milieu d'œuvres interrompues, cet infatigable producteur n'eut de rival, pour la persistance du génie, que le grand Michel-Ange, vis-à-vis duquel il se dresse pendant les deux tiers du xvi° siècle, se partageant avec lui l'admiration du monde. Ce que fut Léonard de Vinci à Milan, ce que fut Raphaël à Rome, Titien l'est à Venise ; non seulement il y résume, dans une suite d'œuvres victorieuses, tous les efforts accumulés des générations antérieures, mais il y ouvre avec éclat une ère nouvelle d'activité imprévue. A l'heure où le souffle puissant de poésie qui avait si longtemps animé les savants dessinateurs de Florence commence à s'éteindre chez leurs froids successeurs, l'art de la peinture, grâce aux brillants coloristes de Venise, reprend, sous sa direction, un magnifique et durable essor. Et ce n'est pas uniquement en Italie que s'exerce, de près ou de loin, son influence salutaire : c'est dans toute l'Europe. Rubens et Van Dyck, Poussin et Watteau, Velasquez et

Murillo, Reynolds et Gainsborough lui devront presque autant que Tintoret, Paul Veronese et Tiepolo.

L'étude historique que nous offrons au public n'a point la prétention de donner l'analyse complète d'un génie si souple et si varié, qui, dans le portrait et dans le paysage, tient un rang aussi élevé que dans la peinture d'histoire et dans la peinture décorative. Nous avons voulu seulement, à l'aide des plus récentes découvertes de l'érudition, y montrer l'artiste lui-même dans son atelier, dans sa famille, dans les cours princières, en même temps que signaler ses chefs-d'œuvre les plus significatifs, à l'heure de leur apparition, dans le milieu qui les explique.

A l'exception de Ridolfi, les artistes et les écrivains du xviie et du xviiie siècle ne s'étaient guère occupés de Titien qu'au point de vue esthétique ou technique. Les recherches précises ne commencent qu'en 1833 avec le livre modeste et savant de l'abbé Cadorin qui sut, mieux que Ticozzi, utiliser les matériaux réunis par un descendant des Vecelli, le docteur Jacobi de Cadore. Depuis cette époque, les publications de Lorenzi, de Ronchini, du marquis Campori, de Pinchart ont singulièrement grossi un dossier qu'il ne faut pas sans doute fermer encore. Un peu plus tard, l'ouvrage considérable et magistral dans lequel Cavalcaselle et Crowe ont ajouté, à toutes les découvertes antérieures, les résultats de leurs multiples investigations, est venu fournir aux admirateurs de Titien un champ de réflexions plus abondant encore. Nous y avons largement puisé, comme devront faire sans doute tous ceux qui auront à s'occuper du grand Vénitien.

Ne pouvant pas toujours reproduire *in extenso* tous les textes recueillis par nos savants prédécesseurs, ni les donner dans leur langue originale, nous nous sommes du moins efforcé, en les choisissant, de mettre la main sur les plus intéressants, en les traduisant, de n'en point trop altérer la couleur.

La figure qui sort de cet ensemble surprendra peut-être par un mélange de force et de faiblesses que notre amour de perfection a toujours quelque peine à accepter dans les génies morts, bien qu'il faille, d'ordinaire, l'accepter dans les génies vivants. Deux nobles passions dominent chez Titien : l'amour de son art et l'amour de la nature. Devant les beaux paysages, les belles femmes, les beaux enfants, le montagnard laborieux garda jusqu'à son dernier soupir le même enthousiasme profond et grave. Son bon sens et son œil ferme le préservèrent, dans la plus extrême vieillesse, de tous les entraînements et de toutes les exagérations systématiques. Des génies, si bien équilibrés et si sains, qui possèdent une intelligence égale de la vérité et de la beauté, qui enchantént l'imagination sans la troubler, qui se servent de l'art pour faire aimer la vie, sont, en définitive, la force de l'humanité et la consolation de l'histoire.

Depuis la première édition de ce livre, d'assez nombreuses études biographiques et critiques ont encore éclairé certains points obscurs de sa vie ou de son œuvre. La plus importante des monographies est celle de M. Georg Gronan (*Tizian*, Berlin, 1900, *Titian*, Londres, 1904). On doit aussi consulter les volumes ou articles publiés par MM. Berenson, Justi, Herbert-Horn, Lermolieff-Morelli, Luzio, Claude-Philipps, Riegel, Venturi, E. Zimmermann, etc. La plupart de ces travaux ont pour objet de discuter l'authenticité ou la date de telle ou telle œuvre attribuée à Titien soit par une tradition ancienne, soit par la curiosité et l'érudition modernes. Nous avons signalé, en notes, les observations de ce genre les plus intéressantes. Il sera, d'ailleurs, toujours difficile d'établir une chronologie exacte pour un si grand nombre de peintures (surtout les tableaux de chevalets), exécutées dans les conditions les plus diverses, souvent conservées longtemps, à l'état d'ébauches, dans un atelier encombré, et, suivant les habitudes de l'artiste, abandonnées, reprises, modifiées, retouchées, à différentes époques et presque toujours répétées plusieurs fois avec quelques légers changements, en sorte que la date même de leur livraison n'est presque jamais celle de leur conception et pas toujours celle de leur exécution.

CHAPITRE PREMIER

(1477-1487)

CE n'est pas dans Venise, la cité merveilleuse, que naquirent tous les grands peintres qui l'ont illustrée. Avant d'y venir enchanter leur vue par la contemplation de ses palais de marbre, de ses canaux lumineux, de ses quais étincelants, de ses ruelles mystérieuses où s'agitait une foule bigarrée de patriciens, de matelots, de portefaix, de soldats, de courtisanes, d'étrangers en costumes somptueux et bizarrés, la plupart d'entre eux avaient déjà, dès leur enfance, respiré l'amour de la belle lumière dans les contrées de terre ferme où ils étaient nés. Les pittoresques montagnes du Frioul, aux vives arêtes, de teintes si délicieuses et si changeantes, semblent avoir, à cet égard, exercé l'action la plus heureuse sur plusieurs générations successives. Il n'est guère de village, sur les routes remontant de Venise en Allemagne à travers les Alpes juliennes, dont le nom ne se lie au nom d'un artiste plus ou moins illustre du XVe ou du XVIe siècle.

A cette époque, où les communications étaient difficiles, la suite des familles restait souvent mal établie. Chacun gardait volontiers, en se déplaçant, comme un certificat d'origine, le nom de son pays natal qu'il illustrait en même temps que lui-même. Pour les Vénitiens et pour tous les contemporains, Giorgio Barbarelli est demeuré Giorgione de Castel-Franco, Giovanni Battista Cima s'appelle toujours Cima de Conegliano, Giovanni Antonio Licinio Regillo n'est connu que sous son surnom d'Antonio de Pordenone. C'est ainsi que le plus grand de tous, Tiziano Vecelli, celui que nous appelons Titien, fut toujours pour eux le peintre de Cadore, *Titian da Cadore*.

Le district de Cadore (province de Bellune), situé dans la partie la plus élevée de ces montagnes, sur la frontière allemande, offre un caractère extraordinairement abrupt et sauvage. Le groupe de pics dolomitiques, aux cassures anguleuses, qui en forme le centre, porte encore, sur toutes ses arêtes escarpées, les ruines des châteaux-forts qui contribuaient dès lors à lui donner des aspects fantastiques et formidables. Au xve siècle comme aujourd'hui, ses vallées étaient habitées par une population rude et simple, chez laquelle les âpretés du climat et les dangers d'une invasion toujours menaçante avaient développé des habitudes d'énergie et d'indépendance. Autrefois, comme aujourd'hui, cette population, presque exclusivement composée de bûcherons et de mineurs, vivait pauvrement de l'exploitation des carrières et des forêts d'où Venise tirait alors le fer et le bois nécessaires à ses constructions navales. Quand on parlait d'un Cadorin, d'un homme de Cadore, on voulait dire un montagnard robuste et laborieux, patient et frugal, avisé et prudent, économe et opiniâtre, attaché à sa famille et à ses habitudes comme à ses montagnes.

Le chef-lieu du district, alors comme aujourd'hui, était une petite ville abritée dans une gorge escarpée, à 86 milles de Venise, sur la grande route de l'Ampezzo qui joint l'Italie au Tyrol, la paroisse de Cadore, Pieve di Cadore. « Pieve di Cadore, disait en 1622 l'auteur anonyme d'une vie de Titien [1], est la place principale du territoire de Cadore, place très fidèle à la Sérénissime République de Venise, clef du passage dont se servaient les anciens Romains lorsqu'ils voulaient transporter leurs armées dans la Germanie, ce dont nous donnent témoignage certain les médailles antiques qu'on y trouve chaque jour. Sa forteresse est réputée inexpugnable, étant placée sur une haute colline où l'on ne peut monter que par un chemin étroit et malaisé, entre des précipices escarpés et des hauteurs inaccessibles. Ce n'est donc pas merveille que cette place, au temps des guerres turbulentes que l'empereur Maximilien souleva contre la Sérénissime République, à cause de la situation, à cause de la fidélité de ses citoyens, se soit seule défendue et gardée contre la fureur des ennemis. Là résident les capitaines illustres auxquels ladite république confie le gouvernement militaire de la place. Au pied du fort sont la ville et le palais vénérable où se tiennent les vicaires élus par le conseil de Cadore. L'endroit n'est pas de grande étendue, mais bien agréablement posé et original. Il y a, dans le milieu de la place, une fontaine d'eau limpide et très fraîche qui, de son doux murmure, récrée les yeux et charme les oreilles. Alentour, on voit de nobles palais, parmi lesquels se remarque la maison où naquit Titien en 1477, bâtie à l'endroit dit l'Arsenal [2]. »

1. *Compendio della vita del famoso Tiziano Vecellio di Cadore, cavaliere et pittore, con l'arbore della sua vera consanguità.* In-4°, Venezia, 1622. — Cette biographie anonyme est dédiée à milady Arundell Surrey, la protectrice de Van Dyck, par un petit-neveu du peintre, Tiziano Vecellio, dit Tizianello, qui en est probablement l'auteur.

2. D'après les historiens de Cadore, cette place de l'Arsenal tirait son nom d'un dépôt d'armes qu'y avaient établi, au xᵉ siècle, les

Cette petite maison, située au coin de la *Piazzetta dell' Arsenale* et d'une ruelle d'où l'on aperçoit, sur une élévation, les ruines du vieux château, n'a point, depuis le xve siècle, subi de grands changements. Enclavée dans un groupe de constructions appartenant à la famille Vecelli, elle avait été donnée par Conte, le grand-père de Titien, à son fils Gregorio. Celui-ci y vit naître ses quatre enfants, Francesco, Tiziano, Catarina, Orsola. Titien la garda respectueusement après la mort de son père et de son frère Francesco. C'est seulement après lui que son fils aîné, le prodigue Pomponio, vendit ce bien de famille le 15 décembre 1580 pour la somme de 1,743 livres 4 deniers [1]. Un dessin que l'abbé Cadorin a fait reproduire dans son intéressant opuscule sur les habitations de Titien nous a conservé l'aspect de cette modeste habitation avant les agrandissements qui changèrent son entourage vers 1760 et la mirent à peu près dans son état actuel. On voit dans quel milieu accidenté et pittoresque s'écoulèrent les années d'enfance du montagnard alerte et vif qui devait être le premier des grands paysagistes.

La famille Vecelli était des plus anciennes dans le pays et se divisait en plusieurs branches se rattachant toutes à un ancêtre commun, ser Guecello di Tommaso da Pozzale, podestat de Cadore en 1321. Presque tous les Vecellio, au xive et xve siècles, sont notaires ou avocats, comme plus tard ils deviendront peintres. Le grand-père de Titien, Conte, était lui-même un homme de loi, très estimé dans la contrée, mais assez pauvre [2].

Sarrasins mercenaires au service d'Hugo de Provence, roi d'Italie, chargés par lui de garder le passage du Tyrol.

1. Le contrat a été publié par l'abbé Giuseppe Cadorin qui a identifié avec sagacité la maison. (CADORIN. *Dello amore ai Veneziani di Tiziano Vecellio.* In-4°, Venezia, 1833, p. 25.)

2. Le conseil communal, dont il faisait partie, ayant, un jour, voté

Quant à Gregorio, son père, c'était à la fois un juris-
consulté et un soldat, « homme d'esprit excellent et
d'expérience singulière, en qui la bonté du cœur égalait
la hauteur de l'intelligence [1] ». De 1495 à 1526, on trouve
ce citoyen actif chargé successivement de fonctions
importantes et variées. De 1495 à 1508, chef d'une
centurie de Cadore, il se conduit vaillamment durant
l'invasion allemande ; en 1518, il est administrateur des
greniers publics ; de 1523 à 1527, conseiller ; en 1525
vicaire des mines ; en 1526, surintendant des travaux de
réparations de la forteresse. Quand son fils peignit son
portrait, il le représenta cuirassé [2]. Lucia, la femme de
Gregorio, était probablement Vénitienne. Au dire d'un
panégyriste, cette Lucia était « une femme très distinguée,
qui avait reçu ce nom par une sorte de prédestination,
puisqu'elle devait enfanter Francesco et Titien, comme
une lumière très claire pour elle et pour la patrie [3] ».

Francesco, leur premier fils, était né en 1475. Titien
vit le jour deux ans après, en 1477. Le témoignage des
contemporains concorde sur ce point avec l'affirmation
de Titien lui-même [4]. Sa première éducation fut une éducation de famille, sa vie d'enfant celle des petits paysans
avec lesquels il vivait, une enfance en plein air, active et
libre, rude et joyeuse. C'est dans ces courses de son jeune

l'ouverture d'une souscription publique, tous les conseillers s'in-
scrivirent chacun pour cent ducats au moins. Seul, Conté s'inscri-
vit pour dix seulement, déclarant qu'il lui était impossible de
donner davantage.

1. CIANI, *Storia del popolo cadorino*, II, 130. — CESARE VECELLIO,
Degli abiti antichi e moderni.

2. « Cujus imago cum loricâ adhuc visitur Venetiis graphicè
depicta a Tiziano filio. » (*Orazione panegirica di Francesco Vecellio*,
dans STEFANO TICOZZI, *Vite dei pittori Vecelli di Cadore*. — Milano,
in-8, 1817, p. 321.)

3. *Orazione panegirica* (Ticozzi, 321.)

4. Date récemment contestée. Voir, plus loin, la *Note*, p. 11.

âge à travers les rochers escarpés, les âpres sentiers, les dangereux précipices qu'il puisa certainement cette curiosité ardente des phénomènes naturels, cet amour salubre des puissantes lumières, ce goût passionné des vastes horizons qu'il conserva jusqu'à la mort. En même temps, il y acquérait cette robuste santé qui devait lui assurer la longévité la plus étonnante qu'ait jamais atteinte un artiste. Il y avait, à cette époque, à Pieve di Cadore, un peintre fort occupé dans le pays, Antonio Rosso. Est-ce à lui que les deux jeunes Vecelli durent leurs premières leçons, comme Lanzi l'affirme ? La chose est vraisemblable ; toutefois, on n'en a nulle preuve. La disparition de toutes les premières études de Titien ne permet point de constater s'il y avait quelque parenté entre ses essais d'alors et les médiocres tableaux d'Antonio Rosso, d'un style sec et dur, qui le rattache aux Padouans [1]. Une légende locale, recueillie dès le XVIIᵉ siècle, lui attribue, il est vrai, une petite fresque représentant la Vierge adorée par un ange, qu'on a détachée récemment du mur d'une maison voisine et transportée dans la Casa Vecelli. D'après cette légende, touchante autant qu'invraisemblable, l'enfant, âgé de neuf ans, aurait employé, pour faire cette peinture, le suc des fleurs de la montagne. MM. Crowe et Cavalcaselle, avec leur pénétration et leur science ordinaires, ont fait justice de cette tradition :

1. Crowe et Cavalcaselle ont pu retrouver un certain nombre d'œuvres de cet Antonio Rosso, soit dans des églises de la contrée, soit dans des galeries particulières. A Silva in Cadore, dans la chapelle San-Lorenzo, un retable, la *Vierge avec quatre saints*, est signé : Antonius Rubens de Cadubrio pinxit, et daté de 1472. A San-Silvestro sulla costa, une fresque, *le Christ et les douze apôtres*, est signée : Anto. Roso de Cadore, et datée de 1502.

Toutes les autres peintures signalées se placent entre ces deux dates. (Crowe and Cavalcaselle, *History of painting in North Italy*, II, 172-173.)

« La Vierge, disent-ils, est assise dans un siège à bras ; 1487
elle tient le bambino debout sur ses genoux et regarde
un ange agenouillé à ses pieds, dans l'attitude de la
prière. L'enfant tient dans la main droite un petit globe
surmonté d'une croix et regarde le spectateur. Cette
fresque a beaucoup souffert. Les ailes de l'ange sont
presque effacées. On ne distingue presque plus rien du
paysage dans le fond. Les couleurs, quoique noircies et
opaques, sont d'un ton assez franc ; mais plusieurs parties,
comme, par exemple, l'épaule et le côté de l'enfant, sont
toutes tachées et le bleu du manteau que porte la Vierge
est quasi disparu, laissant ainsi voir la préparation de des-
sous. Les draperies sont très défectueuses, surtout dans
le dessin exécuté avec une vraie puérilité. Néanmoins,
les costumes, les mouvements, les types, le caractère des
figures appartiennent sans aucun doute au xvie siècle et
certainement ce n'est pas du tout un travail d'enfant[1]. »

Que ce soit un essai de fresque ou toute autre tenta-
tive de l'enfant qui « ait stupéfié, suivant Tizianello, son
père, ses parents, ses amis et tous ceux qui s'entendaient
en peinture », il est certain que sa famille encouragea
vite chez lui cette vocation précoce, comme elle l'encou-
rageait d'ailleurs chez son frère aîné, Francesco, en qui
se montraient les mêmes dispositions. Vers 1487, on les
envoya tous deux à Venise chez un oncle paternel,
Antonio, gendre d'un ingénieur de la République, Giacomo Coltrini, qui demeurait avec lui. Antonio se chargea de surveiller l'éducation des deux neveux et de les
placer chez de bons maîtres[2].

<hr>

1. G.-B. CAVALCASELLE et J.-A. CROWE, *Tiziano, la sua vita e i suoi
tempi*, 2 vol. in-8°, Firenze, 1877, I, 34. — Ridolfi, en rappelant la
légende, affirme, d'autre part, que l'ouvrage a été détruit, il y a peu
de temps, par suite d'une construction, (RIDOLFI, *Le Meraviglie dell'
Arte*, Venezia, 1648, I, 136.)

2. Vincenzo Vecelli, dans son oraison latine prononcée sur la

C'était là première fois sans doute que les petits Cadorins, l'aîné, Francesco, âgé de douze ans, Titien, le cadet, âgé de dix, quittaient leurs sommets sauvages pour descendre, en côtoyant la pente rapide du torrent pierreux de la Piave, vers les pays de plaines et vers cette éblouissante Venise dont leurs oreilles avaient entendu si souvent célébrer les magnificences. La route qu'ils suivirent est une des plus pittoresques de cette région accidentée. Sans-doute l'un et l'autre devaient, dans leur vie, la parcourir bien des fois, car tous deux gardèrent profondément l'amour du sol natal : Francesco, à partir d'une certaine époque, résidant la plus grande partie de l'année à Cadore, irait passer seulement ses hivers à Venise ; Titien, au contraire, demeurant à Venise, manquerait rarement de venir chaque année, durant l'été ou l'automne, se reposer quelques semaines au milieu des siens. Toutefois, les impressions d'enfance sont celles qui se gravent le plus profondément dans l'âme ; on peut croire que, dès ce premier voyage, tous ces sites, sévères ou charmants, à travers lesquels chevauchait leur petite caravane, se fixèrent, dans l'imagination ouverte du jeune garçon, avec une magie d'enchantement qui devait bientôt déterminer l'une de ses originalités les plus puissantes dans la lente éclosion de son génie. Le fait est que, le long de cette route, se dressent la plupart des cimes dentelées dont les silhouettes caractéristiques reparaissent dans presque

tombe de Francesco, donne, à ce sujet, les détails les plus précis. « Francesco fut élevé dans sa famille. A l'âge de douze ans, lorsqu'il eut appris les premiers éléments des lettres, il fut envoyé à Venise avec Titien. Après y être resté quelque temps et avoir étudié l'art graphique qui est la délinéation des ombres et de la peinture à faire, *umbrarum et futuræ picturæ delineatio*, désirant voir du nouveau et les monuments des autres villes de l'Italie, il partit pour l'armée, etc. » TICOZZI, 321.

tous ses tableaux. Un admirateur patient et méthodique du grand peintre, le géologue anglais, M. Gilbert, avec un enthousiasme touchant, a exploré toute cette campagne dans le but d'y retrouver ses paysages favoris ; il a pu ainsi identifier, sur nature, avec une certitude scientifique, la plupart des profils montagneux que le peintre a reproduits, tantôt fidèlement, tantôt librement, dans ses horizons azurés [1].

Le défilé abrupt où s'engage le cours écumeux de la Piave, et qui descend vers Perarolo, toujours dominé par la cime nue et sèche de l'Antelao, était déjà bien connu sans doute des petits montagnards agiles et coureurs, ainsi que Longarone, le premier village qu'on rencontre en quittant le territoire de Cadore, et Capo di Ponte où s'embranche la route de Venise. De là, ils purent jeter en arrière un regard d'adieu à la double crête dentelée du Marmarolo, ce pic sévère et étrange qui devait bientôt devenir, pour les gens du pays, la *Montagne du Titien* [2]. Mais, une fois le vieux pont franchi, le spectacle

1. Josiah Gilbert, *Cadore or Titian's Country*. — Grand in-8°, London, 1869.

2. M. Gilbert retrouve le Marmarolo dans l'*Adoration des Mages* à Bellune et la *Présentation de la Vierge* à l'Académie de Venise (pl. IX, fig. 6 et 7). Ainsi qu'il l'observe avec justesse, ce n'est pas chez Titien seulement qu'on remarque ces silhouettes déchiquetées, ces profils aigus qui caractérisent les montagnes de formation dolomitique, si nombreuses dans le Frioul et dans le Tyrol. Non seulement on peut les signaler chez d'autres peintres de la région, Giovanni Bellini, Cima da Conegliano, Bonifazio, mais même chez plusieurs peintres de l'Italie centrale. Al. de Humboldt en avait fait l'observation à propos de la Monna Lisa de Léonard de Vinci, où il retrouvait, dans les lignes de montagnes bleuâtres, les formes coniques des sommets dolomitiques et n'hésitait pas à les attribuer à un souvenir du Frioul. « Cependant, ajoute M. Gilbert, c'est à Titien que les dolomites appartiennent spécialement. Personne n'y insista si obstinément ; nous n'avons de personne une pareille série d'études faites sur place. Il aimait la vigueur que leurs profils solides donnent à une composition, les hardiesses de leurs formes,

qui s'offrait à leurs yeux était sans doute nouveau pour eux. Et quelle suite d'admirables paysages! A leur droite, la route de Bellune et le Val de Mel, que Titien devait si souvent parcourir; devant eux, la lisière du *Bosco del Gran Consiglio*, le Bois du Grand Conseil, dont les arbres centenaires étaient réservés pour les flottes de la République et qui fournit au peintre ses grands motifs forestiers pour les fonds de plusieurs compositions importantes; plus loin, le lac souriant de Possino ou Santa-Croce et l'étang ténébreux que son aspect terrible a fait nommer le *Lago Morto*, dans lequel les riverains n'osent ni se plonger ni s'embarquer, par crainte des êtres mystérieux qui en habitent le fond et y attirent tous les pêcheurs ou nageurs. La route se dégage de la région montagneuse à Serravalle, passe ensuite par les villes de Ceneda, Conegliano, Trévise et aboutit enfin à Mestre, où l'on s'embarquait alors pour traverser la lagune.

Toute cette contrée est remplie des œuvres et des souvenirs de Titien. C'est à Serravalle qu'il maria sa fille Lavinia, en 1555, à un gentilhomme de la famille Sarcinello. A Ceneda, suivant la tradition, il ne manquait jamais, dans sa jeunesse, de mettre pied à terre pour aller admirer dans l'église de la Nunziata une Annonciation d'Andrea Previtali; il finit même par y acheter, dans son âge mûr, plusieurs terrains et y construisit sa villa favorite. A Conegliano et à Trévise, nous le retrouverons souvent, travaillant, soit dans la ville, soit dans les environs. Presque toute sa vie, où les voyages tiennent si peu de place, s'écoula, en somme, dans cet étroit espace de terre et d'eau qui commence au Lido et

le pittoresque avec lequel ils coupent le ciel ou luttent avec les nuages, les arêtes tranchantes et nettes de leurs contours... » (GILBERT, *Nouv. cité*, p. 76.)

qui se termine à la cime de l'Antelao. C'est donc là,
comme l'a montré si heureusement M. Gilbert, qu'il faut
chercher les origines de sa passion constante et grave
pour les phénomènes infiniment variés de la nature
active. Cette passion n'est pas le trait le moins extraordinaire du génie de Titien ; elle a fait de lui le créateur
du paysage moderne [1].

1. Pour la naissance de Titien, la date en résulte des termes de sa
lettre à Philippe II, le 1er août 1571 (V. plus loin, page 296) où il se
déclare « son serviteur de quatre-vingt-quinze ans ». La vérité de cette
affirmation semble aussi confirmée par une lettre antérieure de
l'ambassadeur Garcia Hernandez écrivant au même Prince dès le
15 octobre 1564; « Titien est près de ses quatre-vingt-dix ans »
(v. plus loin, p. 275). Ridolfi, au xviie siècle, en donnant la date de
1477, n'a fait que recueillir une tradition familiale et locale. Néanmoins, se rappelant que Vasari avait écrit 1480 et que Dolce, dans
son dialogue, fait dire à l'Arétin que Titien avait à peine vingt ans,
lorsqu'il travaillait, avec Giorgione, au Fondaco (vers 1507), M. Her-
bert Horn a pensé que le vieil artiste, dans sa supplique, s'était
vieilli afin de mieux apitoyer son royal débiteur. Cette hypothèse a
été vivement combattue par M. Gronau. Nous pensons avec lui, que,
s'il y a erreur de date, elle ne peut être que de deux ou trois ans,
par conséquent, peu importante. Il y a donc lieu, sauf preuves
contraires, de maintenir, comme la plus probable, celle de 1477.

CHAPITRE II

(1487-1505)

A la fin du xve siècle, la ville de Venise était dans tout
son éclat. Bien que sa prospérité maritime et commerciale fût déjà sérieusement compromise par l'établissement des Turcs à Constantinople, par leurs menaces
continuelles d'invasion, par la découverte du passage du
cap de Bonne-Espérance, qu'allait suivre celle du nouveau
monde, toutes les conséquences de ces grands événements
ne s'étaient pas encore déroulées à ses dépens. C'était
encore la ville la plus active et la plus riche de l'Europe.
Les voyageurs contemporains, venus des autres parties
du continent, ne trouvent pas de mots pour exprimer
l'étonnement qui les saisit devant la splendeur de ses
palais de marbre et de ses maisons peintes, devant le
luxe intérieur de ses habitations, l'activité industrieuse
de ses citoyens, les commodités et les agréments de ses
habitudes sociales, la magnificence de ses fêtes et céré-
monies. « Et fus bien esmerveillé, dit notre Commynes
en 1495, de veoir l'assiete de ceste cité, et de veoir tant
de clochiers et de monastères, et si grant maisonnement,
et tout en l'eaue, et le peuple n'avoir d'autre forme

d'allér que en ces barques, dont je croy qu'il s'y en fine- 1495
roit trente mil. Environ ladicte cité y a bien septante
monastères, à moins de demye lieue françoise, à la
prendre en rondeur (qui tous sont en isle, tant d'hommes
que de femmes, fort beaux et riches, tant d'édifices que
de paremens, et ont fort beaux jardins), sans comprendre
ceux qui sont dedans la ville, où sont les quatre ordres
des mendians, bien soixante et douze paroisses, et
maincte confrairie : et est chose bien estrange de veoir
si belles et si grans églises fondées en la mer... Là, me
misrent en d'aultres basteaulx, qu'ils appellent plaz et
sont beaucoup plus grans que les aultres : et y en avoit
deux couvers de satin cramoysy, et de bas tapissé, et
lieu pour se seoir quarante personnes ; et me menèrent
au long de la grant rue, qu'ilz appellent le canal Grant,
et est bien large. Les gallées y passent à travers, et y
ay veu navire de quatre cens tonneaux ou plus près des
maisons ; et est la plus belle rue que je croy qui soit en
tout le monde, et la mieux maisonnée, et va le long de
la ville. Les maisons sont fort grandes et haultes, et de
bonne pierre, et les anciennes toutes painctes ; les aultres
faictes depuis cent ans, toutes ont le devant de marbre
blanc, qui leur vient d'Istrie, à cent mils de là, et encore
maincte grant pièce de porphire et de sarpentine sur le
devant. Au dedans ont pour le moins, pour la pluspart,
deux chambres qui ont les planchez dorez, riches man-
teaux de cheminées de marbre taillez, les chalitz des
licts dorez, et les ostevents paincts et dorez, et fort bien
meublées dedans. C'est la plus triumphante cité que
j'aye jamais vue et qui plus faict d'honneurs à ambassadeurs et estrangiers, et qui plus saigement se gouverne [1]. »

1. Mémoires de Commynes, liv. VII, ch. xviii. Trente-huit ans
auparavant, le beau-père de Commynes, Jean de Chambes, envoyé

Pour des petits paysans accoutumés à la vie dure et silencieuse des solitudes alpestres, ce devait être un éblouissement plus étrange encore que pour des ambassadeurs ayant parcouru l'Europe, de se trouver tout à coup au milieu de cette foule bruyante de matelots, de Levantins, de marchands, de soldats, de patriciens, de femmes élégantes qui encombraient la place Saint-Marc, la Piazzetta ou la place du Rialto. Rien de plus fait d'ailleurs que les milieux brillants où s'agitait cette population active, façades de marbres dorés sous un ciel clair, portiques mystérieux entrecoupés d'ombres et de lumières, miroitements des canaux verts au bout des ruelles étroites, étalages chatoyants d'étoffes, de fruits, d'orfèvreries, de marchandises de toute espèce, pour développer chez des peintres le goût des couleurs, de l'éclat, du mouvement, de la vie. Les artistes du temps l'avaient bien compris : c'est au centre même de l'activité vénitienne, sur la place du Rialto, à deux pas de la Bourse, des banques, des entrepôts qu'ils avaient installé, côte à côte, les écoles de peinture et de musique. Là aussi demeurait le peintre le plus célèbre de Venise, celui que la République avait envoyé récemment à Constantinople près de Mahomet II, celui auquel était confiée la direction des travaux de peinture du palais ducal, Gentile Bellini. C'est dans son atelier qu'allait bientôt entrer le petit Cadorin.

Il avait fallu longtemps pour qu'une école de peinture se formât à Venise. Cette République intelligente et laborieuse avait été, durant le moyen âge, tout entière absorbée par ses expéditions maritimes, ses entreprises

par Charles VII près de la Seigneurie, avait éprouvé la même admiration. Voir la description de la fête qui lui est donnée au palais ducal dans sa curieuse relation. (Bibliothèque de l'École des chartes, III, 183-196).

commerciales, ses préoccupations politiques. Le culte des lettres y tint toujours peu de place, et, bien que le goût du luxe s'y fût vite répandu en s'unissant à des habitudes de piété extérieure, les arts, pendant longtemps, n'y avaient vécu que d'importations étrangères. La Grèce, l'Asie, Byzance, pillées par ses marins, exploitées par ses agents, lui avaient expédié, durant des siècles, en même temps que des statues et des marbres pour l'ornement des églises et de ses palais, des cargaisons d'images saintes qu'on déballait sur les quais avec les tapis, les ivoires, les joyaux, les émaux destinés à la consommation européenne. A l'heure même où toute l'Italie se réveillait au sentiment des arts, pendant le xive siècle, à deux pas de Padoue et de Vérone où les Florentins, appelés par les Scaligeri et les Carrara, donnaient des preuves éclatantes de leur génie, les tentatives d'émancipation parmi les colorieurs d'images, serviles imitateurs des Byzantins, y sont rares ou insignifiantes. Jusqu'au milieu du xve siècle, lorsqu'on veut décorer le palais ducal, on appelle des étrangers, d'abord en 1365, Guariento de Padoue, ensuite, vers 1420, Gentile de Fabriano et Vittore Pisano de Vérone.

De 1430 à 1440 environ apparaît, dans l'île de Murano, sous la direction d'Antonio Vivarini et sous l'influence d'un Allemand, Joannes Alemannus, une école de peintres religieux qui ajoute aux traditions combinées de Florence, de l'Ombrie, de Cologne quelques traits originaux dus au commerce de l'Orient. Là travaille l'intéressante famille des Vivarini. Toutefois ce n'est point de Murano que sort la véritable école de Venise, plus libre, plus savante, plus éprise de réalité, de vie, de mouvement, dont le grand initiateur est Jacopo Bellini. Ce Jacopo, d'abord apprenti de Gentile da Fabriano lorsque celui-ci peignait au palais ducal, avait, en 1422, suivi son maître à Florence et s'y était trouvé en contact avec les grands naturalistes Andrea del Castagno, Paolo Uccello, Masolino da Panicale, Masaccio, qui donnaient un élan nouveau à l'art de peindre. A son retour, il s'était arrêté à Padoue où l'enseignement de Squarcione, fondé sur l'étude de la statuaire antique, attirait d'innombrables élèves; il y avait choisi le plus savant d'entre eux, Andrea Mantegna, pour en faire son gendre. Presque toutes les peintures ont disparu, mais nous savons l'étendue de sa science, la richesse de son imagination, l'originalité de ses conceptions par deux magnifiques recueils de dessins conservés au musée du Louvre et au British Museum. Là éclatent déjà cette franche observation des attitudes naturelles et des mouvements familiers, ce goût des magnificences architecturales et des perspectives profondes, cet amour des expressions simples et des contours adoucis, toutes ces vertus pittoresques que ses deux fils allaient développer avec un véritable génie pour les infuser à plusieurs générations.

A l'époque où le jeune Titien fut conduit à Venise, les frères Bellini, Gentile et Giovanni, l'un âgé de soixante et un ans, l'autre de soixante, étaient depuis longtemps déjà en possession d'une gloire incontestée comme peintres en détrempe et comme peintres à fresque. Depuis l'arrivée, en 1473, d'Antonello de Messine, porteur des secrets de la pratique flamande, ils étaient en train de créer, par la peinture à l'huile qu'ils avaient apprise avec enthousiasme, un art tout à fait nouveau, plein d'enchantements inattendus et de surprises renaissantes. Le goût instinctif des lumières vives et gaies, des colorations harmonieuses, des formes simples et douces, déjà très marqué dans leurs premières œuvres, se développait chez eux et chez leurs élèves avec une étonnante rapidité, grâce aux séduisantes facilités qu'offrait l'invention nouvelle. Giovanni, dont le génie était plus souple, se plaisait surtout à cette transformation; il y trouvait un regain extraordinairement durable de jeunesse et de fraîcheur et, rivalisant d'ardeur avec la génération enthousiaste qui le suivait, ne voulut jamais se laisser dépasser par elle, ni pour la hardiesse des innovations, ni pour la variété des conceptions. Gentile, plus attaché aux précisions sévères des temps anciens, observateur scrupuleux de la nature, savant professeur de perspective et de composition, montrait plus de retenue et de prudence dans la part qu'il prenait à ce mouvement rapide, gardant toujours à ses côtés, comme une preuve vivante des qualités de son enseignement, son élève et collaborateur, le brillant Vittore Carpaccio. C'était lui le chef de famille, que la République, nous l'avons dit, considérait comme le chef d'école; c'est lui qu'elle avait envoyé en 1479, à Constantinople, auprès de Mahomet II, lorsque le sultan avait demandé le meilleur peintre de Venise; c'est à lui qu'elle venait de confier la direction des peintures du palais ducal. Autour de ces deux maîtres, dans leurs ateliers trop étroits, se pressait un nombre considérable d'élèves, dont beaucoup ont laissé un nom glorieux dans l'histoire. A l'époque qui nous occupe, chez Gentile, c'étaient probablement Lazzaro Bastiani, Giovanni Mansueti, Marco Marziale, et, chez son frère, Marco Belli, Andrea Previtali, Vincenzo Catena, Pier Maria Pennacchi, Girolamo da Treviso, Cima da Conegliano, Marco Basaiti, Lorenzo Lotto, Giorgio Barbarelli, Jacopo Palma et bien d'autres.

Suivant Lodovico Dolce, dont le *Dialogue sur la peinture* fut publié en 1557 du vivant de Titien, l'enfant ne fut pas mené d'abord à Gentile[1]. Son oncle le confia à

1. Lodovico Dolce (1508-1568) naquit et vécut à Venise. Poète, philosophe, historien, grammairien, il a laissé un nombre énorme

un maître mosaïste, Sebastiano Zuccato, qui le fit étudier
quelque temps avec ses deux jeunes fils Valerio et Francesco, et le conduisit ensuite chez l'aîné des Bellini.
Combien de temps resta-t-il chez Gentile.? D'après le
même Dolce, son séjour y aurait été de courte durée ;
l'élève ne se sentait nul goût pour la manière précise et
sèche du vieux maître, le maître reprochait à l'élève de
dessiner avec trop de facilité et de négligence. Gentile
aurait même fini par lui déclarer que s'il continuait ainsi
il n'arriverait à rien. C'est alors que l'adolescent passa, à
côté, dans l'atelier de Giovanni. Parmi ses nouveaux
condisciples, il en distingua vite plusieurs qui marchaient
d'un pas plus rapide que les autres et, dès lors, commença à se mesurer avec les plus brillants d'entre eux,
notamment avec Giorgio de Castelfranco, que ses grandes
manières, sa beauté virile, son enthousiasme poétique,
sa verve originale faisaient déjà surnommer *Giorgione*,
le grand Giorgio, et avec son compagnon, novateur plus
modeste, mais d'un génie plus tendre et presque aussi
séduisant, Jacopo Palma, des environs de Bergame.

Lequel de ces jeunes gens, auxquels il faudrait peut-
être joindre Lorenzo Lotto, tous à peu près du même
âge et sortant du même atelier, joua le rôle le plus actif
dans cette émancipation rapide et décisive de la peinture vénitienne, qui se manifestait dès lors par la liberté
croissante de l'imagination, l'assouplissement familier
des figures, l'agrandissement héroïque des formes, la
fusion des contours, l'harmonie chaude des colorations

d'ouvrages, souvent médiocres, sur les sujets les plus variés. Son
Dialogo della Pittura, dont l'un des interlocuteurs est l'Arétin, est
une dissertation critique en l'honneur de Titien, et contient des renseignements fort intéressants. Cet opuscule, publié pour la première
fois à Venise, chez Giolito, en 1557, fut réimprimé en 1735 à Florence, avec une traduction française qu'on attribue au peintre
Nicolas Vleughels, alors directeur de l'Académie de France à Rome.

profondes, le maniement de plus en plus hardi des pâtes solides pour les fonds et des glacis légers pour les surfaces, le développement du sentiment poétique, un enthousiasme délicat et profond pour les séductions voluptueuses de la beauté féminine, pour toutes les manifestations actives de la vie réelle, pour tous les phénomènes lumineux de la nature extérieure? La tradition, à cet égard, est très affirmative. L'honneur d'avoir inventé « la nouvelle manière » revient surtout à Giorgione. Vasari, sur ce point, n'est que l'écho de tous les contemporains :

« Vers l'an 1507, dit-il, Giorgione de Castelfranco commença à donner à ses œuvres plus de morbidesse et plus de relief dans une belle manière, en ayant toujours l'habitude de poser devant lui les choses vivantes et naturelles, de les contrefaire le mieux qu'il pouvait au moyen des couleurs, de les ébaucher par teintes crues et douces, selon ce que donnait la nature, sans faire de dessin, car il tenait pour certain que peindre du coup avec les couleurs mêmes, sans autre étude ni dessin sur papier, était le vrai et meilleur moyen de bien faire et la vraie façon de dessiner. Il ne s'apercevait pas qu'il est pourtant nécessaire, si l'on veut bien disposer les compositions et ajuster les inventions, de les mettre d'abord et de diverses manières sur le papier pour voir comment tout marche ensemble. En effet, l'esprit ne peut bien voir ni parfaitement imaginer en lui-même ses inventions, s'il ne découvre et s'il n'explique sa pensée aux yeux du corps qui l'aideront à en juger ; sans compter qu'il faut faire de longues études sur le nu si on veut bien le comprendre, ce qui ne se fait ni ne se peut faire sans mettre sur papier ; car tenir sans cesse, tandis qu'on peint, devant soi des personnes nues ou vêtues, ce n'est pas petite servitude. Au contraire, si l'on s'est fait la main

en dessinant, on arrive peu à peu à travailler avec plus
d'aisance en dessinant comme en peignant, et, mêlant
ainsi la pratique à l'art, on perfectionne sa main et son
jugement, en supprimant cette fatigue et cet effort qui
se montrent dans les peintures dont on a parlé plus haut.
On pourrait encore ajouter qu'en dessinant sur papier,
on arrive à s'emplir l'esprit de belles conceptions, et on
apprend à faire de mémoire tous les objets naturels sans
être obligé de les avoir toujours devant soi ou de cacher
sous l'attrait des couleurs la peine de ne savoir dessiner;
comme firent longtemps les peintres vénitiens, Giorgione, Palma, Pordenone, et d'autres qui ne virent pas
Rome[1] ».

Le passage est intéressant, et, malgré quelques exagérations florentines au sujet du mépris que pouvaient
professer les élèves de Giovanni Bellini pour le dessin et
pour la composition, montre bien la différence profonde
des méthodes suivies dès lors à Venise et dans l'Italie
centrale. Il est certain que l'enseignement des Bellini
était fondé, avant tout, sur l'étude de la nature vivante.
Dans aucune autre école, même à Florence, le portrait
n'a joué un rôle si prépondérant; nulle part, à la fin du
xve siècle, on ne l'a introduit plus résolument dans les
compositions religieuses et historiques. Toutefois ce
serait une erreur profonde de croire qu'à deux pas de
Padoue et de Mantoue, où Squarcione et Mantegna
avaient institué le culte enthousiaste de la statuaire classique, les Vénitiens, en contact constant avec les
Byzantins et les Grecs, aient jamais pu ou voulu se soustraire à l'admiration universelle qu'excitaient les œuvres
de l'antiquité. Nous savons, au contraire, que les Bellini,
comme leur beau-frère Mantegna, étaient des collec-

1. Vasari, *Le Opere* con nuove annotazioni e commenti di Gaetano
Milanesi. Firenze. In-8°, 1881, t. VII, p. 427-428.

tionneurs passionnés de marbres anciens ; on venait de loin étudier chez eux, entre autres, un *Buste de Platon* et une *Vénus* attribuée à Praxitèle qui servaient de modèles à leurs élèves[1]. En ce qui regarde Titien, cette question est résolue par les faits ; dans presque toutes ses œuvres de jeunesse, sans tenir compte des sujets, il a placé des bas-reliefs antiques, montrant ainsi quel avait été l'objet de ses premières études et de ses premières admirations[2].

La date de 1507, donnée par Vasari, n'est pas non plus exacte. L'élan imprimé par Giorgione et par ses condisciples à la peinture vénitienne, sous l'impulsion toujours active de Giovanni Bellini, commença quelques années plus tôt. Un séjour de Léonard de Vinci, le peintre le plus célèbre de l'Italie, en 1500, dut avoir quelque nfluence sur la direction de cette jeune école et sur ses procédés techniques[3]. Vers la même époque, Giorgione

---

1. Morelli, dans les notes de l'Anonimo, cite deux épigrammes contemporaines, l'une de Piero Valeriano, *De marmoreo Platonis capile apud Bellinos Venetiis*, l'autre de Raffaelle Zavenzonio sur la *Vénus* :

> *In Venerem Gentilis Bellini*
> Qui Paphiam nudis Venerem vidisse papillis
>   Optat in antiquo marmore Praxitelis,
> Bellini pluteum Gentilis quærat ; ubi stans,
>   Trunca licet, membris vivit imago suis.

Notizia d'opere di disegno, pubblicata e illustrata dà D. Jacopo Morelli. — Seconda edizione riveduta ed aumentata per cura di Gustavo Frizzoni. — Bologna. In-8°, 1884, p. 155.

2. Le piédestal du siège de saint Pierre dans le *Tableau votif de Jacopo Pesaro* (musée d'Anvers), peint vers 1503, est un bas-relief antique représentant un sacrifice à l'Amour. Le bas-relief de la fontaine sur laquelle sont assises les deux femmes dans *l'Amour sacré et l'Amour profane* (palais Borghèse), peint quelques années plus tard, où l'on voit un berger éveillant une nymphe, auprès de deux nymphes dansantes, est aussi une copie ou une imitation d'une œuvre grecque ou gréco-romaine.

3. *Le a Venezia Lionardo Vinci el quale mà mostrato uno retracto*

s'était déjà fait sans doute un nom par ses inventions héroïques et poétiques, d'une originalité si vive et d'une facture si savoureuse; et, si la date du beau tableau de la *Vierge, saint Jérôme et saint Pierre*, passé de la collection Reiset dans la galerie de M. le duc d'Aumale, est une date authentique, Jacopo Palma, en cette année 1500, aurait été, lui aussi, en possession d'un talent singulièrement mûr. Dans quelle mesure Titien subit-il l'influence de ses deux émules, dont l'un était son aîné à peine et l'autre son cadet, suivant toute apparence? Est-il vrai, comme l'ont supposé Crowe et Cavalcaselle, qu'il dut à Palma presque autant qu'à Giorgione, empruntant à l'un la tournure aisée de ses figures et l'éclat de ses accessoires, à l'autre la grâce de ses expressions et la tendresse de ses colorations? Dans l'état actuel de nos connaissances, il est difficile de le dire. Lui aussi, il commençait alors, avec une décision moins éclatante peut-être, mais avec une ambition non moins vaste et une intelligence non moins ouverte, fortifiées d'une extraordinaire opiniâtreté et d'une merveilleuse prudence, à dégager lentement l'originalité de son génie. L'impossibilité d'établir, avec sûreté, la chronologie de leurs peintures, durant cette courte période, ne permettra jamais peut-être d'attribuer à chacun des membres de cette glorieuse triade la part exacte qui peut lui revenir dans la formation du nouveau style. Les contemporains eux-mêmes s'y trompèrent vite et confondirent fréquemment leurs œuvres. Cependant, quelques traits persistants chez Giorgione et chez Palma nous donnent à penser qu'ils en sont bien les inventeurs et

---

de la Signoria Vostra che è molto naturale a quela, sia tanto bene-facto non e possibile. (Lettre à Isabella d'Este, le 13 mars 1500, de Lorenzo di Pavia, son agent à Venise, dans F. Didot, *Alde-Manuce*, LXVII).

que Titien leur en est redevable lorsqu'il se les appro- Vers
prie. En revanche, ne sommes-nous pas autorisés à 1506
croire qu'à la même heure certaines qualités spéciales,
qui se développèrent toujours chez Titien, lui appartenaient déjà bien en propre?

Nous n'avons aucun renseignement sur les travaux
que le jeune Vecellio put exécuter avant 1500. Comment
s'en étonner? Ainsi que tous ses camarades, Titien dut
d'abord servir d'aide à ses maîtres dans leurs grands
travaux, soit au palais ducal, soit ailleurs. Sansovino
signalait bien, de son temps, une fresque sur la façade
du palais Morosini, représentant un *Hercule*, qui aurait
été l'une des premières œuvres personnelles du jeune
homme; mais cette fresque a disparu. Il en est de même
pour les portraits de *Gregório* et de *Lucia Vecelli*, son
père et sa mère, dont la trace est perdue. Un tableau de
cette époque, à la détrempe, une *Vierge avec saint Roch
et saint Sébastien*, existe encore dans l'église de la
Pieve di Cadore; mais c'est une œuvre collective due à
la collaboration des deux frères où l'on ne saurait déterminer la part due au plus jeune[1]. Quant au *Passage de
la mer Rouge*, du palais ducal, et à la *Visitation* de
l'Académie des beaux-arts, que les Guides de Venise
donnent volontiers comme des spécimens de sa première
manière, ce sont des peintures d'une époque postérieure
si détériorées, si retouchées, si transformées, qu'on ne
saurait même établir, en connaissance de cause, leur
véritable origine[2].

Les tableaux dans lesquels on peut étudier la forma-

1. *Anònimo di Tizianello*, p. 7.
2. Cavalcaselle et Crowe ont attribué le *Passage de la mer
Rouge* à Pellegrino da San Daniele et considèrent la *Visitation* comme
un ouvrage très médiocre dans la manière de Sebastiano del
Piombo.

tion juvénile du génie de Titien, entre 1499 et 1508 environ, se réduisent, tout au plus, à cinq : la *Vierge et l'enfant*, connue sous le nom de la *Vierge au parapet* ou la *Vierge bohémienne* du musée du Belvédère à Vienne, l'*Ecce Homo* de la scuola San Rocco, le *Christ portant sa croix* de l'église San Rocco à Venise, *Jacopo Pesaro, Alexandre VI et saint Pierre*, du musée d'Anvers, l'allégorie connue sous le titre de *l'Amour sacré et l'Amour profane* de la galerie Borghèse à Rome. Dans ces cinq tableaux, où des affinités constantes avec Giorgione, Palma et même quelques autres contemporains témoignent de l'effort du jeune homme pour s'assimiler tous les progrès de son entourage, on voit s'accentuer assez rapidement un goût très particulier pour les délicatesses rythmiques des harmonies colorées, pour la noblesse simple des formes grandes et pleines, pour le rendu naturel et brillant des carnations, des étoffes, des accessoires, des paysages, pour l'expression grave et affable des figures. Le maniement du pinceau s'y montre déjà singulièrement vif et souple; aussi ces premières manifestations de sa jeunesse en fleur gardent-elles, dans leurs exquises timidités, un charme inoubliable de poésie et de fraîcheur.

La *Vierge au parapet* doit son surnom de *Bohémienne* à son teint basané, à sa chevelure épaisse et sombre, à ses yeux noirs et profonds d'une douceur calme et sérieuse. Visage large, torse robuste, main ronde et grasse, c'est le type aimé de Giorgione, moins idéalisé toutefois, plus tranquillement copié sur nature. Sa pose naïve est encore celle des femmes de Bellini, mais avec plus d'ampleur dans le geste, plus de hardiesse dans l'aspect de vie et de santé donné aux carnations brillantes, aux lèvres rougissantes, à l'épiderme hâlé. Les tonalités intenses de la robe rouge et du voile blanc drapé à la façon vénitienne forment, avec l'éclat brun du visage et des mains, sur le fond du tapis oriental suspendu derrière elle, un accord ferme et retentissant dans lequel la clarté rose et vive du petit corps de l'enfant debout devant elle, peint à fleur de toile, s'épanouit avec une fraîcheur printanière. Ce bambino, d'un type fin et délicat, mais sans minauderie, d'une expression bienveillante, mais sans intention sentimentale, se distingue déjà des bambini contemporains par l'aisance et le naturel admirables de son geste (qu'on remarque sa main gauche caressant celle de sa mère). C'est cet enfant, sain et joyeux, qu'on retrouvera encore, entouré d'une multitude d'autres garçonnets plus robustes et plus joueurs, vingt ans après, dans les Vierges triomphantes du maître glorieux. L'enfant, dans l'œuvre de Titien, tient autant de place que la femme ; dès ses premiers essais, le peintre en comprend la grâce et le charme. Dès ses débuts, aussi, comme Giorgione et Palma, il affirme son goût pour le paysage : à gauche de la Vierge au parapet se développe une campagne montagneuse qui était, sans doute, pour le jeune homme, un souvenir de son pays natal[1].

L'*Ecce Homo* montre un effort semblable vers l'adoucissement de l'expression et des formes. C'était, dans l'école, un sujet courant où chacun s'exerçait pour apprendre à faire une tête douloureuse et un corps meurtri. Sous l'influence des naturalistes dramatiques de Padoue, Squarcione, Mantegna et leur entourage, on

---

1. *Musée du Belvédère*, à Vienne, nº 489. On trouve le tableau inventorié en 1659, à Bruxelles, dans la galerie du grand-duc Léopold Wilhem, dont hérita l'empereur Léopold Iᵉʳ. La *Galleria comunale* de Rovigo en possède une copie. (*Kunsthistorische Sammlungen des Allerhœchsten Kaisershauses. Gemälde. Beschreibendes Verzeichniss von* EDOUARD R. v. ENGERTH. Wien. In-8º, 1882, 1. Band, p. 330-341.)

avait pris l'habitude, dans la haute Italie, d'accentuer avec une énergie presque répulsive, parfois jusqu'à la grimace, sur le visage du Christ, les traits de la douleur physique. Giovanni Bellini avait déjà réagi contre cet usage ; sans supprimer l'expression de souffrance matérielle, il l'avait complétée et ennoblie par une expression plus profonde de douleur morale. Son élève, abondant dans son sens, atténue plus encore la contraction des muscles, et, tout en laissant à sa figure de Christ le caractère marqué d'une tête d'étude faite d'après nature, lui donne un aspect moins rude et moins douloureux. L'exécution est aussi plus compliquée, d'une pâte plus solide et plus grasse ; les habitudes de l'ancienne école ne se retrouvent plus guère que dans le soin méticuleux avec lequel est détaillée la chevelure.

L'*Ecce Homo* a été souvent par les Guides attribué à Giorgione. Il en est de même du *Christ portant sa croix*, dans l'église San Rocco, malgré les affirmations décisives de Sansovino et du biographe anonyme de Tizianello. Dès son apparition, cette dernière image fit un effet extraordinaire sur l'imagination des Vénitiens. « Faisant divers miracles, dit Sansovino, elle attira les aumônes les plus considérables et des dons non seulement de tout Venise, mais encore des villes environnantes [1]. » Cette toile, aujourd'hui noircie et endommagée, se voit difficilement. Cependant la figure souffrante du Christ courbé sous le poids de la croix, ainsi que la figure bestiale du bourreau qui l'entraîne, une corde au cou, se détachent encore avec vigueur sur le fond obscur où l'on ne distingue qu'avec peine, à droite et à gauche, deux autres personnages de face. On a justement remarqué la disproportion de la tête du

1. Francesco Sansovino, *Venezia, Città nobilissima e singolare descritta XIII libri*. — Venetia, 1604, f. 197.

Christ avec les têtes voisines, faute matérielle qui dénote, dans cette œuvre vigoureuse, une inexpérience assez grande encore.

Le tableau du musée d'Anvers, l'*Évêque Pesaro agenouillé devant saint Pierre*, est plus intéressant. Non seulement il est mieux conservé, mais on peut presque le dater. D'une part, c'est en avril 1501 que Jacopo Pesaro, noble Vénitien, évêque de Baffo ou Paphos dans l'île de Chypre, fut nommé légat du Saint-Siège et chargé du commandement de vingt galères dans une expédition contre les Turcs ; d'autre part, c'est le 18 août 1503 que mourut le pape Alexandre VI, le protecteur de Jacopo Pesaro. L'on sait qu'à partir de leur chute le nom des Borgia fut tellement exécré en Italie qu'on cacha ou détruisit partout les portraits d'Alexandre et de César son fils. Or, dans le tableau d'Anvers, c'est Alexandre VI lui-même, coiffé de la tiare, en chape de brocart vert doré et emperlé, qui présente le Pesaro, tenant son étendard armorié, au prince des apôtres. Celui-ci est assis sur un piédestal circulaire de marbre autour duquel tourne une bande de faunes et de nymphes en joyeuses postures. Au fond, la mer verdoie, couverte de vaisseaux, devant un quai de Venise. Le tableau fut donc peint, selon toute apparence, entre 1501 et 1503 ; le style, encore timide, confirme cette hypothèse. Le saint Pierre est étroitement enveloppé d'une robe à petits plis, dont le rouge éteint, tout en rappelant la gamme bellinesque, a déjà un charme de coloris personnel. La robe noire, les manches blanches, les gants verdâtres de l'évêque s'accordent avec le somptueux costume du pape, dans une harmonie moins éclatante, mais plus attendrie que les harmonies de Giorgione. La manière vigoureuse de ce dernier se retrouve dans le casque d'acier lamé de cuivre à vifs reflets posé sur un dallage à carreaux alternés, blancs et rouges, qui reparaîtra souvent dans les œuvres du jeune peintre. Deux têtes surtout, celle de saint Pierre et celle de Jacopo Pesaro, des têtes de patriciens fines et distinguées, toutes deux prises sur le vif, sont d'une vérité saisissante. La recherche d'un effet d'ensemble, par le jeu combiné des colorations, apparaît déjà dans cette peinture où l'on sent partout, dans le dessin, ce souci de précision naturel à un jeune artiste qui poursuit encore ses études[1].

Le chef-d'œuvre de cette première manière, si charmante dans sa fraîcheur, est l'incompréhensible *Allégorie* qu'on admire à Rome, dans le palais Borghèse, sous le titre : *l'Amour sacré et l'Amour profane*. Suivant Cavalcaselle et Crowe, il n'y faudrait voir que *l'Amour ingénu et l'Amour satisfait*, et, suivant Burckardt, *l'Amour et la Pruderie*. Ce dernier, d'ailleurs, ne dit pas laquelle de ces deux belles filles pourrait bien être la prude. Du temps de Titien, du temps même de Ridolfi, c'étaient simplement *Deux femmes assises près d'une fontaine où se mire un enfant*. Sans doute, l'antithèse entre les deux femmes est évidente et toute pleine d'intentions subtiles qu'on voudrait mieux pénétrer. Pourquoi celle-ci, brillamment vêtue, en robe de satin blanc, serrée à la taille par un ruban cramoisi à fermoir d'or, gantée de jaune, une branche de jasmin dans les cheveux, quelques fleurs dans la main, s'accoudant sur une mandoline, tout épanouie en florissante beauté, regarde-t-elle si tranquillement devant elle ? Pourquoi, au contraire, à l'autre extrémité de la cuve de marbre, sa compagne, exposant naïvement la splendeur ferme et dorée de son beau corps nu, autour duquel un lambeau

_____

1. Acquis au XVIIe siècle par Charles Ier d'Angleterre. Van Dyck en a fait un dessin dans son livre d'esquisses.

rouge de draperie ne flotte que pour le mieux découvrir,
ayant près d'elle une coupe de cristal, tient-elle en l'air,
dans sa main gauche, un vase d'où sort quelque fumée ?
Pourquoi s'incline-t-elle, avec un regard pensif, vers
l'eau du bassin qu'un petit Amour agite ou tâte de la
main ? Peut-être ne faut-il pas demander un sens trop
précis à ces compositions poétiques alors de mode à
Venise, dont les auteurs principalement séduits par la
beauté des formes et des couleurs, auraient eu parfois
grand'peine à donner une explication logique. Giorgione
surtout avait développé, chez tous ses condisciples, ce
goût des rêveries plastiques et des fantaisies d'imagination ; lui-même en prenait fort à son aise avec la
réalité comme avec l'idéal : les gens sages n'ont encore
bien expliqué ni les *Trois astrologues* (?) du Belvédère
ni *l'Horoscope* de Dresde, ni même le *Concert champêtre* du Louvre. Chez Titien comme chez lui, il faut
faire souvent la part au lyrisme ardent et vague d'une
belle jeunesse enivrée de vie, d'amour et de beauté. Si
l'on ne s'entend pas pour comprendre, on s'entend du
moins pour admirer. Rien, dans l'œuvre de Titien,
n'exhalera parfum d'amour plus frais et plus exquis que
cette printanière éclosion de son génie. Sa palette va
bientôt devenir plus variée, plus éclatante, plus riche ;
il y retrouvera rarement une musique voluptueuse de
colorations plus délicates et plus séduisantes. Faiblement
empâtée, procédant par glacis légers, sa peinture,
comme celle de Palma qu'elle rappelle alors, brille d'un
éclat tendre avec de fines transparences d'émail. L'émotion
est irrésistible. Jamais la beauté nue et la beauté parée
n'ont été, ni avant, ni depuis, présentées côte à côte avec
un pareil charme de séduction vivante et discrète. Oui,
tout parle d'amour dans cette églogue vénitienne, et ce
bas-relief antique où des nymphes éveillent un berger,

et ce vol de papillons capricieux qui se poursuivent dans l'herbe, et ce bouquet de roses effeuillées gisant sur le bord du bassin, et cette tranquillité lumineuse de la campagne pacifique qui s'endort de toutes parts au soleil couchant, tandis que les paysans ramènent leurs troupeaux, que les chasseurs rappellent leurs chiens, que les cavaliers galopent vers leurs gîtes. C'est le beau songe d'un soir d'été, dans un paysage méridional, raconté avec enthousiasme par un vrai poète qui se trouve être déjà le plus grand des peintres [1].

Lermolieff f. Morelli et M. Berenson admettent encore parmi les premières œuvres de Titien une *Fille d'Hérodiade* conservée sous le nom de Giorgione, dans la galerie Doria Pamphili à Rome, et un *Enfant Jésus entre saint André et sainte Catherine*, dans l'église de S. Marcuolo à Venise. (*Le Opere dei maestri italiani*, p. 44-45).

[1]. Une comparaison plus attentive des œuvres de Titien ne permet guère de reporter l'exécution de ce chef-d'œuvre à sa première jeunesse, comme le pensaient *Crowe et Calvacaselle.* La peinture est probablement contemporaine du *Christ ou denier*, des *Trois Ages de la Vie*, etc., vers 1512-1515. Quant au sujet, sur lequel les discussions continuent, M. Palmarini y voit la *Fontaine des Ardennes (V. l'Orlando Furioso)*, MM. Wickhoff, Lionel Cust, Claude Philipps, Umberto Gnoli y trouvent, avec plus de vraisemblance, comme dans d'autres tableaux et peintures du même temps, une libre immiscence des poètes latins qu'on lisait chez Alde-Manuce et autres lettrés, *Vénus engageant Médée à suivre Jason*, d'après Ovide et Valerius Flaccus (V. Umberto *Gnoli-Amor sacro e profano ?* dans la *Rassegna d'Arte*, 1902, n. 177).

CHAPITRE III

(1505-1508)

INCENDIE ET RECONSTRUCTION DU FONDACO DE' TEDESCHI,
— FRESQUES DE GIORGIONE ET DE TITIEN. — GUERRES
DE VENISE AVEC L'EMPIRE ET LA FRANCE. — SÉJOURS
D'ALBERT DURER ET DE FRA BARTOLOMMEO A VENISE.
— TABLEAUX RELIGIEUX. — LE « CHRIST AU DENIER. »

EN 1505, on commence à suivre, avec plus de clarté, *1505* la carrière de Titien. Le 28 janvier, un violent incendie avait détruit un des édifices importants de la ville, le Fondaco de' Tedeschi (entrepôt des Allemands), situé près du Rialto, sur le bord du Grand Canal. C'était une sorte de caravansérail où les marchands d'origine germanique trouvaient, moyennant une redevance fixe, le logement et la nourriture avec des magasins de dépôt et de vente pour leurs marchandises. L'administration du Fondaco était confiée à trois *visdomini* nommés par la République, faisant à la fois fonctions d'économes et d'inspecteurs de police. Les courtiers, les peseurs, les vendeurs, les portefaix étaient aussi des agents de l'État [1]. Ces charges de courtiers, fort lucratives pour ceux qui les exerçaient activement, étaient encore des sinécures assez grasses pour ceux qui se contentaient des privilèges généraux auxquels elles donnaient droit. L'une d'elles était réservée au peintre chargé de faire

1. D.-G. Thomas, *Capitolare dei Vice-Domini del Fondaco dei Tedeschi in Venezia*. In-4°. Berlin, 1874.

les portraits officiels des doges. En 1505, le vieux Giovanni Bellini en était le titulaire.

Le sinistre du mois de janvier avait apporté un grand trouble dans les relations commerciales de Venise avec l'Allemagne ; on pensa vite à reconstruire le Fondaco à la même place, mais dans de plus vastes proportions. Deux artistes distingués, Giorgio Spavento, l'architecte de la ville, Girolamo Tedesco, architecte allemand, prirent part au concours ouvert à cette occasion. Le 19 juin, après bien des hésitations, le Collegio de' Pregadi, sur les instances réitérées des négociants allemands, choisit le projet de leur compatriote, sous la condition expresse « qu'on ne pût faire, dans ce Fondaco, aucune chose en marbre, ni aucun travail d'entaille ni d'ajourage [1] ». Cette obligation d'austérité dans les surfaces et dans les ornements força les architectes de s'adresser aux peintres pour donner, suivant l'usage, par un décor d'ensemble, à leur bâtiment massif et plat, un aspect brillant en rapport avec l'éclat des constructions voisines. Giorgione, âgé de vingt-huit ans, fut chargé de la direction du travail ; il s'associa immédiatement son condisciple Titien.

Les travaux furent poussés activement. L'architecte primé fut, deux jours après le concours, congédié par le nouveau gouverneur des Salines, Alvise Emo, et envoyé à Cattaro pour y diriger des travaux d'artillerie ; mais on garda ses plans qui furent, sous la direction d'Emo, exécutés par Giorgio Spavento et Antonio Scarpagioni. Au mois de mai 1507 les toitures étaient posées, au mois de mai 1508 on inaugurait solennellement l'édifice en célébrant une messe dans la cour. A cette époque, la plus grande partie des peintures était déjà terminée,

1. Décret manuscrit du Collegio de' Pregadi, en date du 19 juin 1505, cité par Cavalcaselle et Crowe (I, 68.)

car, au mois de décembre suivant, on réglait après *1508*
expertise, les honoraires dus à Giorgione pour son
travail sur la grande façade, du côté du canal[1]. Le nom
de Giorgione paraît seul dans tous les documents qui
nous sont parvenus.

Le Fondaco de' Tedeschi, alors si brillant sous sa
parure de fresques éclatantes, frappe aujourd'hui le
voyageur par la tristesse et le délabrement de sa masse
quadrangulaire, que la suppression, au xviiie siècle, de
deux tourelles formant avant-corps sur le Grand Canal
a rendue plus sévère encore. Sous le portail latéral par
lequel on y entre, dans le Traghetto del Buso, on lit
encore, sur une plaque de marbre, l'édit interdisant aux
hôtes de l'entrepôt tous blasphèmes, querelles, ports
d'armes, jeux de hasard, etc. La cour carrée, très vaste,
est entourée de trois étages de galeries ouvertes, sous
des arcades cintrées. Au xvie siècle, le rez-de-chaussée
contenait les magasins et les logements des agents
subalternes. Dans les étages supérieurs, deux grandes
salles étaient réservées pour les repas et pour les
réunions des voyageurs. Tout le reste était divisé en
chambres à coucher, au nombre de deux cents, qui se
louaient par mois dix ducats aux deux premiers étages
et huit ducats au troisième. Les deux salles communes

---

1. « 1508. 11 décembre. Ser Lazaro Bastian, Ser Vittor Scarpaza
(Vittore Carpaccio). Ser Vittor de Mathio, nommés par Ser Zuan
Bellin (Giovanni Bellini), peintre, se sont constitués en présence des
magnifiques seigneurs Mess. Zuan Zentani, Mess. Maria Gritti, Mess.
Alviso Sanudo, provéditeurs aux Salines, en qualité de peintres
députés et élus pour examiner ce que peut valoir la peinture faite
sur la face de devant du Fondego de' Tedeschi et faite par maître
Zorzi (Giorgio) da Castel Franco ; et, demeurés d'accord, ont dit
qu'à leur jugement et avis ledit maître méritait pour ladite peinture
cent et cinquante ducats en tout. — Le même jour, avec consen-
tement dudit maître Zorzi, lui furent donnés 130 ducats. » (GAYE,
Carteggio inedito d'artisti italiani, II, 137.)

furent peu à peu richement décorées. La salle d'hiver ou du poêle, *Sala della Stufa*, au midi, eut bientôt un plafond doré à compartiments peints avec des fresques de Palma Vecchio et plus tard de Tintoret. En 1556, la salle d'été fut entièrement peinte par Battista Franco. Toutes les deux se remplirent peu à peu de vaisselles de prix, de tableaux, d'objets de curiosité qui ne tardèrent pas à former une collection des plus inté-ressantes [1].

Si l'on songe que les fresques extérieures de Giorgione et de Titien couvraient un espace considérable et qu'elles furent exécutées, dans tout l'enthousiasme de la jeunesse, par deux hommes d'un rare génie que surexcitait cette émulation publique, on ne saurait trop déplorer leur disparition rapide et le mauvais sort qui n'a laissé parvenir jusqu'à nous ni un dessin, ni une gravure, ni une description pouvant nous permettre d'en reconstituer l'ensemble par l'imagination. Giorgione et Titien furent-ils même les seuls à décorer le Fondaco? Un passage de Sansovino peut faire supposer le contraire. Cependant le même Sansovino s'accorde avec Vasari, Dolce et Ridolfi pour attribuer à Giorgione la façade sur le Grand Canal et à Titien la façade sur le Traghetto. D'après ces écrivains, comme Giorgione était le directeur en titre des travaux, plusieurs de ses amis, ignorant la part prise par son collaborateur, le froissèrent vivement en faisant spécialement l'éloge des peintures du Traghetto. Tizianello, au contraire, bien placé pour connaître les traditions de sa famille, atteste que Gior-

---

1. Sansovino, ouv. cité, p. 255. — Boschini, *Le ricche miniere della pittura veneziana*, p. 110. Parmi ces tableaux se trouvait un *Christ bénissant*, attribué à Titien (1551), transporté depuis dans l'église évangélique du Campo dei Santi Apostoli, autrefois *Scuola dell' Angelo Custode*. (P. Selvatico et V. Lazzari, *Guida artistica e storica di Venezia*. Édition Fulin et Molmenti. Venise, 1881, p. 246.)

gione, avec sa noblesse accoutumée, « ne fut nullement envieux de la gloire de son excellent élève, mais que, confirmant l'exactitude du fait, il se glorifia de l'avoir amené à une telle perfection que ses œuvres fussent estimées comme égales ou même supérieures aux siennes[1] ». La persistance des bons rapports entre Giorgione et Titien semble, du reste, bien confirmée par cette circonstance qu'à la mort de son ami, en 1510, ce fut Titien qui termina les peintures trouvées dans son atelier[2].

D'après les renseignements qui nous sont parvenus, la décoration extérieure du Fondaco consistait surtout en motifs architecturaux et ornementaux, au milieu desquels s'intercalaient quelques figures et s'encadraient plusieurs compositions. Figures et compositions, imaginées par le caprice de Giorgione, y visaient sans aucun doute à l'agrément des yeux plus qu'à l'instruction des esprits. Cette liberté vénitienne devait choquer plus tard Vasari, accoutumé aux conceptions historiques et moralistes de l'école florentine. Quand il vit ces peintures, en 1542, il reprocha assez amèrement à leur auteur principal, Giorgione, « de n'avoir pensé qu'à faire des figures à sa fantaisie pour montrer son habileté ». — « En réalité, dit-il, on n'y trouve pas de compositions formant une suite ou représentant les actions d'aucuns personnages marquants, soit anciens, soit modernes. Pour moi, je n'y ai rien compris et n'ai trouvé personne qui y comprît quelque chose. Ici c'est un homme, là c'est une femme, dans des attitudes diffé-

1. *Vita dell' Insigne Pittore Tiziano Vecellio*, riprodotta nelle Nozze da Mula Lavagnoli. Venezia. In-8°, 1809, p. 4.

2. L'Anonimo de Morelli signale, en 1525, comme des toiles de Giorgione terminées par Titien, à Venise, une *Vénus nue dormant dans un paysage* (Casa G. Marcello) (Musée de Dresde?); en 1530, un *Christ mort soutenu par un ange* (Casa Vendramin) (Trévise-Nionte di Picta?)

rentes ; l'un a près de lui un lion, l'autre un ange en guise d'amour. On ne sait ce que c'est. Il y a bien sur la porte principale qui regarde la Merceria une femme assise, les pieds sur la tête d'un géant mort, comme qui dirait une Judith, tenant une épée, qui lève la tête et adresse la parole à un Allemand qui se tient en contre-bas ; mais je n'ai pu deviner ce qu'il a voulu faire, si ce n'est peut-être une allégorie de l'Allemagne. » Où Vasari ne s'était pas donné la peine de bien voir les choses, où son esprit pédantesque se montrait singu-lièrement rigoriste en n'admettant pas, comme principe essentiel, dans une décoration de ce genre, la combi-naison harmonieuse des ornements choisis et des colo-rations agréables. Si le système purement décoratif était de mise, n'était-ce pas sur les faces d'un édifice qu'on ne pouvait voir qu'assez mal, en passant, et qui servait de rendez-vous, non à des lettrés ni à des personnages publics, mais à des hommes d'affaires, des expéditeurs et des portefaix ? Du côté du Grand Canal, la façade montrait une série de bandes horizontales divisées par de grands trophées entre lesquels se plaçaient des figures allégoriques. Dans les rinceaux de la frise où s'espaçaient régulièrement des médaillons avec des têtes d'hommes illustres, couraient des animaux de toute espèce. Aux angles, on voyait des géomètres mesurant le globe du monde, et, dans l'intervalle des pilastres figurés, s'élançaient des cavaliers. Ces dernières indi-cations montrent, dans la fantaisie de Giorgione, plus de logique que n'en voulait voir Vasari. Du côté de la Merceria, Titien s'était conformé au même système d'ordonnance. Du temps de Ridolfi, on y voyait encore, à l'angle du côté du Rialto, « une femme nue, en pied, très délicate, et, sur la corniche, un jeune homme nu tenant une draperie en guise de voilure, avec un enfant très détérioré, puis, plus haut, une autre figure nue, s'appuyant à de grandes tablettes dont l'inscription se lit mal. » Mais ce qui avait surtout frappé Ridolfi, comme Vasari, c'est la grande figure au-dessus du portail, la seule dont il reste aujourd'hui quelques vestiges. « La plus fière figure est la Judith posant le pied gauche sur la tête coupée d'Holopherne, avec l'épée en main toute vibrante et teinte de sang. A ses pieds est un esclave armé, coiffé d'un gros bonnet, d'une couleur puissante. Au-dessus se trouvent encore trois figures isolées, et, enfin, plus haut, un Suisse et un Levantin entourés d'une frise en camaïeu toute remplie de caprices variés[1]. » Boschini complète la description en disant que la frise en camaïeu était remplie d'enfants et faisait suite à la frise de la grande façade. Quant à la femme très délicate, il y voyait la figure d'Ève. Les figures d'hommes nus, au-dessus, lui paraissaient de chair ; enfin, disait-il, « la peinture ne peut faire plus[2] ». La figure de la Judith a été gravée par Piccino en 1658 et, une autre fois, par Zanetti, avec deux autres figures de femmes et celles d'un membre de la confrérie joyeuse de la Calza, celui sans doute que Ridolfi prenait pour un Suisse à cause de son costume bariolé.

Ces fresques établirent, dans Venise, la réputation du jeune peintre dont quelques grandes familles, entre autres les Barbarigo et les d'Anna, avaient d'ailleurs encouragé déjà les débuts comme portraitiste et comme peintre de fantaisies poétiques. La famille Calergi lui fit peindre, sur la façade de son palais, son écusson supporté par deux Vertus et lui commanda en même temps un tableau de la *Sainte Famille en Égypte*, « où un ange conduit la monture et, parmi les herbes, se

1. Ridolfi, I, 138.
2. Boschini, *le Ricche miniere*, 109-110.

promènent un grand nombre d'animaux escortant leur seigneur, sous un rideau d'arbres très naturel, avec un soldat et des bergers au loin[1] ». Plusieurs familles lui commandèrent des portraits d'ancêtres, d'après d'anciens tableaux ou dessins. C'était une tâche dont il s'acquittait à merveille, rendant la vie et donnant la ressemblance aux images les plus effacées. Les Marcello lui firent faire, entre autres, le *Portrait du Doge Niccolò Marcello*, mort en 1474 (musée du Vatican), et les Barbarigo celui du *Doge Marco Barbarigo*, mort en 1485 (coll. Giustiniani-Barbarigo, à Padoue). Sans doute, Titien aurait, dès ce moment, été chargé de travaux plus importants si les événements n'avaient pas pris, cette année même, une assez mauvaise tournure pour l'État vénitien et compromis gravement la prospérité publique.

C'est, en effet, en 1508, que l'empereur Maximilien, voulant défendre les droits de l'empire contre le roi de France, Louis XII, qui venait d'envahir le Milanais, demandait pour son armée, au Sénat, le passage sur le territoire vénitien. Le Sénat ne lui accorda que son passage personnel et sans armes. Maximilien, irrité, ayant assemblé ses troupes dans le Trentin, se présenta, au mois de février, avec six mille hommes, au passage de Lozzo, à l'entrée du pays de Cadore. Par un mouvement hardi opéré de nuit, en pleine neige, il tourna la forteresse de Bottestagno où se trouvait, avec la milice de Cadore, Gregorio, le père de Titien. Quelques jours après, le château fort de Pieve di Cadore, sur l'avis d'un conseil auquel prit part Gregorio, dut se rendre aux Allemands ; mais, pendant que le commandant des vainqueurs haranguait les autorités pour les convaincre des

1. Ridolfi, 139.

bienfaits de l'invasion germanique, quelques-uns des habitants influents du pays se réunissaient secrètement pour se tenir en rapport avec Venise et préparer un soulèvement. Parmi les quatre chefs de la résistance, deux appartenaient à la famille Vecelli : l'un, Andrea, grand-oncle du peintre; l'autre, Tiziano di Andrea, son cousin; ce dernier, l'année précédente, avait été à Venise traiter les affaires locales avec le gouvernement vénitien. Ce furent eux qui, connaissant tous les défilés de la montagne, escaladant plusieurs fois, de nuit, à travers les glaces, les cols les plus escarpés, mirent en relation les deux généraux vénitiens, d'Alviano, campé à Longarone, et Savorgnano, arrivé à Lorenzago, et guidèrent la marche en avant d'Alviano. Ce dernier, le 24 février, à l'aube, débouchant tout à coup, avec quatre mille hommes, de hauteurs regardées comme infranchissables, dans la vallée que domine Pieve di Cadore, y livra aux Allemands une bataille victorieuse, connue sous le nom de bataille de Cadore[1], qui devait, plus tard, fournir au peintre le sujet d'une de ses œuvres les plus célèbres.

La défaite de Maximilien le força de conclure une trêve, sans que la République se trouvât dans une meilleure situation, car, avant la fin de l'année, l'avide empereur, joignant ses efforts à ceux du pape Jules II et de Ferdinand, roi de Naples, aussi jaloux que lui de la puissance vénitienne, avait conclu contre Venise, avec le roi de France, qui abandonnait son ancienne alliée, la célèbre ligue de Cambrai. Le 14 mai, le général d'Alviano fut battu à Ghiaradadda. Sa défaite entraîna la reddition de Crémone, Bergame et Brescia qui furent occupés par les Français, de Padoue, Vérone et Vicence

---

1. Voir la description de la bataille dans J. GILBERT, ouv. cité, 94 et suiv.

qui se rendirent aux Allemands. Trévise opposait, il est
vrai, une résistance heureuse à l'ennemi. Padoue et
Vicence furent même reprises quelques mois après;
mais toute cette série d'événements graves eut naturellement un contre-coup prolongé et fâcheux sur la prospérité de Venise. Les artistes furent les premiers à en
souffrir. D'une part, leur affluence dans la capitale était
plus grande que jamais, car, chassés par la guerre de
leurs résidences en terre ferme, beaucoup de peintres
provinciaux s'y étaient réfugiés; d'autre part, tous les
grands travaux, soit publics, soit privés, étaient ajournés
ou suspendus. Pour Titien, en particulier, la situation se
compliquait de graves préoccupations de famille: le
théâtre constant des luttes les plus acharnées était son
pays natal, habité par les siens, et son frère Francesco,
son compagnon de travail, l'avait quitté pour prendre
les armes dans la compagnie de Macone di Ferrara, qui
fut mêlée à toutes les péripéties de la campagne. Après
un duel heureux avec un officier allemand, Francesco
finit par recevoir une blessure grave à la reprise de
Vicence; c'est alors seulement, sur les instances de son
frère, qu'il se décida à rentrer dans Venise pour y
reprendre ses études de peinture.

L'activité de Titien se trouva donc, durant toute cette
période, renfermée dans son atelier. Il acheva, dans le
silence, d'y former sa personnalité, en suivant avec
perspicacité les progrès constants de son vieux maître,
Giovanni Bellini, dont l'âge ne ralentissait pas l'ardeur,
et ceux de son heureux condisciple, Giorgione, alors
dans toute la force de son génie et dans tout l'éclat de
sa gloire. Il médita sans doute aussi sur les exemples et
les conseils qu'avaient pu lui donner, peu de temps
auparavant, deux grands peintres étrangers, durant leur
séjour à Venise: Albert Dürer, de Nuremberg, en 1506,

et Fra Bartolommeo della Porta, de Florence, en 1508. *1508*
Albert Dürer et Fra Bartolommeo avaient été accueillis
avec enthousiasme par les peintres vénitiens, sur lesquels
le style précis, énergique, expressif du premier n'avait
pas produit un effet moins durable que le style simplifié,
ample et magnifique du second. Il faut tenir compte de
leur double action dans la formation du génie de Titien,
qui, avide de tout connaître et ouvert à tous les progrès,
se serait aussi, à cette époque, suivant Vasari, entouré
de paysagistes flamands qui lui prêtèrent leur aide, dans
certains cas, pour ses fonds. Le travail d'assimilation
auquel il se livrait alors est visible dans tous les tableaux,
assez nombreux, datant de cette époque, qui sont parvenus jusqu'à nous.

Les sujets religieux y sont les plus fréquents. La
Vierge aux cerises, la *Vierge avec trois saints*, la
Vierge aux roses, la *Vierge avec sainte Brigitte*, la
Vierge assise sur un mur, nous montrent le type de la
jeune Madone se dégageant peu à peu, sous son pinceau,
de ses premières parentés avec les types favoris de
Bellini, de Giorgione et de Palma, pour prendre enfin
une noblesse d'allure aisée et bienveillante qui lui appartient en propre. La *Vierge et sainte Brigitte* du musée
de Madrid est celle qui se ressent le plus encore de ses
origines: on a pu longtemps l'attribuer à Giorgione[1]. La
Vierge, brune, colorée, en bon point, avec sa robe d'un
rouge profond, rappelle, en effet, le maître de Castelfranco; mais elle rappelle plus encore, par les traits et
par la physionomie, avec une grâce ennoblie et attendrie,
la *Vierge au parapet* du Belvédère. La sainte Brigitte, à
la chevelure pendante, à la figure régulière, aux épaules

1. *Catálogo de los Cuadros del museo del Prado de Madrid*, par
D. Pedro de Madrazo. Madrid, 1878, n° 236 (sous le nom de Giorgione).

larges, de taille un peu massive, qui offre des fleurs au bambino, ainsi que le guerrier barbu, debout à son côté, au regard tendre et doux, ne sont pas sans affinités avec certaines figures séduisantes de Palma. Toutefois l'ensemble est d'une harmonie soutenue et grandiose que Palma n'atteignait guère lorsqu'il groupait plusieurs figures.

La *Vierge aux roses*, du musée des Uffizi, montre encore ce même type brun et basané. Toutefois, l'air de tête est plus intelligent et probablement inspiré par un autre modèle. C'est toujours la même pensée gracieuse, un échange de fleurs entre les deux enfants, le petit Jésus et le petit saint Jean, qui sert de prétexte au peintre. L'enfant, nu, rose, potelé, s'agite sur les bras de sa mère, qui continue à le contempler du même regard doux et calme. Il serre de toutes ses forces, entre ses mains, un bouquet de roses, et semble embarrassé en voyant un autre bouquet que lui offre, à bras tendu, d'un air suppliant, son petit ami. Sur la droite, saint Antoine l'ermite, bon vieillard barbu, les mains croisées, de profil, admire cette jolie scène. Là aussi apparaissent quelques similitudes avec Palma, mais la facture est plus hardie, la pâte plus solide ; dès lors on sent, non seulement dans la combinaison des formes, mais surtout dans le balancement des couleurs, dans le parti pris du clair-obscur, cette recherche de l'unité harmonique que Léonard de Vinci avait presque seul réalisée avant lui et que Titien allait peu à peu pousser jusqu'à ses extrêmes limites, ouvrant ainsi à l'art de peindre une carrière inattendue où devaient s'élancer à sa suite tous les peintres de l'avenir.

Dans la *Vierge aux cerises*, du musée du Belvédère, qu'accompagnent saint Joseph et saint Zacharie, la jeune mère se tourne, ravie, vers son enfant qui lui offre les

fruits, par un mouvement vif et tendre, d'un élan souple
et noble. C'est un beau geste que le peintre reproduira
fréquemment et qu'il a longtemps cherché, car, en ren-
toilant le tableau, il y a quelques années, on a retrouvé,
sous la peinture, le trait du même mouvement en sens
inverse. Le visage est plus long, l'expression plus décidée, la carnation plus claire, l'allure plus fière ; on sent
que l'idéal de l'artiste s'élève, se purifie, s'ennoblit, à
mesure que son habileté croissante lui permet de trans-
figurer avec moins d'effort ses modèles. L'exécution est
d'une harmonie inexprimable, dans une gamme délicate et douce, avec des accents d'une fraîcheur matinale,
notamment dans le corps du bambino, modelé, comme
une feuille de rose, avec une légèreté incomparable.

La *Vierge, avec les saints Étienne, Jérôme et Georges*,
que possède la même galerie, malgré l'éclat de son
coloris, n'est pas d'une venue si franche, ni si heureuse.
Ici, l'enfant, couché et gesticulant sur les genoux de sa
mère, lui porte la main sur le sein gauche qu'elle lui
offre, en écartant un peu sa robe, par un geste aussi
naturel que pudique. Les trois saints, sans prendre une
part très active à la scène, sont tous rangés sur la droite.
Il semble que ce soit là une de ces compositions votives,
d'une ordonnance réglée, fort en usage encore à cette
époque, dont les personnages se transformaient aisé-
ment, dans plusieurs exemplaires successifs, suivant le
désir des donateurs, par l'adjonction ou la suppression de
quelques accessoires. Le Louvre en possède une répétition presque identique ; le saint Jérôme seul s'est changé
en saint Ambroise ; il s'est même coiffé, à cette occasion,
d'un superbe bonnet rouge ; il continue, d'ailleurs, à
lire dans le même livre.

On peut rapporter à la même date la *Vierge assise sur
un mur*, de la collection de Burleigh-House, à Londres,

et quelques autres tableaux de moindre importance ; mais le chef-d'œuvre de cette période paraît être le *Christ au denier*, du musée de Dresde. Ce tableau a figuré longtemps dans le cabinet des ducs de Ferrare pour lesquels il fut fait[1]. D'après une tradition recueillie par Scannelli, Titien, en y poussant l'exécution des détails presque jusqu'à la minutie avec une rigueur qui n'était déjà plus dans ses habitudes, aurait voulu répondre aux partisans exclusifs d'Albert Dürer et leur prouver qu'il n'est pas impossible d'unir la force de l'expression résultant d'un ensemble vigoureusement simplifié à la reproduction scrupuleuse de la réalité vivante. C'est la scène du Christ répondant au Pharisien qui lui offre une pièce de monnaie : *Donnez à César ce qui est à César et à Dieu ce qui est à Dieu*. Les deux figures, de grandeur naturelle, à mi-corps, sont coupées par le cadre. Toute l'action est concentrée dans le geste des deux mains qui se rapprochent : la main hâlée du tentateur offrant la pièce de monnaie, la main blanche de Jésus la repoussant doucement, et dans l'expression des deux visages : le visage brun, grossier, perfide de l'interlocuteur qu'on voit de profil, le visage clair, affable, bienveillant du Sauveur qui se montre de face. Le type admirable de Christ, tendre, fin, intelligent, que Titien réalisa pour la première fois dans ce morceau caractéristique devait dès lors servir de modèle à toute l'école vénitienne. Le maître ne le modifia guère par la suite et ne sut même pas toujours lui conserver la même distinction fière et la même sérénité souriante. Les vêtements sont rendus, dans leurs apparences de tissus, avec une habileté extraordinaire, les chevelures sont

____

1. Suivant Vasari, la peinture aurait été faite sur le volet d'une armoire, probablement l'armoire contenant le trésor du duc (Vasari, VII, 434.)

traitées avec une finesse qui rappelle un peu la conscience d'Albert Dürer. L'ensemble est d'une harmonie
rayonnante et exquise qui a justement ravi tous ceux
qui l'ont vu, depuis Vasari qui l'appelle une chose
« merveilleuse et stupéfiante », jusqu'à MM. Crowe
et Cavalcaselle, qui le considèrent « comme le tableau
de chevalet le plus parfait qu'ait produit l'école vénitienne », et M. Lermolieff (Morelli) qui « ne connaît pas
d'autre tableau de Titien exécuté avec un tel soin et avec
tant d'amour[1] ».

1. *Le opere dei maestri italiani nelle gallerie di Monaco, Dresda
e Berlino*. Saggio critico di IVAN LERMOLIEFF, tradotto dal russo in
tedesco per cura del DOTT. GIOVANNI SCHWARZE et dal tedesco in
italiano dalla BARONESSA K. A. In-8°. Bologna, 1886, p. 173. — A
propos de la signature de ce tableau, TICIANVS, M. Lermolieff fait
remarquer que toutes les œuvres de la jeunesse du maître, jusqu'en
1524 environ, sont signées de cette façon. Plus tard le C est remplacé par un T et la signature est TITIANVS. Dans ses manuscrits,
Titien n'a pas non plus d'orthographe fixe pour son nom; le plus
souvent il se contente de la forme vénitienne et familière et signe
Tilian ou *Tician*; dans sa correspondance d'affaires, il signe d'ordinaire *Titiano* et plus rarement *Tiziano*.

CHAPITRE IV

(*1508-1512*)

Dès que les événements prirent une meilleure tournure, on se rappela les succès qu'avait obtenus Titien au Fondaco de' Tedeschi, comme décorateur et comme fresquiste. Padoue et Vicence, à peine délivrées de l'invasion germanique, l'attirèrent dans leurs murs. C'est probablement dans le courant de l'année 1509 que Titien se transporta à Padoue. Cette ville, autrefois, célèbre par son école de peinture, patrie de Squarcione et de Mantegna, s'était fort appauvrie depuis un demi-siècle, et se trouvait désormais forcée, pour la décoration de ses édifices, d'avoir recours à des artistes étrangers. C'était toujours cependant une ville savante ; l'Université y prospérait, les lettrés y séjournaient volontiers, on y trouvait de riches collections d'antiquités et d'objets d'art. On a des raisons de croire que Titien y fut appelé par un des membres de cette famille Cornaro dont il était depuis longtemps le protégé. Alvise Cornaro, le futur auteur de ce célèbre *Traité de la vie sobre*, qui fut traduit, à la fin du xvie siècle, dans toutes les langues, et qui conserva une vogue européenne jusqu'au xviiie siècle, était alors un des Mécènes les plus éclairés et les plus généreux qui eussent leur résidence à Padoue. Aussi célèbre

comme agriculteur que comme ingénieur, possesseur *1509*
d'une grande fortune qu'il augmentait chaque jour,
poète, musicien, auteur d'ouvrages estimés sur l'architecture et sur les fortifications, amateur enthousiaste de
tous les arts, ami intime de l'auteur-acteur Ruzzante et
du peintre-architecte Falconetto, Alvise Cornaro menait,
dans la ville savante, une existence à la fois magnifique
et savamment réglée [1]. Il accueillit Titien avec sa bienveillance et sa générosité habituelles et lui fit décorer la
façade de son palais. Il est probable que ces peintures
furent aussi détruites quelques années après, lorsque
Falconetto reconstruisit, en 1524, l'habitation de Cornaro,
car notre guide fidèle, l'*Anonimo*, la visitant vers cette
époque, dit que la façade de la maison a été peinte par
Jeronimo de Padoue et ne signale à l'intérieur que
quelques têtes peintes dans un plafond par Domenico
Campagnola, et plusieurs tableaux du même, le tout
exécuté d'après des dessins de Raphaël [2].

Ce Domenico Campagnola, Vénitien, qui semble avoir
été un copiste habile et un imitateur facile plutôt qu'un
créateur original, avait été le collaborateur de Titien
pour les fresques du palais Cornaro [3]. Il resta son colla-

1. Voir Valery, *Curiosités et anecdotes italiennes.* Paris, in-8°;
1882, p. 67-79. Le portrait d'Alvise ou Luigi Cornaro, dans un âge
avancé, par Domenico Theotocopuli, a été récemment acquis par la
National Gallery.

2. *Notizia d'opere di disegno*, p. 23. Jeronimo Padovano, dont
l'*Anonimo* cite un certain nombre d'ouvrages, paraît avoir été
souvent le collaborateur de Domenico Campagnola. Il travailla
beaucoup dans l'église Saint-Antoine et en reçut le surnom de Jeronimo ou Gerolamo del Santo.

3. Sur le revers d'un dessin, *Omnia vanitas*, à l'Académie de
Dusseldorf, on lit cette note de la main de Titien : « Pour argent
donné à M. Domenico Campagnola pour solde de la dette que
j'avais envers lui, moi Tician Vecelli, pour m'avoir aidé dans
l'ouvrage que j'ai fait sur la façade de la Casa Cornaro, à Pad... »
(Cavalcaselle et Crowe, I, 103.)

borateur pour tous les autres travaux dans la même ville et s'appropria si bien sa manière qu'au dire des contemporains on ne les distinguait pas toujours facilement l'un de l'autre dans les parties où ils travaillaient ensemble. Nous le retrouvons, en même temps que Titien, à la Scuola del Carmine et à la Scuola del Santo. Il devait prendre d'ailleurs personnellement une part beaucoup plus importante à la décoration de ces deux édifices lorsque son collaborateur serait retourné à Venise.

La Scuola del Carmine, salle fort délabrée, couverte de fresques dues à quelques maîtres intéressants du commencement du XVIe siècle dont plusieurs restent encore inconnus, contient, outre plusieurs compositions de Campagnola, une composition plus libre, d'une couleur plus éclatante, d'une facture plus hardie, qui a toujours été attribuée à Titien. L'attribution paraît juste malgré les négligences qu'on y remarque. Ces négligences plus ou moins grandes frappent d'ailleurs dans presque toutes les peintures murales du jeune maître, à Padoue. Peut-être ces commandes étaient-elles mal rétribuées; peut-être l'obligeait-on à les achever trop vite, peut-être enfin n'apportait-il qu'un intérêt intermittent à l'exécution de travaux exigeant à la fois une préparation très arrêtée par le dessin et une exécution très rapide sur place, deux choses également contraires à son tempérament et à ses habitudes. L'imagination de Titien, chaleureuse, mais lente, se mouvait dans un cercle restreint. Il avait besoin de se raviver sans cesse au spectacle de la réalité. A mesure qu'il s'accoutumait davantage à chercher patiemment sur des toiles la perfection du rendu par le modelé et par la lumière au moyen de retouches continuelles, il perdait le goût des travaux décoratifs où la facilité de l'invention, la netteté

du dessin, la rapidité de la main sont de première nécessité. On a remarqué, dès leur achèvement, que les fresques de Padoue, beaucoup plus puissamment colorées que
les œuvres de ce genre, semblaient plutôt des peintures
à l'huile agrandies, où l'artiste s'était efforcé d'obtenir
des effets brillants de lumière et de perspective contras-
tant avec le calme habituel et l'aspect mat des décorations murales. Lui-même se rendit compte, sans aucun
doute, de l'incompatibilité foncière de son tempérament
avec cette forme populaire de l'art; il n'accepta par la
suite que très rarement des commandes de cette nature.
Les fresques de Padoue n'en restent pas moins la page
la plus importante où l'on puisse admirer l'ardente
explosion de son génie au moment où il cherche à se
dégager de l'influence de Giorgione et de Palma, tout
en s'appropriant la vivacité passionnée et le charme attirant de ses deux glorieux émules.

La *Rencontre de Joachim et d'Anna à la Porte d'or*, à
la Scuola del Carmine, est la moins remarquable de
toutes. On peut soupçonner Campagnola d'y avoir mis
largement la main. La disposition du sujet reste la disposition traditionnelle, celle que Gioto avait adoptée,
deux siècles auparavant, dans la chapelle voisine dell'
Arena: Même nombre, et même groupement des figures;
mais combien le vieux Florentin reste supérieur pour la
force et pour la justesse des expressions! Sur la gauche,
Anna, blonde et robuste Vénitienne, grasse et traînante,
dans une robe très ample d'un vert foncé, avec d'abon-
dants cheveux enfermés dans une résille, d'allure molle,
de physionomie indifférente, s'avance, escortée par trois
suivantes, devant la porte d'un palais en ruines. Les
suivantes, vêtues avec le même luxe, l'une en robe
écarlate, l'autre en robe jaune d'or à manches bouffantes,
la troisième en robe noire, sont aussi de bonnes filles

des environs, charmantes de naturel, mais sans aucune aspiration religieuse. Le Joachim à tête grisonnante, en tunique rouge et manteau jaune, qui, d'un pas rapide, s'avance vers la belle mondaine, est d'un caractère plus ferme et plus élevé, d'une expression vraiment grave et profonde. Sur la droite se tient, agenouillé, son bâton à la main, dans l'attitude qui sera celle du Moïse devant le buisson ardent dans les Loges du Vatican, un berger de notre connaissance. C'est celui qui, dans la composition de Giotto marchait si naïvement encapuchonné, son panier à la main, portant un agneau sur l'épaule. Son accoutrement, veste bleue, manches blanches, culottes de toile déchirées, est l'accoutrement connu des bergers de Giorgione et de Palma. L'exécution large, rapide, lâchée, contraste autant par la désinvolture négligée des lignes que par l'éclat intense des colorations avec la facture précise, mais sèche et pâle, des compartiments voisins, la *Naissance de la Vierge* et la *Présentation au temple*, compositions graves dues à des praticiens consciencieux de Ferrare ou de Boulogne, beaucoup plus fidèles aux habitudes du xve siècle. Le fond de paysage montagneux qui s'étend sur la droite révèle d'ailleurs ce sentiment passionné de la nature puissante et heureuse qui fut commun à Titien et à Campagnola.

Les trois fresques de la Scuola del Santo jouissent, avec raison, d'une plus grande réputation. Ce sont les premier, onzième et douzième compartiments de la série des Miracles de saint Antoine qui se développe sur les quatre parois de la salle. Le premier, celui qu'on trouve à droite à la porte en entrant, *Saint Antoine donnant la parole à un nouveau-né* pour qu'il justifie sa mère accusée d'adultère, est d'un éclat admirable. Un réalisme libre et vigoureux anime toutes les figures qui se groupent et s'entretiennent avec une aisance et un naturel surprenants. Le saint religieux, en froc gris, se tient debout, au milieu, soutenant d'une main l'enfant vif et nu qui, porté par un autre moine à genoux, tend ses petits bras vers son père. Celui-ci, un gentilhomme au teint hâlé, de mine énergique, en riche costume, une chaine d'or au cou, écoute avec surprise son balbu- tiement, tandis que la mère accusée se tient à son côté, de profil, debout, digne et fière, dans un calme attentif. Cette patricienne superbe, de formes opulentes, aux car- nations éclatantes, avec son épaisse chevelure rousse roulant sur ses épaules dans une résille d'or, magnifique- ment drapée dans sa grande robe rouge brodée d'or, est une des apparitions les plus séduisantes qu'un artiste du xvi* siècle ait fixées sur un mur. C'est la beauté vivante, la beauté palpable et réelle, marchant dans la tranquillité majestueuse d'un triomphe certain. Les trois suivantes, dans leurs attitudes plus modestes, sont aussi naturelles, plus jeunes, aussi charmantes. Par cette simplicité puissante des expressions, Titien montre qu'il entre en pleine possession de son génie. Et quel accent de force et de vérité dans le beau jeune homme, un frère peut-être de la femme accusée ou celui qu'on soup- çonnait être son séducteur, qui s'élance, avec impétuo- sité, sur la gauche, en ouvrant son large manteau blanc ! Son costume éclatant et bariolé, son bonnet rouge, son jnstaucorps, ses chausses rayées de rouge et de jaune, en font le frère de ce brillant compagnon de la Calza qu'on admirait sur la façade du Fondaco[1]. Jamais on n'avait obtenu, par le procédé de la fresque, des tons si

---

1. M. Lermolieff remarque justement que ce jeune homme aux longs cheveux est le même qu'on trouve assis dans le *Concert* de Giorgione au musée du Louvre (*le Opere dei maestri italiani,* p. 163). A cette époque, Giorgione, Palma, Titien se servaient souvent des mêmes modèles. On en pourrait citer bien d'autres preuves.

éclatants ni des harmonies si vigoureuses. Le grand
mur de fond où se dresse dans une niche une statue
mutilée d'empereur romain, l'échappée, à droite, sur un
ciel pâle dans lequel s'entremêlent, au pied d'un tertre,
les branchages desséchés de légers arbrisseaux, caractérisent encore cet ouvrage en nous montrant de plus en
plus unis, chez l'artiste, le goût du paysage et le goût
des ornements antiques.

Le second compartiment, *Saint Antoine ressuscitant
un jeune homme*, qui, ayant maltraité sa mère, s'était
coupé le pied par expiation, est d'une exécution plus
nette et plus magistrale encore. Le jeune homme, pâle,
en chemise blanche, les jambes nues, le pied gauche
sanglant, est étendu à terre, la tête pendante et soutenue, comme celle d'un Christ, par sa mère et par une
jeune femme agenouillées. Le saint, encapuchonné, rele-
vant de la main gauche le pan de sa robe, s'avance vers
le cadavre, la main droite tendue, par un mouvement
d'une grandeur naïve et simple. Les huit personnages
groupés autour de lui, tous des contemporains pris sur
nature (comme le prouve un beau croquis du musée
Städel), se mêlent sans efforts à la scène par des attitudes
et des gestes soigneusement combinés. Leurs costumes,
graves ou éclatants, appropriés à leur âge et à leur
physionomie, forment, avec leurs visages brunis, une
harmonie savante, d'une tonalité chaleureuse et douce,
complétée par le vaste paysage qui se déroule, de chaque
côté d'un grand tronc d'arbre feuillu, au-dessus de leurs
têtes. A gauche, écume un torrent sur le bord duquel
est assis un pêcheur. A droite, s'étend une plaine où un
berger pousse en hâte devant lui un troupeau de mou-
tons. Au fond, se dresse une ville avec ses tours et ses
murailles crénelées, une ville du pays de Cadore dominée
par un de ces pics dolomitiques, aux cimes tranchantes,

chères aux souvenirs du peintre et qu'on retrouve dans presque tous ses tableaux ou dessins ; au-dessus, dans un ciel embrumé, s'épanche, lointaine et douce, la dernière rougeur du soleil qui s'éteint. La nature extérieure s'était rarement encore montrée dans la peinture italienne avec cette franchise hardie, cette exactitude puissante, cette expression profonde. Jamais non plus les coloristes de Venise n'avaient disposé avec plus de science ni d'un air plus naturel des figures éclatantes dans la lumière. Les observations de MM. Cavalcaselle et Crowe, à ce sujet, sont d'une justesse parfaite : « C'est avec beaucoup d'art que les figures s'équilibrent par leurs oppositions avec le clair-obscur, étant disposées de telle sorte que, lorsque l'une est mise en lumière, celle qui suit se tient dans l'ombre. Les gradations des tons sont calculées magistralement comme dans la fresque précédente. La tête de l'homme aux cheveux épais, qui s'avance pour regarder le jeune homme mort, est exécutée à la manière de Giorgione, et les autres figures sont de même, pour la plupart, fort bien conçues et très expressives, surtout celle du chevalier qui se tourne en arrière de façon à faire supposer le voisinage d'autres personnes qu'il est seul à voir Une chose caractéristique aussi, c'est la supériorité des types masculins par rapport avec les types féminins, ce qui s'explique par ce fait que, dans cette scène, toutes les femmes sont d'une basse condition [1]. »

Le paysage tragique qui encadre la scène dans le troisième compartiment, le *Gentilhomme tuant sa femme innocente* (que ressuscitera saint Antoine), paysage rocailleux, étranglé, tristement solitaire, qu'éclaire, à travers de maigres broussailles, un ciel

---

1. CAVALCASELLE et CROWE, I, 111-112.

blanc rayé de nuées grises, n'est pas moins justement conçu. C'est au pied d'un tertre déchiré et croulant, dans une ravine affreuse, que le mari jaloux, en fureur, tête nue, le sang au visage, les cheveux hérissés, un poignard à la main, tient gisante à ses pieds, d'un geste implacable, la malheureuse femme qui se débat dans la poussière, suppliante et hurlante, les jambes à moitié sorties de ses jupes en désordre. Les attitudes sont d'une réalité poignante, sans réminiscence scolaire, sans déclamation théâtrale ; l'exécution est d'une sûreté, d'une vigueur, d'un entrain qu'on ne saurait dépasser, et le jeu brutalement vivace des colorations entre le justaucorps rouge et blanc du meurtrier et la robe jaune de la victime complète merveilleusement l'effet saisissant de cette scène violente.

Le dernier reçu donné par le peintre pour les trois fresques de la Scuola del Santo nous a été conservé. Il porte la date du 2 décembre 1511[1]. D'autre part, une note de Domenico Campagnola, sur un dessin de la collection Crozat, indiquait qu'après avoir collaboré avec Titien à la Scuola del Carmine, il avait commencé à peindre avec lui dans la Scuola del Santo le 24 septembre 1511. Les trois peintures auraient donc été achevées dans l'espace de deux mois.

D'après une tradition recueillie par Vasari et par Ridolfi, ce serait durant son séjour à Padoue que Titien

1. « 1511, ce jour 2 décembre. Je, Ticiano, reçois quatre ducats d'or de la Confrérie de M. Saint-Antoine de Padoue, lesquels m'a comptés Fr. Antonio son intendant pour reste et complet paiement des trois tableaux que j'ai peints dans ladite Scuola, L. 24 s....Moi, Tician de Cador, peintre. » *1511, alì 2 decebrio. Ricejo Ticiano ducati quatro doro da la fraia di M. So Antonio di Padova, li quali mi conto f. Antonio suo fator per resto et compido pagameld di li tre quadri jo ho dipicta sudita scuola, L. 24 s.... Io Tician di Cador, Dpntore.* (Document reproduit en fac-similé dans Gonzati, *la Basilica di San Antonio di Padova.* In-folio, Padova, 1854.)

aurait dessiné, pour la peindre ou pour la faire peindre autour de sa chambre, une vaste composition processionnelle, le *Triomphe de la Foi*. La peinture fut-elle exécutée par Titien ou par Campagnola? Nous l'ignorons. En tout cas, il n'en reste plus trace. La composition, vulgarisée par une gravure sur bois d'Andreani, bientôt reproduite en France et en Allemagne, devint rapidement célèbre. Au centre, sur un char traîné par l'Ange, le Bœuf, le Lion et l'Aigle symboliques, est assis le Christ, un sceptre à la main. Un Pape, un Cardinal, deux Évêques poussent aux quatre roues. Devant le char marchent, guidés par un Ange, les Patriarches, les Prophètes, les Juges, les Rois de l'Ancien Testament, accompagnés de grands Anges sonnant de la trompette et de petits enfants portant joyeusement les instruments du supplice ou les symboles du triomphe. Derrière, dans un paysage montagneux, se déroule, en longue suite, le cortège des Martyrs, des Confesseurs, des Vierges, des Veuves. Ces groupes héroïques rappellent, par la fierté des attitudes et la précision des formes, Albert Dürer presque autant qu'Andrea Mantegna. On ne peut se résoudre à croire que la négligence des contemporains ait pu laisser aussi vite disparaître une pareille œuvre, si elle avait été exécutée. Le souffle qui anime ces puissantes figures est un souffle vraiment épique et le peintre, dans sa longue carrière, devait rarement retrouver une inspiration aussi magistrale.

De Padoue, avant de rentrer à Venise, Titien alla séjourner quelque temps à Vicence.

A Vicence, sous la loggia du palais de Justice, il représenta un *Jugement de Salomon*, « qui devait servir d'exemple aux juges pour leur apprendre à bien juger. On y voyait beaucoup d'assistants. Il y réussit très bien, s'étant rendu hardi et vaillant par le travail du Fondaco[1] » (Ridolfi). Par malheur, cette œuvre importante fut détruite par l'architecte Palladio lorsqu'il reconstruisit le Palais. Aucune description, gravure ou esquisse ne nous est parvenue qui puisse nous apprendre si la composition avait quelque rapport avec celle de Giorgione, sur le même sujet, conservée dans un petit tableau du musée des Uffizi à Florence.

1. Les similitudes de facture et de style sont si grandes, à cette époque, entre Giorgione, le novateur original, et ses condisciples et rivaux, Titien, Palma, Lotto, Campagnola, Dosso Dossi, Pordenone, qu'on a pu et qu'on peut encore confondre leurs œuvres de jeunesse. Sur ce point, les critiques les plus experts et les amateurs les plus clairvoyants ne parviennent pas toujours à s'entendre. C'est ainsi qu'un très beau portrait de femme, l'*Esclavoe* (Caterina Cornaro ?), signé TITIANVS TV (coll. Crespi à Milan) accepté, comme authentique par Cavalcaselle et Gronau resté attribué à Giorgione par H. Cook, et à Pordenone par Venturi. Même dissentiment au sujet du célèbre *Concert* de la Galerie Pitti, où Morelli, Gronau, Berenson voient une œuvre de Titien. Ne serait-ce pas, comme tant d'autres, une des peintures inachevées de Giorgione et terminées par Titien, comme le suppose Fischel ?

CHAPITRE V

(1512-1516)

A la suite de ces beaux travaux de Padoue, lorsque
Titien rentra à Venise, il s'y trouva dans une telle
situation qu'il n'hésita plus à s'y fixer définitivement. La
Sérénissime République venait de conclure avec
l'empereur Maximilien une trêve qui assurait la reprise
de l'activité maritime et commerciale. D'autre part, la
mort inopinée de Giorgione, frappé de la peste en 1511,
laissait le champ libre à tous ses compétiteurs pour se
mettre en mesure de prendre la tête de l'école, lorsque
le vieux Giovanni Bellini aurait disparu. Il est vrai que
ce vieillard infatigable, se montrant obstinément sur la
brèche, redoublait d'efforts, à son déclin, pour ne pas se
laisser dépasser par la génération hardie qu'il avait
lui-même formée. Il était alors en train d'achever, pour
l'église Saint-Jean-Chrysostome, un magnifique tableau
d'autel, représentant saint Christophe, saint Augustin et
saint Jérôme, où il allait se montrer, par la somptuosité
du coloris, par la liberté du mouvement, par l'ampleur

des draperies, un novateur aussi décidé que ses jeunes rivaux. Il acceptait, au même moment, du duc de Ferrare la commande d'un sujet païen conforme à la mode du jour, quoique bien contraire en apparence aux études sévères de toute sa vie, le *Festin des dieux*, et cette commande allait être pour lui l'occasion de faire un chef-d'œuvre de poésie et de grâce, où s'inspirerait le génie de ses plus heureux successeurs. Cependant son grand âge (quatre-vingt-cinq ans) ne laissait point l'espérance de le voir prolonger longtemps encore cette carrière extraordinairement glorieuse. Vittore Carpaccio, le plus grand survivant de la génération intermédiaire, perdait peu à peu, dans une imitation tardive des Allemands et des Florentins, sa spontanéité brillante et sa charmante liberté d'autrefois. Quant aux compétiteurs possibles de Titien, ses contemporains et ses condisciples, les uns, comme Sebastiano Luciani, appelé à Rome par le banquier Agostino Chigi, ou Lorenzo Lotto, toujours en courses dans les Romagnes, avaient abandonné leur premier champ de bataille, et les autres, comme cet admirable Palma, après avoir donné un élan très personnel à l'école, s'arrêtaient, sinon dans leur travail de production, du moins dans le développement de leur génie.

L'heure décisive était donc arrivée pour le peintre de Cadore. Il devait songer d'autant plus à une installation sérieuse qu'il venait de se marier ou qu'il allait le faire[1].

1. Ticozzi seul, parmi les biographes de Titien, affirme, mais sans preuves, que son mariage fut célébré en 1512. Comme Ticozzi s'est trompé à la fois sur le nom de la femme qu'il appelle Lucia, la confondant avec la mère du peintre, et sur les dates de naissance des enfants qu'il place beaucoup trop tôt en 1510 et 1515, nous avons lieu de mettre en doute son affirmation sur ce point comme sur bien d'autres. Ce qui est certain, c'est que Titien se maria encore jeune, entre 1512 et 1520 probablement.

On ne possède aucun renseignement précis sur la femme qu'il associa à sa destinée. On sait seulement qu'elle s'appelait Donna Cecilia[1], on a lieu de croire qu'elle était Vénitienne ; on doit supposer qu'elle était jeune et belle. L'hypothèse émise par l'abbé Cadorin que la superbe créature, d'un type si particulier et si séduisant, connue, dans la légende, sous le nom de Violante ou de fille de Palma, maîtresse de Titien, serait simplement sa femme légitime, n'a rien d'invraisemblable. En effet, son apparition dans les œuvres de Titien précède ou suit de très près l'époque présumée de son mariage, et l'on ne saurait douter que leur lune de miel n'ait eu un certain nombre de quartiers, puisqu'après avoir perdu au moins une fille, ils eurent, à des intervalles très rapprochés, deux garçons, Pomponio et Orazio, et une autre fille, Lavinia. Dès cette époque, on s'aperçoit d'ailleurs que, laborieux et opiniâtre, comme tous les gens de sa montagne et de sa famille, le jeune artiste est un homme d'ordre et de tête, réglant sa vie avec un sang-froid imperturbable, s'occupant de l'avenir avec une suite et une prudence qui devaient plus tard tourner à la cupidité, sinon à l'avarice.

A son retour, son premier travail fut sans doute d'achever les toiles que Giorgione avait laissées dans son atelier. Par qui lui fut confiée cette mission d'honneur? On l'ignore, mais le fait est certain[2]. La première

_____

1.... *Sentenliando dixerunt, et sententiaverunt quod Rever. D. Presbiter Pomponius Vecellius Clericus Venetus, et filius quondam Magn. D. Titiani Vecellio Equitis et quondam D. CECILIÆ jugalium succedat et per successionem habere debeat omniu bona mobilia, jura et rationes et actiones quascumque,* etc., etc. (Jugement d'envoi en possession de biens de Pomponio Vecellio après la mort de son père et de son frère, du 23 octobre 1576. Document publié par l'abbé Cadorin, *Dello Amore ai Veneziani...*, Doc. N, p. 95-96.)

2. Parmi les tableaux de Giorgione qu'acheva Titien, l'Anonimo, nous l'avons déjà dit, signalait, en 1551 à Venise, « la toile de la

commande qu'il obtint des chanoines de Santo Spirito all' Isola servit mieux encore son ambition et le mit tout à l'ait en lumière [1]. A la suite des calamités qui avaient récemment frappé Venise et surtout de cette effroyable peste qui, dans une seule année, lui avait enlevé 20,000 citoyens, il s'agissait de remercier saint Marc qui l'avait, à la fin, délivrée du fléau. Le peintre posa donc, sur un piédestal antique, drapé comme un empereur romain, le même patricien devant lequel s'était déjà agenouillé l'évêque Pesaro ; mais, en le métamorphosant de saint Pierre en saint Marc, il lui donna, avec plus de vigueur dans les traits et plus d'ampleur dans le vêtement, une attitude hautaine et victorieuse. L'évangéliste, patron de la République, tenant son livre sur le genou droit, regarde fièrement le ciel d'où tombe, à gauche, un coup de lumière, qui, noyant sa tête et son bras gauche dans une pénombre mystérieuse, fait saillir son avant-corps. A ses pieds se tiennent, debout, les saints inférieurs qui l'ont aidé dans l'accomplissement de sa tâche salutaire : à gauche, saint Cosme et saint Damien, les patrons des médecins, dans leurs robes de docteurs ;

Vénus nue, qui dort dans un paysage avec Cupidon ; le paysage et Cupidon furent finis par Titien ». M. Lermolieff (p. 167-170) croit avoir retrouvé cette peinture dans un tableau du musée de Dresde, longtemps attribué à Sassoferrato (!!), qui serait l'original de la Vénus de Darmstadt et dont Titien se serait souvenu dans la *Vénus d'Urbin*. En 1530, le même amateur remarquait encore à Venise « le *Christ mort sur le sépulcre avec l'ange qui le soutient*, de la main de Zorzi da Castelfranco arrangé par Titien ». On ne sait ce qu'est devenu le tableau d'après lequel semble avoir été faite, dans l'atelier de Titien, une gravure connue.

1. Titien devait souvent travailler pour la même église. Lorsqu'elle fut supprimée, en 1656, les peintures qui l'ornaient furent transportées à Santa-Maria della Salute. C'est là que se trouvent aujourd'hui le *Saint Marc triomphant*, ainsi que la *Descente du Saint-Esprit*, et la série des trois plafonds, *Caïn et Abel*, le *Sacrifice d'Abraham*, *David et Goliath*, peints également pour Santo Spirito all'Isola, près de trente ans plus tard.

à droite, saint Roch et saint Sébastien, les guérisseurs des plaies, montrant leurs propres blessures qui leur ont valu la palme du martyre. Presque toutes les figures sont des portraits exécutés avec la conscience et suivant les principes de Giovanni Bellini ; c'est encore la disposition traditionnelle, le faire précis et serré du xve siècle, mais avec quelle recherche nouvelle d'ensemble et d'harmonie par la distribution expressive des ombres et des clartés, avec quel désir de mouvement et quel sentiment de vie dans les attitudes ! Giorgione n'avait guère déployé dans ses derniers ouvrages un luxe plus éclatant de couleurs ; il n'avait pas donné à ses figures un caractère de réalité plus franc ni plus énergique[1].

Ce chef-d'œuvre acheva de mettre le peintre en bonne odeur auprès des amateurs et des lettrés de Venise, dont les plus célèbres avaient l'habitude de se réunir chez le vénérable imprimeur et savant Alde Manuce, où ils formèrent bientôt l'Académie Aldine. Titien fit-il officiellement partie de ce cénacle d'érudits? Ce n'est pas probable, car, si le grand peintre vécut toujours au milieu des lettrés, il ne paraît pas avoir eu lui-même une culture littéraire très étendue. Toutefois, la plupart des membres de l'Académie Aldine étaient dès lors ses protecteurs et ses amis. L'un d'eux, le fameux Bembo, poète exquis et collectionneur enthousiaste, se trouvant à cette époque à Rome lors de la mort de Jules II (mars 1513), fut choisi pour secrétaire par le nouveau pape Léon X. L'une de ses premières pensées fut de faire inviter Titien à venir le rejoindre et à s'établir à Rome, où Michel-Ange avait achevé depuis quelques années le plafond de la chapelle Sixtine, où Raphaël

---

1. Cavalcaselle et Crowe ont remarqué avec justesse que Van Dyck fut fortement ému par ce tableau, dont il imita souvent la distribution lumineuse (I, 119).

était en train de couvrir de chefs-d'œuvre incomparables les chambres du Vatican.

N'était-il pas tentant pour un artiste en pleine force d'aller se mesurer avec ces deux grands génies sur un terrain si favorable et d'où la gloire rayonnait plus rapidement sur tout le monde civilisé ? Sebastiano Luciani avait pris ce parti depuis quelques années ; il ne s'en trouvait pas mal, et joignait sans doute ses instances à celles de Bembo. Le bon sens du montagnard résista pourtant à cette tentation. Soit qu'il aimât mieux être le premier à Venise que le second à Rome, soit qu'il redoutât de changer pour les intrigues et le cérémonial de la cour pontificale l'existence indépendante et facile qu'il s'était organisée dans les lagunes, soit qu'il craignît de rompre tous les liens de famille et d'amitié auxquels il s'était accoutumé, ou qu'il ne voulût pas s'éloigner de ses belles montagnes où il allait presque tous les ans se fortifier dans l'amour des grands horizons lumineux, par tous ces motifs à la fois peut-être, il suivit sans effort les conseils d'un autre poète de Padoue, Andrea Navagero [1], et fit parvenir à Bembo une réponse négative.

En homme avisé, il s'empressa d'ailleurs presque immédiatement de se mettre en mesure d'obtenir près de la République vénitienne une situation équivalente à celle qu'il aurait pu obtenir près du pontife romain. Le 30 mai, il adressait au Conseil des Dix une requête pour lui demander à la fois la commande du dernier tableau restant à peindre au palais ducal dans la salle du Grand

---

1. Les portraits de Navagero et de son ami Beazzano, sur une même toile, par Raphaël se trouvaient, du temps de l'Anonimo de Morelli (p. 40), dans la maison de Bembo à Padoue. C'est la belle peinture qui est aujourd'hui à Rome, dans le palais Doria (sous le titre : *Portraits de Bartolo et Baldo*). Titien avait aussi représenté les deux amis dans l'une des grandes toiles du palais ducal, brûlées en 1577.

Conseil et pour obtenir la première charge de courtier à   *1513*
l'Entrepôt des Allemands qui viendrait à vaquer. Le ton
de cette supplique écrite dans une sorte de langue ma-
caronique, où se mêlent des mots italiens, des mots
patois, des mots latins, tout à la fois naïve dans la forme
et décidée dans le fond, semble indiquer que cette
démarche n'était que la conclusion d'un accord établi
d'avance avec de puissants protecteurs :

1513. Dernier jour de mai. En Conseil.

Illustrissime Conseil,

M'étant dès mon enfance, Prince Sérénissime et Excellentis-
simes Seigneurs, moi, Tician de Cadore, mis à apprendre l'art
de la peinture, non tant par désir de gain que pour essayer
d'acquérir quelque peu de renom et pour être compté parmi ceux
qui présentement font profession de cet art, bien que j'aie été
auparavant et ETIAM *de présent recherché avec instance et par*
la Sainteté du Pontife et par d'autres Seigneurs pour les aller
servir, Tamen désirant, comme fidèle sujet de Votre Sublimité,
laisser quelque souvenir dans cette glorieuse cité, j'ai résolu, s'il
vous convient, de me charger de venir peindre dans le Grand
Conseil, et d'y mettre tout mon talent et esprit tant que j'aurai
vie, en commençant, s'il plaît à Votre Sublimité, par la toile où
est la Bataille, du côté de la place, celle qui est la plus difficile
puisque aucun jusqu'à ce jour n'a voulu tenter une telle entre-
prise. Quant à moi, Seigneurs Excellentissimes, je me contente-
rais bien de recevoir par satisfaction pour cet ouvrage telle
récompense qu'on jugerait convenable et beaucoup moins. Mais
puisque, comme je l'ai dit ci-dessus, je n'estime que mon honneur
et que je désire solum le moyen de vivre en plaisant à Votre
Seigneurie, elle daignera me concéder pour la vie la première
SENSERIA *(charge de courtier) au* Fontego di Tedeschi *(sic)*
quovis modo elle viendra à vaquer, et nonobstant toutes autres
expectatives, avec les modes, conditions, obligations, exemptions
dont jouit Missier Zuan Belin, ainsi que deux jouvenceaux que
je veux prendre avec moi pour m'aider, à faire payer par l'Office
du Sel, et, en même temps, les couleurs et toutes les choses
nécessaires, ainsi qu'il a été concédé les mois passés par l'Illustris

sime Conseil audit Missier Zuane. Et je promets à Vos Excellentis-
simes Seigneuries de faire cette œuvre avec tant de promptitude
et d'excellence qu'elles en resteront contentes. Et je me recom-
mande humblement[1].

Le même jour, la proposition de Titien fut acceptée dans le Conseil par dix voix contre six. Le bureau était composé de Hieronimo Contarini, Michel de Lezze, Giovanni Venier. Dès le 8 juin suivant, une nouvelle délibération du Conseil, sous la présidence de Pier Leoni, Hieronimo Priuli, Andrea Magni, enjoignait aux Provéditeurs du Sel de mettre à la disposition du peintre tout le nécessaire et de payer chaque mois ses deux aides[2]. Titien, on le voit, ne demande point du tout la charge occupée par Giovanni Bellini, comme l'ont cru presque tous ses biographes, mais seulement une charge semblable donnant droit aux mêmes avantages. Il est probable qu'à cette époque, le vieux Bellini, quoique travaillant encore dans son atelier, était devenu incapable de se déplacer et de terminer les grands travaux du palais ducal non plus que sa grande toile envoyée au duc de Ferrare, comme nous le verrons plus tard.

Que se passa-t-il alors? Le vieux maître de Titien, Giovanni Bellini, qui, en compagnie de son frère Gentile,

1. Lorenzi, *Monumenti per servire alla storia del palazzo ducale,* Venise. In-4°, 1869. — Doc. n° 37, p. 157.

2. « Nous, chefs de l'Illustrissime Conseil des Dix, disons et ordonnons à Vous Seigneurs Provéditeurs du Sel, que soit exécuté, comme dessus, ce qui est délibéré dans ledit Illustrissime Conseil. Vous devez faire préparer audit Titien toutes les choses nécessaires, comme il demande dans sa pétition, et comme on l'a observé envers Zuan Bellin, en dépensant comme auparavant, et payant de mois en mois les deux jeunes gens qui vous seront présentés par Titien même, à raison de quatre ducats par mois, ainsi qu'il a insisté, parce qu'ils sont suffisants et habiles dans cet art de la peinture. Toutefois on n'entend commencer leur salaire que quand ils commenceront à travailler. Et ainsi ferez. Donné le 8 juin 1513. » Lorenzi, Doc. n° 338, p. 158.

avait travaillé durant trente-trois ans au palais ducal, y 1514
avait peint neuf compartiments dans la seule salle du
Grand Conseil et y restait actuellement encore chargé
de la direction des travaux confiés, après la mort de Luigi
Vivarini, à Vittore Carpaccio, se trouva-t-il offensé de la
démarche faite par son ancien élève dans le but
d'obtenir une situation égale à la sienne tant à l'Entrepôt allemand que dans le palais ducal ? Y eut-il
simplement de la part des condisciples et des rivaux du
jeune artiste un soulèvement de jalousie et d'envie en
voyant le gouvernement de la République consacrer
publiquement par des faveurs exceptionnelles une
supériorité qu'ils n'étaient pas disposés à reconnaître ?
Les récriminations vinrent-elles simplement d'autres
postulants, étrangers aux arts, déjà inscrits pour la
survivance de la *Senseria* et dont les droits se trouvaient
en effet lésés par les engagements pris vis-à-vis d'un
dernier venu ? Les documents ne précisent rien à ce
sujet. Leur suite montre seulement que l'exécution des
engagements pris envers Titien souleva des difficultés
inattendues et que la décision du Conseil des Dix fut
l'occasion d'un déchaînement prolongé d'inimitiés contre
le jeune maître.

Moins d'un an après, le 20 mars 1514, la question fut
soulevée à nouveau devant le Conseil. Cette fois, les
partisans de Titien s'y trouvaient en moins grand nombre.
Le décret précédent fut annulé et l'on déclara que Titien
n'obtiendrait la charge de courtier « qu'à son rang
seulement, après toutes les expectatives inscrites avant
le jour de la concession à lui faite[1] ». Le 20 avril, on
donnait l'ordre de cesser le payement de leur salaire
mensuel à ses deux collaborateurs, Antonio Buxi et

_____

[1] Lorenzi. — Doc. n° 341, p. 159-160.

5

Ludovico da Zuane[1]. Toutefois l'artiste, ambitieux et résolu, ne se tint pas pour battu, et, le 28 novembre, le Conseil reçut la supplique suivante :

Excellentissime Conseil des Dix,

M'étant les mois derniers, moi Tician de Cadore, serviteur fidèle de Vos Excellentissimes Seigneuries, offert à peindre dans le Grand Conseil, Vos Excellentissimes Seigneuries, en leur Excellentissime Conseil, me concédèrent une charge de courtier à l'Entrepôt des Allemands, la première vacante nonobstant toutes autres expectatives, etc., etc. L'on fit donc refaire la toile de nouveau et je commençai le travail qui serait à cette heure en bonne voie, sans l'astuce et l'artifice d'aucuns qui ne veulent pas de moi pour concurrent. Lesquels ont su si bien faire que ladite expectative me fut rétractée en ce point qui disait que je fusse premier, afin que je cessasse de travailler; ce que je fis, car vraiment si je devais attendre désormais toutes les autres expectatives, de cette façon-là, je mourrais de faim. C'est pourquoi, désirant vraiment vous montrer ma valeur, je supplie vos Seigneuries de vouloir bien m'accorder que, si aucune charge ne venait à vaquer avant la mort de Messier Zuane Belin, après la mort dudit Messier Zuane j'obtienne au moins celle-là qui est réservée au contentement de ceux qui ont à peindre dans le Grand Conseil, suivant les modes et conditions dans lesquels la mienne me fut concédée, en ordonnant aux Provéditeurs du Sel de continuer à payer mes deux garçons et de fournir les couleurs suivant le besoin, ainsi qu'il fut alors décidé, afin que je puisse, durant ma vie, vaquer à mon travail comme c'est mon désir[2].

La discussion dut être vive, car, d'après le procès-verbal de la séance, le premier vote sur l'annulation des décisions précédentes ne donna qu'une voix de majorité. Cependant, lorsqu'on procéda à un second scrutin sur l'objet même de la requête, celle-ci fut accueillie favorablement par neuf voix contre quatre et, le lendemain même, les Provéditeurs du Sel reçurent l'ordre de payer

1. LORENZI. — Doc. n° 342, p. 160.
2. LORENZI. — Doc. n° 343, p. 161.

les garçons du peintre. En même temps, le Conseil leur enjoignait de faire des réparations à l'atelier ou boutique qu'on avait mis à la disposition du peintre dans une maison dépendante du domaine public. Cette maison, située à San Samuele, près du Grand Canal, entre la place Saint-Marc et le pont du Rialto, avait autrefois appartenu aux ducs de Milan. On y logeait des personnes au service de l'État. L'architecte de la ville, Bartolommeo Bon, y avait longtemps habité. Titien devait y séjourner pendant quinze ans [1].

La salle du Grand Conseil, au palais ducal (aujourd'hui salle de la Bibliothèque), où Titien ambitionnait si ardemment de travailler, a été incendiée en 1577. Ses peintures, comme celles de tous ses prédécesseurs, y furent alors détruites. La postérité a ainsi perdu les plus belles pages de l'histoire de la peinture à Venise au xive, xve et xvie siècles [2]. La décoration de cette salle

1. L'ordre donné aux Provéditeurs constate que cette maison était alors en assez mauvais état : « ...la maison où il finit les modèles de la peinture à faire au Grand Conseil, dans laquelle il pleut et qui a besoin qu'un peu de la toiture soit raccommodée, en ne dépensant toutefois pas plus de six ducats au plus, afin que par manque d'aucune chose il ne tarde plus à travailler dans la salle dudit Conseil. » (Lorenzi, p. 161).

2. Peintures murales brulées dans la salle du grand conseil en 1577 — Lors de l'incendie en 1577, la salle du Grand Conseil contenait, sans compter la grande fresque du *Paradis*, par Guariento, occupant toute la paroi orientale au-dessus du trône ducal, vingt-deux grandes peintures murales représentant des épisodes de la lutte de Venise au xiiie siècle contre Frédéric Barberousse et disposées dans l'ordre suivant :

Paroi du sud (regardant la Riva dei Schiavoni). — 1. Tintoret. *Couronnement de Frédéric Barberousse par le pape Adrien*; — 2. Orazio-Vecellio. *Rixe entre les soldats allemands et la population romaine*; — 3. Paul Véronèse. *Frédéric reconnaissant l'antipape Octavius*; — 4. Tintoret. *Excommunication de Frédéric par le pape Alexandre III*; — 5. Titien. *Bataille de Spolète (ou de Cadore)*; — 6. Peintre du xvie siècle. *Préparatifs du roi de France pour défendre le Pape*; — 7. Peintre du xive siècle. *Alexandre III, vêtu en moine*,

magnifique qui, par cinq fenêtres, regarde au midi sur la mer et, par deux autres, à l'ouest, sur la Piazzetta, avait, de bonne heure, préoccupé le gouvernement de la République. Dès la fin du xivᵉ siècle, Antonio Veneziano, l'élève d'Agnolo Gaddi, avait été chargé de l'entreprise. Obligé de l'abandonner par suite d'intrigues obscures, il avait été remplacé par Guariento, de Padoue, qui, en 1365, sur la muraille de l'est, au-dessus du trône ducal, avait représenté à fresque le Paradis, à la place même où l'on voit aujourd'hui la grande toile de Tintoret sur le même sujet. Guariento avait aussi représenté sur les murailles latérales plusieurs épisodes des guerres

cherche un refuge dans la ville libre de Venise; — 8. Giovanni Bellini. *Le Pape, reconnu, est salué par le Doge et le Sénat.* (Cette toile, placée dans l'angle, se développait en retour sur la paroi occidentale, jusqu'à la première fenêtre, du côté de la Zecca.)

PAROI DE L'OUEST. — Au milieu, entre les deux fenêtres ouvrant sur la Piazzetta, se trouvait la statue de saint Marc; — 9. Gentile Bellini (disposé comme le précédent et faisant retour sur la paroi du nord). *Cérémonie de la concession du Cierge par le Pape au Doge de Venise.*

PAROI DU NORD. — 10. Gentile Bellini. *Traité de paix entre le Pape et l'Empereur;* — 11. Gentile Bellini. *Réception des ambassadeurs par Frédéric;* — 12. Gentile Bellini. *Le Pape encourageant le Doge à la résistance et bénissant la flotte vénitienne;* — 13. Gentile Bellini. *Bataille navale entre les flottes vénitienne et impériale;* — 14. Gentile Bellini. *Le Pape bénissant le Doge après sa victoire et lui donnant la souveraineté de la mer;* — 15. Luigi Vivarini. *Départ d'Othon, fils de l'Empereur et prisonnier des Vénitiens, pour la cour de son père;* — 16. Luigi Vivarini et Giovanni Bellini. *Arrivée d'Othon devant son père et ses supplications en faveur de la paix;* — 17. Titien (commencée par Giovanni Bellini). *Conclusion de la paix avec Alexandre III et soumission de Frédéric Barberousse dans l'église Saint-Marc;* — 18. Vittore Carpaccio (ou Giovanni Bellini, suivant Vasari). *Le Pape disant la messe dans l'église Saint-Marc;* — 19. Giovanni Bellini. *Le Pape concédant le parasol au Doge;* — 20. Giovanni Bellini. *Entrée du Pape, de l'Empereur et du Doge à Rome après la conclusion de la paix;* — 21. Giovanni Bellini. *Le Pape offrant au Doge huit bannières et huit trompettes d'argent;* — 22. Peintre du xvᵉ siècle. *Le Doge assis près du Pape et de l'Empereur à Saint-Jean-de-Latran.*

contre l'Allemagne, entre autres la *Bataille de Spolète*. Les deux peintres les plus célèbres de la génération suivante, Vittore Pisano, de Vérone, et Gentile, de Fabriano, lui avaient succédé dans les premières années du xv° siècle. Parmi les sujets confiés à Pisano on remarquait la *Réception d'Othon par son père Frédéric Barberousse*. Gentile de Fabriano, lui, avait peint avec un tel succès la *Bataille navale devant Pirano* gagnée sur les Allemands par le doge Ziani, qu'on lui avait accordé le droit de porter la simarre des patriciens et voté une pension viagère d'un ducat par jour.

Vers 1474, toutes ces peintures étaient déjà en si mauvais état qu'on dut songer à les restaurer. Le Sénat s'adressa à Luigi Vivarini et aux deux frères Bellini, qui, au lieu de les restaurer, les refirent complètement : c'est ce qui arrive d'ordinaire en pareil cas. « Gentile Bellini, dit Sansovino, en a recouvert plusieurs, plus pour étouffer la gloire d'autrui et par jalousie, que pour améliorer beaucoup les anciennes peintures. » Faut-il voir dans cette imputation malveillante de Sansovino, fils de l'ami intime de Titien, l'écho des sentiments antipathiques que celui-ci aurait conservés pour un maître dont il s'était séparé en mauvais termes ? Il est sans doute regrettable que les fresques d'artistes aussi intéressants que Vittore Pisano ou Gentile de Fabriano n'aient pu être conservées, mais on ne saurait douter que les toiles dont Gentile recouvrit leurs peintures effacées n'aient été à leur tour, des ouvrages extrêmement remarquables. L'enthousiasme de Vasari, d'ordinaire peu indulgent pour les vieux peintres de Venise, ne nous laisse aucun doute à cet égard. Gentile avait trouvé là une occasion sans pareille pour déployer sa science de la perspective architecturale et son goût pour les costumes pittoresques ; aussi s'en était-il donné à cœur-joie. On retrouvait plusieurs fois, dans ces peintures, la place et la façade de Saint-Marc avec un grand nombre de personnages marquants faits d'après nature. Ce qui excitait surtout l'admiration, c'était sa *Bataille navale*. « Et, en vérité, le fait d'avoir représenté dans cette fresque nombre de galères engagées dans la mêlée, des soldats qui combattent, des barques admirablement mises en perspective, une belle ordonnance de combat, les fureurs, les violences, les résistances, les coups des soldats, leurs divers façons de mourir, le sillonnement des eaux par les navires, le tumulte des ondes, et toutes sortes d'armements maritimes, en vérité, le fait d'avoir accompli une telle variété de choses prouve la grande intelligence de Gentile, son habileté, son invention, son jugement; car, si toute chose est très bien faite en elle-même, le tout est également bien composé comme ensemble [1]. »

Gentile, l'aîné des Bellini, le peintre en titre de la République, avait eu naturellement le choix dans la distribution des places : les compartiments qu'il s'attribua et qui se suivaient, à partir de l'angle nord ouest, étaient donc les mieux éclairés. Giovanni, son frère, et Luigi Vivarini, travaillèrent à sa suite sur la même paroi, celle qui fait face au Grand Canal. Dans les deux sujets qu'il eut à traiter, Luigi Vivarini montra, comme dessinateur de perspective et comme portraitiste, une habileté supérieure à celle qu'on attendait de lui. Malheureusement il mourut vers l'an 1501 ou 1502, laissant une partie de ces peintures à l'état d'ébauchés. Le soin de les terminer fut confié à Giovanni Bellini, qui, depuis longtemps, travaillait à ses côtés. Ce dernier semble avoir commencé la décoration de la muraille par l'extrémité opposée à celle d'où était parti son frère ; car, lorsqu'il mourut, à

1. Vasari, III, 157-158

son tour, en 1516, les quatre compartiments, du côté de 1515
l'est, représentant des épisodes du séjour du doge à
Rome après la conclusion de la paix, étaient complètement achevés; tandis que le sixième, représentant la
Soumission de Barberousse dans l'église Saint-Marc,
dut être, au dire des contemporains, presque complè-
ment refait par Titien.

Au moment où ce dernier, en 1512 et en 1514, demandait, avec de si vives instances, la commande de la
Bataille de Spolète, sur la paroi opposée à celle où
peignait Bellini, à contre-jour et dans la place la plus
défavorable, celui-ci, fort âgé, avait sans doute déjà
ralenti ses travaux et l'on pouvait prévoir qu'il ne serait
jamais en mesure de les achever. L'obscurité qui plane
sur la nature des rapports entre le maître et l'élève à
cette époque ne permet pas, nous l'avons dit, d'affirmer
si Bellini s'opposa réellement, comme on l'a pensé, à
l'entrée de Titien dans la salle du Grand Conseil, ou si
cette opposition fut seulement le fait des camarades et
rivaux du peintre, qui se croyaient autant de titres que
lui. La suite des procès-verbaux du Conseil des Dix ne
fait la lumière que sur un seul point: quelle qu'en fût la
cause, malgré toutes les résolutions arrêtées, les travaux
de la salle du Grand Conseil n'avançaient point. Un an
après la décision prise en faveur de Titien, on dut même
charger l'un des provéditeurs des Salines, Francesco
Valier, de faire une enquête sévère à ce sujet.

Le rapport de Valier fut lu dans la séance du 29 décembre 1515. Valier y constatait « que, dans les seules
peintures de la salle du Grand Conseil, on avait dépensé
autant d'argent qu'il en eût fallu pour achever tout le
palais, et qu'avec ce qui avait été déboursé on aurait pu
faire trois fois autant d'ouvrage ». Il ajoutait que « les
comptes n'ayant jamais été bien contrôlés », la commis-

sion des Salines demandait l'autorisation d'examiner
« les sommes dépensées tant pour les toiles que pour
les couleurs, salaires et autres choses encore » et de
prendre, d'accord avec le Conseil, toutes les dispositions
nécessaires « au sujet des fonctions concédées aux peintres et toutes autres concessions ou promesses faites »
afin d'arriver à faire terminer enfin toutes les peintures.
Ce rapport, approuvé par le Conseil, fut transmis dès le
lendemain au Sénat. La haute Assemblée décida immédiatement, pour mettre fin à toutes les querelles personnelles, qu'on congédierait tous les artistes sans distinction,
et que le proyéditeur des Salines choisirait, sous sa
responsabilité, celui qui serait définitivement chargé du
travail, sous la surveillance financière des Sages du
royaume de Chypre [1].

Était-ce là un coup monté d'avance par les partisans
de Titien pour lui faire la place libre en écartant à la
fois tous les compétiteurs ? La façon dont se passèrent
les choses le peut faire supposer. En effet, le Cadorin
n'attendit pas longtemps pour rentrer en scène. Le
18 janvier, il écrivait au Doge :

Sérénissime Prince,

*Ayant appris, moi, Titien, serviteur de votre Sérénité, que
vous avez délibéré de donner suite au projet de peindre ces toiles
qui sont au Grand Conseil, moi qui désire qu'on voie de ma main
une toile de mon art et façon, celle que j'ai commencée il y a
deux ans (il n'y en a pas de plus difficile et laborieuse dans
toute la salle !) je m'oblige de l'achever comme qui dirait toute à
mes frais. Je ne veux rien avant livraison que dix ducats de couleurs seulement et trois onces de cet azur qui se trouve au bureau*

1. Lorenzi, Doc. n° 352, p. 464. Le rapport fut approuvé au
Conseil des Dix par 28 voix contre 2, et au Sénat par 150 contre 6.
Il n'y eut qu'un seul bulletin blanc d'abstention, ce que les procès-
verbaux des assemblées vénitiennes appellent une voix *non sincera.*

du Sel, et qu'on paye à mon compte un de ces jeunes gens qui me **1516**
servaient, soit quatre ducats par mois seulement. Pour moi, je
m'oblige d'en payer un autre de ma bourse et de faire toute autre
dépense en plus pour la peinture. Votre Sublimité me ferait pro-
mettre par l'Administration du Sel que, cet ouvrage fini, j'aurais
pour mon payement la moitié de ce qui fut autrefois promis au
Pérugin qui devait peindre cette même toile, soit quatre cents
ducats, puisque lui ne la voulut pas faire pour huit cents ducats,
et que j'aurais, en mon temps, mon expectative de la Senseria à
l'Entrepôt des Allemands, ainsi qu'il fut décidé par l'Illustris-
sime Conseil des Dix le 28 novembre 1514 [1].

Dans sa séance du même jour, le Conseil des Pregadi
examina cette requête. Il accorda à Titien ce qu'il
demandait, « sauf que où il dit quatre cents ducats on
dise trois cents ducats de payement et qu'on paye à son
compte quatre ducats par mois à son garçon ». Après
la mort de Giovanni Bellini, survenue le 28 novembre
suivant, il obtint, en effet, le 5 décembre 1516, ce qu'il
convoitait si ardemment depuis quatre ans, la charge de
courtier au Fondaco de' Tedeschi. La concession de cette
sinécure et la commande de la *Bataille* au palais ducal
devaient être d'ailleurs pour l'artiste, toujours surchargé
de besogne et toujours lent à remplir ses engagements,
l'occasion de tracas sans cesse renaissants qui le pour-
suivirent, nous le verrons, durant une bonne partie de
sa vie. Le peintre titulaire de la charge de courtier jouis-
sait d'un revenu de 100 ducats. Il était, en outre,
exempté de l'impôt personnel, qui s'élevait environ
à 18 ou 20 ducats. Ses obligations consistaient à faire le
portrait de chaque nouveau doge pour la frise de la salle
du Grand Conseil ; encore ce portrait lui était-il
payé 25 ducats. C'était donc une situation lucrative et
fort enviée. Toutefois, il ne semble pas que Titien se soit

1. Lorenzi, p. 465.

souvenu beaucoup de la peine qu'il avait eue à l'obtenir,
il mit tant de négligence à poursuivre ses travaux dans
le palais ducal que le Conseil des Dix dut, à plusieurs
reprises, lui rappeler ses engagements jusqu'à ce
qu'enfin, de guerre lasse, en 1537, le Sénat le menaça
d'exiger la restitution des honoraires qu'il avait touchés
pendant vingt et un ans s'il n'achevait pas cette fameuse
toile de la *Bataille* devenue aussi légendaire que l'inter-
minable tapisserie de Pénélope.

L'autre composition, la *Soumission de Frédéric Barberousse au pape Alexandre III*, déjà commencée par
Giovanni Bellini, fut, il est vrai, terminée beaucoup plus
vite. Tous les contemporains constatent que ce fut là
première œuvre de Titien dans le palais ducal; on y
remarquait encore l'influence persistante de Giorgione.
C'était, au dire de Sansovino, la peinture la plus précieuse qui fût dans la salle. On y admirait les portraits
parlants d'un grand nombre de contemporains illustres :
« Pietro Bembo, qui fut cardinal; Jacopo Sannazaro,
très noble écrivain en langue latine et vulgaire; Andrea
Navagero; Giorgio Cornaro, frère de la reine de Chypre,
en habit d'or; Antonio Tron, procurateur; Domenico
Trevisano, chevalier et procurateur, père du Doge;
Marco Grimani, procurateur de Saint-Marc, fils d'An-
tonio alors Prince; Paolo Cappello, Gasparo Contarini,
Marco Dandolo, Fra Giocondo, architecte de Vérone,
Agostino Beazzano, Marco Musuro, et Lodovico
Ariosto. » Tous ces illustres personnages entouraient
le Pape assis dans l'église Saint-Marc et faisant baiser
son pied à Barberousse humilié.

CHAPÍTRE VI

(1516-1520)

CE n'était pas seulement à Venise que Titien, mis en lumière par les fresques du Fondaco et par ses travaux à Padoue, trouvait déjà de chauds admirateurs et de zélés protecteurs. Dans toutes les petites cours princières de la contrée environnante, où l'on professait, depuis plusieurs générations, un goût passionné pour les arts : à Ferrare, dans la famille d'Este ; à Mantoue, chez les Gonzagues, on avait suivi avec intérêt l'ascension rapide de cet heureux élève de Giovanni Bellini, auquel la dis- parition prématurée de Giorgione laissait désormais la première place à Venise. Il est probable qu'il entra d'assez bonne heure, directement ou indirectement, en rapports avec le duc Alphonse de Ferrare, qui avait, en 1503, épousé Lucrèce Borgia et, en 1505, succédé à son père Hercule Ier. Ce prince, énergique, astucieux, sen- suel, avait beaucoup voyagé, dans sa jeunesse, soit en Italie, soit en France. Dès la première année de son règne, il avait failli perdre le trône, parce qu'il s'adonnait publiquement à toutes sortes d'exercices violents. On lui reprochait de se déshonorer en faisant le forgeron, le charpentier, l'armurier. Il avait établi, dans son palais, un atelier de céramique et mettait lui-même la main à la pâte. Il était surtout fier de son habileté comme ingénieur et fondeur de pièces d'artillerie. Il avait d'ailleurs des goûts d'artiste, et quand il commença, en 1506, à reconstruire son palais, il s'adressa de suite, pour le décorer, aux peintres les plus distingués qu'il avait eu l'occasion d'admirer dans ses voyages, à Giovanni Bellini de Venise, à Raphaël d'Urbin, à Pellegrino de San Daniele.

On pense que le *Christ au denier*, dont nous avons parlé, fut peint pour Alphonse vers 1508 ou 1510; mais c'est à partir de 1516 que les relations de Titien avec lui semblent être devenues plus constantes, et que nous pouvons les suivre dans une série très étendue de documents extraits des archives d'Este[1]. Cette année-là, du 13 février à la fin de mars, on trouve le peintre logé avec deux personnes, domestiques ou élèves, dans le palais de Ferrare[2]. Il y venait achever un tableau commencé par son vieux maître quelque temps auparavant pour le cabinet d'étude du duc, dont les décorations murales étaient confiées à Dosso Dossi. Le grand âge et les infirmités de Giovanni Bellini l'empêchaient sans doute alors de voyager, bien qu'il fût encore en pleine possession de son talent[3]. Il serait odieux de supposer, sans de fortes preuves, que ce travail d'achèvement, compliqué

1. Marchese Giuseppe Campori, *Tiziano e gli Estensi*, dans la *Nuova Antologia* (Novembre 1874, p. 581-620.) C'est à cet excellent travail que nous empruntons les documents relatifs aux rapports de Titien avec la cour d'Este.

2. On leur fournissait « salade, viande salée, huile, châtaignes, oranges, chandelles de cire, fromages et cinq mesures de vin par semaine ».

3. Cependant la *Femme à la Toilette* (M. de Vienne) datée 1515, qui lui est attribuée, sembla plutôt de Bissolo.

d'un travail de restauration, ait été entrepris par Titien
sans son assentiment. Tous les contemporains s'accordent
à dire que les figures du *Festin des dieux* étaient déjà
au complet; il ne restait à faire que le paysage environ-
nant. Titien s'acquitta de cette tâche avec une merveilleuse habileté; il profita de l'occasion pour développer à
l'horizon, à travers les branchages, une vue étendue de
ses montagnes natales. On y voyait la ville de Pieve di
Cadore, assise sur le flanc des rochers, au-dessous des
cimes dentelées de l'Antelao, avec les maisons de Sotto
Castello éparses en contre-bas. Cette première *Bacchanale*, où l'infatigable génie du maître octogénaire avait
trouvé, sur un terrain en apparence nouveau pour lui,
des accents d'une grâce inattendue, devint en réalité,
pour Titien, l'exemple sur lequel il prit bientôt modèle
pour compléter la décoration du *studio* du duc. En
voyant cette composition du vieux maître, on comprend
tous les motifs de reconnaissance qui devaient lier Titien
à Bellini [1].

La commande des trois *Bacchanales* complémentaires
ne fut pas cependant faite immédiatement à Titien, malgré son succès. Le duc de Ferrare avait toujours eu la
pensée de confier ce travail à Raphaël ; ce n'est qu'à la
suite d'infructueuses tentatives auprès du peintre de la
cour pontificale, lorsqu'il dut renoncer décidément à
tout espoir de ce côté, qu'il s'adressa au Vénitien. Peut-
être, lors de ce premier séjour, Titien n'eut-il à faire que
le portrait du duc et celui de la duchesse. L'artiste, en
tout cas, ne les acheva pas à Ferrare. Dès cette époque,
il semble avoir eu l'habitude d'entreprendre un grand
nombre de toiles à la fois et de ne les achever que lente-

1. Le *Festin des dieux* ou *Bacchanale* de Giovanni Bellini,
appartient au duc de Northumberland et fait partie de la collection
du château d'Alnwick, en Écosse.

ment, laissant s'écouler parfois d'assez longs intervalles entre les opérations successives auxquelles il procédait pour les amener à perfection. Aussi, après avoir pris ses dispositions sur les lieux, c'est toujours dans son atelier de Venise qu'il revenait composer et exécuter toutes les peintures qu'on lui commandait, sauf à les retoucher, en dernier lieu, sur place, dans le cadre qu'elles devaient remplir [1].

1. Boschini nous a transmis les renseignements les plus précieux sur la façon dont travaillait Titien à la fin de sa vie. Il est plus que probable que les habitudes de sa vieillesse n'étaient que la continuation des habitudes de son âge mur: « D'après Giacomo Palma le jeune (qui eut le bonheur de recevoir ses savants conseils), Titien commençait par appliquer sur ses toiles une masse de couleurs qui servait de couche ou de fond aux figures qu'il y devait ensuite représenter. J'ai vu de ces coups résolus donnés par des touches épaisses de couleurs, tantôt un frottis de rouge pur qui lui servait, pour ainsi dire, de demi-teinte, tantôt une simple touche de blanc. Avec le même pinceau, chargé de rouge, de noir, de jaune, il formait le relief des clairs, et par ce système faisait, en quatre coups de pinceau, apparaître la promesse d'une rare figure. En tout cas, les ébauches de ce genre plaisaient tant aux meilleurs connaisseurs que beaucoup les voulaient avoir, par désir de voir la façon de bien se préparer à entrer dans l'abîme de la peinture. Après avoir jeté ces précieux fondements, il retournait ses tableaux contre le mur et les y laissait parfois quelques mois sans les regarder ; puis, lorsqu'il voulait y appliquer de nouveau le pinceau, *il les examinait avec une rigoureuse attention, comme s'ils avaient été ses ennemis mortels*, pour voir s'il leur pouvait trouver des défauts. Et, à mesure qu'il découvrait quelque chose qui ne fût pas d'accord avec sa délicate conception, comme un bienfaisant chirurgien il médicamentait le malade, sans compatir à sa douleur, soit qu'il fallût arracher quelque tumeur ou excroissance de chair, soit qu'il fallût redresser un bras ou remettre en place des ossatures qui ne se trouvaient pas bien ajustée, ou bien un pied qui s'était déformé dans une mauvaise position, et ainsi de suite. C'est en opérant de la sorte et corrigeant ses figures, qu'il les poussait à la plus parfaite harmonie qui pût rendre la beauté de la nature et la beauté de l'art. Cela fait, en attendant que celui-ci fût sec, il passait à un autre et faisait de même; de temps en temps, il recouvrait de chair vive ces extraits de quintessence, les achevant à force de retouches, jusqu'à ce que le souffle

Dès le commencement de la même année, il avait 1517 accepté la commande d'un tableau pour Santa Maria de Frari, qui devait représenter *l'Assomption*. L'exécution de cette grande toile ne lui permettait donc guère de prolonger ses absences ; mais le duc Alphonse avait à Venise des agents diplomatiques qui pouvaient rappeler au peintre ses engagements : il ne se fit pas faute de leur donner des instructions à ce sujet. Les curieuses correspondances, publiées par M. le marquis Campori, nous font suivre, presque jour par jour, les phases, diverses de cette liaison intéressée entre le prince et l'artiste : on y voit le prince apporter souvent, dans sa passion pour les œuvres d'art, les exigences de ses habitudes autoritaires et les violences de son tempérament fougueux, tandis que l'artiste, avisé et prudent, y conserve, avec une habileté de diplomate, sous des formules humblement respectueuses, la liberté de ses actions et l'indépendance de son travail.

Ce n'étaient pas seulement des tableaux qu'Alphonse d'Este commandait à son peintre. Il mettait encore son obligeance ou son talent à contribution pour toutes sortes

seul leur manquât. Et il ne fit jamais une figure du premier coup, et il avait l'habitude de dire que le chanteur qui improvise ne peut faire un vers savant ni bien rythmé. Mais l'assaisonnement des dernières retouches, pour lui, c'était d'aller de temps en temps les fondre avec des frétillements des doigts sur les extrémités des clairs, en les rapprochant des demi-teintes et en fondant une teinte avec l'autre. D'autres fois, avec un frottement des doigts aussi, il posait un coup d'ombre dans quelque coin, pour lui donner de la force, ou bien quelque glacis de rouge, comme une gouttelette de sang, qui donnait de la vigueur à une expression superficielle, et c'est ainsi qu'il arrivait à perfectionner ses figures animées. Et Palma m'affirmait qu'en vérité, pour finir, il peignait plus avec les doigts qu'avec le pinceau. Et vraiment, si l'on y pense bien, c'est avec raison qu'il faisait ainsi, car, voulant imiter l'opération du grand Créateur, il fallait se souvenir que lui aussi, faisant le corps humain, l'avait fait de terre avec les mains. » (Boschini, *Le ricche miniere della Pittura veneziana*, 1674 (64, 65).

de fantaisies. Un jour, il le prie d'aller lui dessiner une balustrade qu'il a remarquée dans un palais. Titien va faire le croquis, y joint un autre dessin de sa façon et profite de l'occasion pour assurer qu'il travaille tous les jours à un *Bain* (probablement des *baigneuses* ou des *nymphes*) qu'on lui a commandé (lettre du 19 février 1517)[1]. Quelque temps après, le duc lui fait payer par la banque de Teofilo Lardi une somme de 75 livres pour quelque commission et 48 livres pour un « Cheval en bronze », probablement quelque objet antique. En 1518, lorsque le duc dut renoncer à tout espoir d'obtenir de Raphaël la décoration de son cabinet, il écrit plus fréquemment encore à Titien et lui fait remettre ses lettres par son agent, Jacopo Tebaldi, qui rend fidèlement compte à son seigneur de toutes ses visites à l'atelier de San Samuele.

1. « ... Je suis allé de suite à la balustrade indiquée et j'en ai fait un dessin... qui fera comprendre le tout à V. Illme Srie. Et afin que... ne fût pas seul, j'en ai fait un autre aussi, dans le genre des balustrades de ce pays-ci, que j'envoie avec cette lettre, et s'ils ne sont faits comme il conviendrait à la grandeur de V. Illme Srie et à mon humble dévouement et grand désir, qu'Elle me pardonne et qu'Elle en accuse le vouloir que j'ai eu de la servir promptement, et si ces dessins ne la satisfont point, qu'Elle m'en commande d'autres que je lui ferai, car m'étant une fois dévoué corps et âme à V. Exce, je ne trouve aucun plaisir plus grand que lorsqu'Elle me commande et me trouve digne de la servir. Quant au bain que V. Illme Srie m'a commandé, je ne l'ai point oublié et j'y travaille même à la journée, et quand Elle désirera le voir, qu'Elle me le fasse savoir, il lui sera envoyé de suite, et je me recommande humblement en sa bonne grâce.

A Venise, le 19 février 1517.

De Vre Illustrissime Srie.

Le Serviteur,

Titiano.

(*Extrait des Archives d'Este, par le Mis G. Campori. — Tiziano e gli Estensi.*)

Dans cet intervalle, l'artiste laborieux avait d'ailleurs 1518 achevé le bel ouvrage qui allait répandre sa réputation dans toute l'Italie et le mettre au niveau de ses grands contemporains. Le 20 mars 1518, le jour de la Saint-Bernardin, *l'Assomption*, la plus vaste toile qu'on eût encore entreprise à Venise, était exposée publiquement, à l'église Santa Maria de' Frari, dans la magnifique bordure de marbre sculpté que lui avait fait construire à ses frais le père Marco Zerman, garde du couvent. Ce n'était pas sans ennui que le peintre avait achevé sa tâche dans le couvent même, sous les yeux des moines, accoutumés au style sobre et calme de l'ancienne école. Sa manière grandiose et mouvementée les avait sans cesse remplis de surprise et d'inquiétude. Le père Zerman, surtout, était absolument désolé des proportions extraordinaires qu'il voyait prendre aux apôtres groupés sur le premier plan ; il ne pouvait comprendre, malgré de longues explications, les intentions du peintre, plus préoccupé que ses confrères de l'effet décoratif et de l'effet à distance. Il s'en fallut même de peu que le marché ne fût rompu ; mais, le jour de Saint-Bernardin, lorsque la population réunie pour la grand'messe acclama en foule l'éclatant chef-d'œuvre, lorsque l'ambassadeur de l'empereur, Adorno, proposa immédiatement de l'acheter pour son maître, les choses changèrent subitement de face, et les moines se montrèrent désormais aussi jaloux que ravis du trésor qui attirait l'affluence devant leur maître-autel.

Pour comprendre la révolution que *l'Assomption* apportait dans les esprits, il faut se rappeler qu'on avait rarement vu à Venise un tableau de cette dimension : on n'y avait jamais vu non plus un tableau composé avec une pareille puissance dans la mise en scène, et une telle unité dans l'action expressive. C'étaient là des qualités

qui semblaient jusqu'alors réservées aux Florentins.
Comment Titien, qui n'était allé ni à Rome, ni à Florence, ni à Milan, avait-il donc compris, à l'aide de
quelques dessins ou gravures, ce que Léonard de Vinci,
Michel-Ange, Raphaël avaient réalisé sur les murs de
Santa Maria alle Grazie, de la Sixtine, du Vatican ?
Comment était-il parvenu à s'assimiler si rapidement,
à distance, les qualités les plus puissantes de leurs
génies, en apportant lui-même un élément nouveau dans
cette formation complexe de l'art, en donnant à la couleur et à la lumière un rôle d'expression déterminée que
nul n'avait encore songé si résolument à leur attribuer ?
Les contemporains intelligents admirèrent avec raison
dans *l'Assomption* « la grandeur formidable de Michel-
Ange, avec le charme et la beauté de Raphaël, et la
couleur même de la nature », tandis que « les artistes
bornés et le sot vulgaire, n'ayant vu jusqu'alors que des
choses mortes et froides, sans mouvement et sans relief,
disaient grand mal de cette toile.[1] ».

On connaît par la gravure cette scène magnifique. Au
premier plan, en bas, les onze apôtres, tous personnages
vigoureux, aux musculatures puissantes, gesticulent avec
animation en voyant monter vers le ciel, sur un nuage,
dans un essaim de petits anges, la Vierge sortie du tombeau. Leurs attitudes sont volontairement énergiques et
grandioses; l'effort est aussi marqué pour associer entre
elles au moyen de gestes appropriés toutes ces grandes
figures, que pour les relier au groupe supérieur par la
direction de leurs regards et par les attitudes corres-
pondantes de quelques-uns des anges. Au centre, la
Vierge, également robuste et majestueuse, noblement
drapée dans sa robe rouge et son manteau bleu aux

1. DOLCE, *Dialogo della Pittura*, Edition Daelli, Milano, 1863
p. 64.

larges plis flottants, s'élève, les mains tendues, en pleine
lumière, vers Dieu le père, qui, au sommet de la composition, sortant à mi-corps des nuées, ouvre les bras
pour accueillir sa servante bénie.

Ce qui reste incomparable pour nous dans ce chef-
d'œuvre qui ouvrait à la peinture une ère nouvelle et
féconde, c'est la science puissante et facile avec laquelle
la lumière, chaleureuse et abondante, se distribue dans
les trois zones superposées, sur terre, en l'air, dans le
ciel, pour donner aux formes la plénitude de leurs reliefs
et aux colorations le maximum de leur intensité. La
partie la plus séduisante est la partie intermédiaire, où
le peintre, avec son amour croissant pour les beaux enfants, en a réuni un si grand nombre, autour de la
Vierge, en des groupes vifs et parlants. Jamais le génie
de Venise, génie sain, abondant, libre, joyeux, ne s'était
encore donné si belle carrière. *L'Assomption* marque,
dans la vie de Titien, une étape importante; ce n'est
pas, sans doute, son œuvre la plus spontanée ni la plus
originale, mais c'est certainement le plus grand effort
qu'il fit pour se compléter et pour entrer en pleine possession de son génie.

On se doute bien que le succès de *l'Assomption* ne fut
pas pour calmer chez le duc de Ferrare le désir d'avoir
quelque toile de Titien. Quelques jours après le triomphe
de Santa Maria de Frari, il se hâte de lui écrire et lui
envoie un programme pour la première *Bacchanale*,
programme qu'on peut supposer, avec vraisemblance,
rédigé ou inspiré par Arioste. L'artiste lui en accuse
aussitôt réception :

A l'Illustrissime et Excellentissime Mgr le Duc de Ferrare.

Mon Seigneur Illustrissime,

L'autre jour, j'ai reçu, avec le respect que je dois, la lettre de

Votre Seigneurie, ainsi que le châssis et la toile qu'elle m'envoie. J'ai lu la lettre, et les renseignements qu'elle contient m'ont paru si beaux et si ingénieux que je ne sais si on peut mieux trouver. Et vraiment, plus j'y ai pensé, plus je me suis confirmé dans cette opinion que la grandeur de l'art des peintres anciens venait en grande partie, sinon en tout, de ces grands princes, qui leur faisaient de si intelligentes commandes, dont ils tiraient ensuite tant de renommée et de louanges. Aussi, si Dieu m'accorde que je puisse en quelque façon répondre à l'attente de Votre Seigneurie, qui ne sait combien j'en serai loué? Et néanmoins, en cela, j'aurai seulement donné le corps, et Votre Excellence aura donné l'âme, qui est ce qu'il y a de plus noble dans la peinture. Mais laissons là... J'affirme que Votre Illustrissime Seigneurie ne pouvait me commander rien de plus agréable ni de plus conforme à mon cœur, et j'y suis pour mettre toute mon habileté et mon soin afin que cela soit beau. Quant à ce qu'Elle m'écrit qu'Elle la voudrait pour la Saint-Mar..., vraiment, la chose étant si attrayante et si belle, et par conséquent digne de plus de temps et de plus d'étude, cela m'a paru un terme bien court... Je verrai cependant à la satisfaire, et si cela n'est pas achevé, il s'en faudra de si peu que, je l'espère, Votre Illustrissime Seigneurie, qui a toujours coutume de donner à ses serviteurs un délai après le temps fixé, n'aura pas besoin de me l'accorder. Je ne dirai rien de plus, sinon que je me recommande humblement.

Venise, ce 1er avril 1518.

Le duc ne se contentait pas d'envoyer des instructions écrites, il envoyait aussi des croquis. Le 22 avril, Tebaldi est chargé d'en remettre un au peintre. Celui-ci demande à l'ambassadeur quelques renseignements sur la place que doit occuper son tableau dans le cabinet. « Aussitôt, écrit Tebaldi, que j'eus su ce que Votre Excellence m'ordonnait au sujet du tableau que doit faire Maître Titien, je lui expliquai le tout longuement et lui remis le papier où était esquissée la figurine et quelques paroles notées pour son instruction. Il m'a dit qu'il se souvenait que sur la grande paroi du *studio* de Votre Excellence il y avait trois tableaux. Comme Elle lui

écrit que le sien devra aller sur cette paroi, il voudrait 1519
savoir, pour plus de satisfaction et pour mieux faire, si
son tableau sera placé du côté de la chapelle, ou dans le
milieu, ou bien du côté du château. Il m'a promis de
commencer ce matin et de continuer jusqu'à guerre
finie. »

Au mois de juin suivant, le duc vint en personne à
Venise et compléta verbalement ses instructions. Malgré les promesses faites, l'ouvrage, cependant, n'avan-
çait presque pas. Un an après, il n'y avait encore presque rien de fait. Le duc en était d'autant plus contrarié
que, malgré toutes ses supplications, il n'avait décidément rien pu obtenir de Raphaël, auquel il venait de
faire témoigner dans les termes les plus vifs son mécontentement par son ambassadeur à Rome, Paolucci.

Après avoir fait lancer le Romain, il fit lancer le
Vénitien. Le 29 septembre 1519, il écrivit à Tebaldi :

A MESSIRE JACOMO THEBALDO.

Messire Jacomo,

Nous pensions que le peintre Titien devait enfin une bonne
fois achever notre peinture. Comme nous voyons qu'il n'en
tient pas grand compte et en fait moins de cas encore, nous
voulons que vous alliez le trouver aussi vite que possible.
Vous lui direz de notre part que nous nous émerveillons
beaucoup qu'il ne veuille pas achever cette peinture, et qu'il
faut de toute manière qu'il en vienne à bout; autrement, nous
sommes pour en éprouver un grand ressentiment et pour lui
prouver qu'il aura desservi quelqu'un qui saura bien le des-
servir à son tour, et lui faire connaître que je ne suis pas de
ceux qu'on leurre. Et parlez-lui ferme, car nous avons décidé
qu'il finirait l'ouvrage commencé, suivant sa promesse, et s'il
ne le fait pas, nous saurons bien aviser. Donnez-moi immédiatement avis de sa résolution.

Ferrare, 29 septembre 1519.

Quels étaient les travaux qui empêchaient le peintre

de donner satisfaction à son puissant et irascible protecteur? C'étaient sans doute, dans une certaine mesure, ses peintures du palais ducal pour lesquelles il avait aussi, le 13 juillet 1518, reçu de la Seigneurie un avertissement énergique. Les provéditeurs du Sel l'avaient fait comparaître devant eux, lui intimant l'ordre de commencer sa toile dans les huit jours, jusqu'à complet achèvement, sous menace de la faire finir par un autre à ses frais. C'étaient aussi une grande quantité de tableaux religieux et profanes que, suivant sa coutume, il ne cessait de prendre, de laisser, de reprendre, et qui étaient, de tous côtés, attendus par d'autres princes, par des ecclésiastiques, par des amateurs. On sait, par exemple, qu'à cette époque Lautrec, avec l'autorisation du Sénat, lui avait commandé une peinture pour le roi de France; qu'il était en train de faire une *Annonciation*, aux frais du chanoine Brocardo Malchiostro, pour la cathédrale de Trévise. Cette dernière œuvre est encore en place et montre le talent du peintre en pleine maturité, avec un reste précieux de simplicité juvénile La Vierge, agenouillée dans ses vêtements sombres, d'une attitude si respectueuse, est une des plus nobles et des plus gracieuses figures qui soient sorties de son imagination. Une certaine naïveté dans l'élan du jeune ange, portant des fleurs et dans l'attitude du donataire agenouillé à distance ne nuit point à l'effet de cette scène paisible, admirablement placée dans un milieu très lumineux d'architecture et de campagne ouverte. Les colorations, graves et résonnantes, sont d'une harmonie sûre et douce qui pénètre vraiment l'âme[1] On peut

---

1. A Trévise, on attribue aussi à Titien quelques restes de fresques sur la muraille extérieure d'une petite maison, près de la cathédrale. Durant l'un de ses premiers séjours dans cette ville, Titien fut aussi chargé, par un gentilhomme nommé Ravagnino, d'estimer

encore regarder comme achevés durant cette période féconde un certain nombre de tableaux délicieux qui marquent la transition entre sa manière juvénile et sa manière virile, tels que les *Trois Ages* (chez lord Ellesmere, à Londres), le *Noli me tangere*, ou le *Christ et la Madeleine*, et la *Vierge avec sainte Catherine* (National Gallery de Londres). Les *Trois Ages*, naïve et délicieuse idylle dans le goût de Giorgione, commencée depuis quelques années à la requête d'un certain Giovanni da Castel-Bolognese, exhalent encore ce parfum délicat de poésie heureuse qu'on respirait dans l'*Allégorie* des deux femmes assises près d'une fontaine. Rien de plus chastement tendre que le groupe du berger assis et de son amoureuse s'essayant à souffler dans les pipeaux rustiques, rien de plus naïf et de plus charmant que celui des deux enfants endormis qu'Amour vient éveiller, rien de plus magnifiquement grandiose que la campagne immense et silencieuse où, sur une pente herbue, médite le vieillard, entouré de têtes de morts, tandis que, près de lui, le berger indifférent garde ses troupeaux. Le *Christ et la Madeleine* est un chef-d'œuvre aussi délicat, conçu, comme une élégie pastorale, dans le même ordre de sentiments. Jamais la scène champêtre du *Noli me tangere* ne fut placée dans un paysage plus magnifique ni plus divinement éclairé ; jamais pécheresse plus belle et plus tendre ne se traîna dans la poussière, avec plus de palpitations et d'extase, devant son Dieu ressuscité qui la repousse avec douceur. C'est l'heure où Titien réalise, dans ses figures de femmes,

les fresques peintes sur sa maison par l'Ordenone, alors peu célèbre, et qui devait, plus tard, devenir l'ennemi acharné du maître. Ravagnino trouvait exagérée la demande de 50 ducats faite par l'Ordenone. Titien, pris pour arbitre, jugea cette demande inférieure à la valeur réelle du travail.

la grâce accomplie, toute d'affabilité aimable et tendre, qu'il recherche à la fois dans deux ou trois types sans cesse perfectionnés. Les différentes saintes qu'on trouve à ce moment, dans plusieurs toiles, mêlées aux joies innocentes de la Sainte Famille, forment à elles seules un groupe des plus aimables.

Il est juste de dire que le duc lui-même ne se faisait pas faute d'occasionner des dérangements à l'artiste. A la suite de la lettre comminatoire du 29 septembre 1519, après quelques autres visites de Tebaldi constatant que le peintre travaillait pour un Révérendissime (probablement le légat Averoldo de Brescia), Titien alla passer quelques jours à Ferrare, le 22 octobre ; il y portait sans doute quelque peinture achevée. Mais il était à peine revenu à Venise qu'il devait y remplir toutes sortes de commissions pour le duc. Tantôt il s'agissait de suivre des expériences de cuisson, pour les majoliques, dans les fabriques de Murano, et de fournir un modèle pour le vase d'essai, tantôt d'y passer des marchés pour la fabrication et l'expédition de coupes et de vases commandés par le duc. C'est Titien qui sert de conseil et d'intermédiaire, lorsque Alphonse, rempli d'enthousiasme, se décide à fonder une manufacture de céramique à Ferrare ; c'est lui qui choisit l'ouvrier et qui l'envoie. S'agit-il d'avoir un bon doreur capable de bien encadrer ses tableaux ? C'est à Titien que le duc s'adresse. Un jour, il apprend qu'il y a dans le palais de Giovanni Cornaro un animal étrange qu'on appelle une *Gaselle*. Vite, il envoie Tebaldi à San Samuele dire à Titien d'aller sur-le-champ lui peindre cet animal tout entier. Par malheur, le duc avait été informé bien tardivement. Quand Titien et Tebaldi se présentèrent au palais Cornaro, on leur annonça que la bête était morte. « Au moins peut-on en voir la peau ? » dit Tebaldi. « La bête a été jetée au canal », leur répon-

dit-on. On ne put leur montrer qu'un petit dessin fait *1520*
autrefois par Giovanni Bellini d'après cet animal rare;
Titien offrit, pour peu qu'on le désirât, de l'agrandir en
le copiant.

Ceci se passait le 29 mai 1520. Cependant Titien continuait à travailler à plusieurs ouvrages à la fois, entre
autres à une *Vierge adorée par des Saints*, commandée
par Luigi Gozze, de Raguse, pour l'église San Francesco
d'Ancône, et au grand triptyque commandé par le légat
du pape, Averoldo Averoldi, pour l'église des Saints-
Nazzaro et Celso, à Brescia. Tebaldi avait déjà eu vent
de cette infidélité; lorsqu'il en fut bien convaincu, il ne
manqua pas d'en faire part à son maître, qui, cette fois,
se fâcha tout rouge et lui écrivit, le 17 novembre:

Messire Jacomo,

Voyez à parler à Titien. Dites-lui, de ma part, qu'à son
départ de Ferrare il me fit bien des promesses. Jusqu'à présent,
nous ne voyons pas qu'il en tienne aucune. Entre autres, il
nous promit de nous faire cette toile que nous attendons avant
tout. Et comme nous ne croyons pas mériter qu'il nous
manque en ce qu'il nous a promis, invitez-le à faire en sorte
que nous n'ayons pas de raison pour nous fâcher avec lui, et
qu'en particulier il s'arrange pour que nous ayons vite ladite
toile.

De quelle œuvre s'agissait-il? De l'une des *Bacchanales* probablement. Tebaldi s'empressa d'exécuter
l'ordre reçu. Son entretien avec Titien fut des plus
animés. Le peintre allégua d'abord pour excuse qu'il
n'avait encore reçu ni la toile, ni le châssis, ni même les
mesures demandées: il avait donc pu croire que le prince
renonçait à son projet. D'ailleurs, on n'avait qu'à lui
envoyer ce qu'il fallait, et ce serait faute vite réparée;
peut-être même serait-il en mesure de livrer la toile à
l'Ascension prochaine. Mais le diplomate qui savait à

quoi s'en tenir, ayant entendu parler d'une superbe figure de *Saint Sébastien* pour l'un des panneaux du triptyque de Brescia, se mit aussitôt à rire : « Maître, lui dit-il, vos raisons sont aussi artificieuses que votre peinture ; vous n'êtes pas moins habile raisonneur qu'habile peintre. Avouez cependant, avouez qu'ayant goûté à l'argent des prêtres vous vous souciez bien moins qu'autrefois du service de mon maître ! » Sur quoi Titien se confondit en protestations de dévouement, jurant que pour le duc il irait jusqu'à faire de la fausse monnaie, que jamais, au grand jamais, il ne manquerait à ses devoirs envers lui et qu'il ferait tout pour se maintenir en sa faveur. « Eh bien ! répliqua Tebaldi, est-il vrai que vous venez de faire un *Saint Sébastien* dont chacun parle ? — C'est vrai, répondit Titien. » — Le peintre alors lui raconta qu'il avait, en effet, peint un *Saint Sébastien* de grandeur naturelle, y mettant toute sa science et tout son soin, et qu'il croyait bien avoir fait là son meilleur ouvrage. « D'ailleurs, ajouta-t-il, la toile entière ne lui était payée que 200 ducats, tandis que la figure seule valait bien pareille somme. Le duc avait donc bien tort de croire que, ni pour moines, ni pour prêtres, Titien pût songer à se soustraire au service de Son Excellence, lorsqu'il était au contraire prêt à le servir jour et nuit. »

Ayant obtenu l'aveu du coupable, Tebaldi, quelques jours après, vint en curieux voir le fameux *Saint Sébastien*. Il trouva déjà dans l'atelier quelques amis auxquels le peintre ne cessait de répéter que c'était là sa meilleure œuvre. Quand ces visiteurs furent partis, Tebaldi s'avança vers Titien et lui dit carrément qu'à son avis c'était perdre ce chef-d'œuvre que de le donner à des prêtres et de l'envoyer à Brescia ; il ferait beaucoup mieux d'envoyer le *Saint Sébastien* à Ferrare et de l'offrir au duc. Titien, surpris par la proposition, s'écria qu'il ne saurait comment s'y prendre pour commettre une pareille fourberie. « Qu'à cela ne tienne ! dit le Ferrarais, je vous en indiquerai le moyen. Vous n'auriez qu'à leur refaire le tableau avec quelques changements. » Titien se défendit énergiquement. L'ambassadeur, en expédiant au duc une description chaleureuse du *Saint Sébastien*, ne put donc que lui transmettre le récit de son échec, et l'engagea à n'en pas souffler mot, « de peur que le légat, n'ayant vent de l'affaire, ne lui fasse la mauvaise plaisanterie d'emporter le tableau ». Mais le duc Alphonse avait saisi au bond l'idée suggérée par son fidèle serviteur ; il lui manda aussitôt de presser la solution de l'affaire par tous les moyens, et il semble bien que les insistances de Tebaldi aient fini par vaincre les répugnances du peintre au sujet d'une action qu'il considérait d'abord comme une fourberie, *una truffa*. Seulement, Titien priait qu'on se décidât vite, afin d'avoir le temps de faire l'exemplaire du légat. Pour le duc, d'ailleurs, il se contentait de 60 ducats, tandis qu'il en demandait 200 au prêtre.

Le duc éprouva-t-il un scrupule de conscience sur la moralité de l'opération qu'il proposait à Titien ? Réfléchit-il plutôt aux conséquences fâcheuses que pouvait avoir pour lui ce mauvais tour joué à un puissant prince de l'Église ? Toujours est-il que, malgré le succès de ses négociations, le bouillant Alphonse revint de lui-même à des idées plus délicates. Le 23 décembre 1520, il chargeait Tebaldi d'informer Titien « qu'ayant beaucoup réfléchi à cette affaire du *Saint-Sébastien*, il s'était résolu de ne pas faire cette injure au Révérendissime légat. Que ledit Titien, ajoutait-il, s'occupe seulement de nous bien servir dans le travail qu'il fait pour nous. Pour le moment, nous ne l'importunerons pas pour autre chose.

Nous lui rappelons seulement cette tête qu'il commença pour nous avant de quitter Ferrare. »

Quelle était la *tête*, c'est-à-dire le portrait que Titien avait alors à terminer? Pendant cette période, le peintre en fit pour le duc un certain nombre. Nous pouvons supposer qu'il s'agissait, soit de sa propre image, soit de celle de Lucrezia Borgia, sa femme, soit de Laura Dianti, sa maîtresse. L'un des portraits d'*Alphonse d'Este* est conservé au musée de Madrid. L'âge du personnage, né en 1476, correspond bien à cette époque.[1]. C'est un homme de quarante à quarante-cinq ans, très basané, avec des cheveux courts et crépus, une barbe épaisse et noire, en pleine vigueur. Vu jusqu'aux genoux, il se tient debout, de face, la main gauche pendante sur le fourreau de son épée. De sa main droite, où brillent deux bagues, l'une au petit doigt, l'autre à la seconde phalange de l'annulaire, il caresse un petit chien qui, assis sur une table, lui tend la patte. Le pourpoint brun, brodé d'or, est serré à la taille par une ceinture verdâtre. Le visage est sanguin, la physionomie énergique, mas sans finesse ni élévation. C'est un mâle vigoureux qui, comme tous ses ascendants, gouverne et aime avec une brutalité tranquille qui n'admet ni retard ni résistance. D'après Vasari, Titien aurait représenté, une autre fois, le duc accoudé sur une grosse pièce d'artillerie.

Il en est de même du portrait que Titien aurait fait de la duchesse *Lucrezia Borgia*. On a cru longtemps, sur la foi de Ridolfi, que ce portrait était le tableau gravé par Sadeler, qui, après avoir fait partie des collections de la reine Christine de Suède et de la maison d'Orléans, était, il y a quelques années, chez M. Cook, à Richmond. « Titien, disait-il, l'avait représentée, avec

(1). M. Gronau y voit plutôt Federigo Gonzaga, marquis de Mantoue.

des ajustements très précieux, des voiles et des pierreries sur la tête, en robe de velours noir avec des manches à crevés semées de beaucoup de nœuds. Dans une attitude majestueuse, elle tenait la main gauche appuyée sur l'épaule d'un petit page éthiopien. » L'authenticité de ce portrait a été révoquée en doute par tous ceux qui l'ont comparé attentivement avec les médailles frappées en l'honneur de la duchesse de Ferrare. On s'est refusé à y reconnaître la même femme, et, dès le xviiie siècle, dans la galerie du Régent, on l'appelait simplement l'*Esclavone*. Le marquis Campori croit y retrouver la toile citée par Vasari et représentant « Cameria, fille du Grand Turc, en habits et très riches parures ». M. Charles Yriarte, qui s'est occupé récemment de ce sujet, aboutit aux mêmes conclusions négatives [1]. Bien que Lucrezia, dans sa dernière transformation, n'eût laissé, comme duchesse de Ferrare, que le souvenir d'une princesse aimable et douce, protectrice des artistes et des lettrés, il n'est pas impossible que sa mémoire se soit trouvée enveloppée dans la répulsion qui s'attachait au nom des Borgia, et que ses portraits aient été anéantis comme ceux de son père Alexandre VI et de son frère César. D'autre part, il est difficile de croire que Titien, dans les termes où il était avec le duc, durant l'un de ses nombreux séjours à Ferrare, n'ait pas été chargé de reproduire une fois au moins l'image de la duchesse, avec laquelle son mari conserva toujours, malgré ses innombrables infidélités, des relations en apparence régulières.

On ne saurait douter non plus que, durant ces séjours à Ferrare, Titien ne se soit lié avec Arioste, qui, dès lors, y séjournait sous la protection du cardinal Ippolito. L'amitié du peintre et du poète avait même laissé un

---

1. Ch. Yriarte, *les Portraits de Lucrèce Borgia*, dans la *Gazette des beaux-arts* (2e période, XXX, 214-227, 333-345.

souvenir si vif dans l'esprit des contemporains que lorsque les peintres de Venise, après la cessation de la peste
qui emporta Titien, conçurent le projet de lui faire des
funérailles dignes de lui, ce fut « une des actions les plus
dignes » qu'on pensa à représenter entre les colonnes
de l'église. En effet, jamais poète et peintre furent-ils
mieux faits pour s'entendre qu'Arioste et Titien ? Ce
n'est pas s'avancer beaucoup que de reconnaître dans
plusieurs œuvres de cette époque, notamment dans les
Bacchanales, l'influence du génie sensuel, abondant,
enchanteur auquel on doit le *Roland furieux*. La dernière édition de ce beau poème, faite du vivant de l'auteur, en 1532, porte en tête son portrait gravé d'après
un dessin de Titien; mais, à cette époque, Arioste avait
plus de soixante ans, et il est certain que son ami n'avait
pas attendu jusque-là pour reproduire l'image d'un
homme déjà si célèbre et cher à toute l'Italie. On sait
que Virginio, fils d'Arioste, possédait un portrait de son
père qu'il emporta à Padoue en 1554. C'était peut-être
l'un des deux qui sont aujourd'hui conservés en Angleterre, à la National Gallery et chez lord Darnley, à
Cobham-Hall. Celui de la National Gallery est conforme
à la description que donne Ridolfi du tableau qu'il vit, à
Venise, dans la collection Niccolò Renier : « Un portrait
d'allure majestueuse, en habit de velours noir fourré de
peau de loup-cervier, laissant voir sur la poitrine, avec
une noble négligence, les plis de la chemise. » Rien de
plus noblement aimable que cette figure où rayonnent
la santé, la bienveillance, la joie. Le poète, vu à mi-corps,
la tête nue, ses longs cheveux pendants, en justaucorps
noir à manches rouges doublées de soie et de fourrure,
tient dans la main droite une paire de gants et de l'autre
joue avec un rosaire. Derrière lui verdit un buisson de
lauriers. Le portrait de Cobham-Hall est, au dire de

MM. Cavalcaselle et Crowe, plus admirable encore :
« Aucun tableau ne peut lui être supérieur pour la
richesse des tons, pour l'éclat et la fusion des teintes,
pour la délicatesse du modelé, pour la fine dégradation
des couleurs ou pour la vigueur de la lumière. C'est la
plus belle création de Titien dans la période où il imitait
la manière de Palma et de Giorgione. » Ici, le poète se
tient derrière un parapet, le corps de profil, la tête de
face, ses longs cheveux séparés par une raie au milieu
du front. Le col est découvert, la chemise déborde sur
un pourpoint sombre dont les manches sont doublées
de drap bleu. Il tient la main droite sur sa poitrine (1).

Les portraits du duc Alphonse, de la duchesse
Lucrezia, d'Arioste ne furent pas les seuls que Titien eut
à faire durant ses séjours à Ferrare. En 1519, Lucrezia
mourut et sa place se trouva immédiatement prise par
une belle Ferraraise, la fille d'un chapelier, Laura Dianti.
Laura Dianti, bien qu'elle n'eût point le titre de duchesse,
fut certainement unie au duc par les liens d'un mariage
régulier. De son vivant, elle portait le titre d'*Illustrissime
Dame Laure Eustochio d'Este*. Le portrait que Titien
avait fait d'elle était « admirable », dit Vasari. Malheureusement, une épithète n'est pas une description ; nous
en sommes donc réduits aux conjectures pour retrouver
cette peinture. On a cru reconnaître la célèbre Laura
dans la *Femme à la toilette* du musée du Louvre. Le

1. Aucun de ces deux admirables tableaux, comparé avec les
portraits authentiques, ne semble vraiment représenter le poète.
Le premier, par sa facture, se rapproche tellement de Palma qu'il
est maintenant catalogué sous le nom de ce maître, à la National-
Gallery, où le second (acquis en 1904 de Lord Darnley au prix de
750 000 francs) figure aussi aujourd'hui sous le simple titre de *Portrait
d'homme*, par Titien. L'attribution est même contestée par M. Her-
bert Cook qui croit y reconnaître la touche de Giorgione.

gentilhomme, brun, aux cheveux crépus; caché dans
l'ombre, qui tient le miroir à cette opulente beauté, offre
en effet des traits de ressemblance assez frappants avec
le duc de Ferrare. La maîtresse, jeune et superbe, mais
d'allure simple et modestement vêtue, près de laquelle
il se tient ainsi, dans l'humble attitude d'un amant
attentif, n'est certainement pas une dame de haut parage.
D'autre part, cet hommage familier rendu aux charmes
d'une belle personne en train de se coiffer semble
indiquer une liaison qui n'a plus à se cacher. Il est donc
possible que nous nous trouvions là en face de ce tableau
stupendo dont parle Vasari. Les qualités puissantes et
originales de l'œuvre, le charme robuste et doux de cette
femme aux chairs délicates et aux larges épaules, l'éclatante harmonie des colorations fortes et bien fondues,
enfin les habiles dégradations des reliefs et des teintes
dans la profondeur du clair-obscur justifient cette admiration[1].

1. La question de Laura Dianti a été étudiée par MM. Carl Justi
(Jahrbuch der Kgl. preussischen K. Sammlungen, XX, 183) et Her-
bert Cook (Burlington Magazine, septembre 1905). M. Cook croit
retrouver l'original du portrait authentique dans un tableau de la
Coll. Sir Frederick Cook à Richmond.

CHAPITRE VII

(1521-1526)

VOYAGES A CONEGLIANO, A BRESCIA, A MANTOUE, A FER-
RARE. — L' « OFFRANDE A VÉNUS », LA « BACCHANALE »,
LE « BACCHUS ET ARIANE ». — FRESQUES DU PALAIS
DUCAL. — LA « VIERGE ET LES SIX SAINTS ». — LA
« VIERGE DES PESARO ».

Malgré la multiplicité croissante des travaux dont il était surchargé, pour se reposer des fatigues que lui occasionnait, en dépit de sa constitution robuste, cet incessant labeur, et pour échapper en même temps aux poursuites et aux réclamations de ses clients, Titien paraît avoir conservé toute sa vie l'habitude d'aller chaque année se retremper dans l'air pur et dans la solitude de ses montagnes natales. A l'aller ou au retour, il s'arrêtait, en route, assez souvent, dans les villes et les villages avoisinants, dont les églises possèdent encore presque toutes des œuvres de sa main ou de celle de ses fils, frère, neveux, cousins ou élèves[1]. C'est ainsi qu'en 1521 il fit un assez long séjour à Conegliano pour

1. A Bellune une *Adoration des Mages* et une *Nativité* (auj. dans la coll. Ponte, à Fonzaso), à Castel-Roganzuolo une *Vierge entre saint Pierre et saint Paul*, à Domegge une *Bannière*, à Lentini une *Assomption*, à Mel *Saint André, saint Sébastien, saint Paul*, à Pozzale une *Bannière*, à Serravalle une *Vierge avec saint André et saint Pierre*, à Venas la *Vierge et trois saints*, à Vinigo une *Vierge entre saint Jean-Baptiste et saint Jean l'Évangéliste*, à Candide une *Vierge entre saint André et saint Jean-Baptiste*, à Zoppé une *Vierge avec sainte Anne, saint Joachim, saint Jérôme*, etc., etc.

y peindre la façade de la *Scuola di Santa Maria Nuova*.
On lui donna, comme honoraires, la propriété d'une
maison qu'il décora aussi, tant à l'extérieur qu'à l'intérieur, ainsi que le constate une note de sa main, écrite
au dos d'un dessin conservé à l'Académie de Dusseldorf[1].

La même année, il eut, pour la première fois, à
exercer l'un des devoirs de sa charge de courtier à
l'entrepôt des Allemands, celui de faire le portrait du
doge entrant en exercice. Le 6 juillet, Leonardo Lore-
dano était mort. On lui donna pour successeur Antonio
Grimani, âgé de quatre-vingt-sept ans; mais le règne
de ce vieillard ne fut pas de longue durée. Grimani
mourut, à son tour, dix mois après. Le peintre avait
exécuté plusieurs fois son buste; cependant il n'avait
pas trouvé le temps de mettre la main au tableau votif
que chaque doge avait l'habitude de dédier à la Vierge,
en reconnaissance de son avènement. Cet ouvrage ne
devait être commencé que trente-quatre ans plus tard,
en 1555, sous le dogat de Francesco Venier. Le portrait
officiel de Grimani, payé 25 ducats, fut placé dans la
salle du Grand Conseil où il périt dans le grand incendie
de 1577.

Sur ces entrefaites, le fameux tableau commandé par
le légat Averoldo touchait à son achèvement. Dans les
premiers mois de 1522, on le mit en place à Brescia,
dans l'église des Saints-Nazzaro et Celso, où l'on peut
l'admirer encore.

1. *Del 1521 fui chiamato a Conigliano dalla Scola de Santa Maria
Nova p̄ dipingevli a fresco la facciata di detta Scola, et per premio
de le mie fatiche mi fu allogata una casa posta in contra dell'
Arfosso, la qual casa era di razion di detta Scola, qual casa deve
esser liberamente di me Titian di Vecelli di Cadore, de miei eredi
p sempre et in perpetuo come apar dal istrum.*
Et detta Casa l'ho tutta dipinta dentro e fuori de mia m... (mano)
(CAVALCASELLE et CROWE, I, 209).

C'est une peinture divisée en cinq compartiments,
comme un ancien triptyque. Dans le panneau central,
la *Résurrection du Christ* : le Fils de Dieu, nu, fortement musclé, hardi et beau comme un athlète grec,
s'élance, d'un vol triomphal, vers le ciel en agitant une
bannière flottante. A ses pieds se relèvent deux gardes
épouvantés; derrière, se tiennent les saintes femmes,
tremblantes sous le vent d'orage qui balaye les nuées
noires dans le ciel sanglant. En bas, sur le volet de
gauche, Averoldo s'agenouille devant ses patrons,
saint Nazzaro et saint Celso ; l'armure de ce dernier
brille d'un éclat tragique. Sur celui de droite, dans un
beau paysage, au devant de saint Roch accompagné
d'un ange, se présente, lié à un arbre, la poitrine percée
d'une flèche, un bras replié au-dessus de la tête, développant les formes puissantes de son torse sculptural,
le fameux saint Sébastien qui avait enthousiasmé
Tebaldi [1]. Dans les deux parties supérieures des volets,
apparaissent à mi-corps d'un côté l'Ange de l'*Annonciation*, de l'autre côté, la Vierge en prières qui
l'écoute. Ces deux figures offrent le même caractère
voulu de force jointe à la grâce. Le triptyque de Brescia
continue l'évolution marquée par l'*Assomption* ; le
vigoureux coloriste, de plus en plus sûr de lui même, y
marche à grands pas dans le courant des idées contemporaines, en donnant à ses figures cette réalité d'apparence et cette ampleur de formes dont le goût se

1. « Cette figure, écrivait-il au duc de Ferrare, est attachée à une
colonne (la colonne fut depuis changée en arbre), un bras en haut,
un bras en bas, et se tord toute, de façon qu'on lui voit presque
toute l'échine. Elle montre, dans toutes les parties de sa personne,
qu'elle éprouve une grande douleur pour une seule flèche qu'elle a
dans le milieu du corps. Je n'ai pas à juger, puisque je n'entends
rien au dessin ; mais, admirant toutes les parties et tous les muscles
de la figure, il me semble qu'elle est toute pareille à un corps créé
par la nature, et mort. »

épandait avec le triomphe des études classiques et des
mœurs païennes. Il opère, à Venise, le mouvement que
Michel-Ange et Raphaël avaient déjà déterminé à Rome,
et que leurs élèves, Jules Romain en tête, suivaient
alors avec plus d'enthousiasme que de discernement.

On se doute bien que la livraison du fameux *Saint
Sébastien* qui avait excité entre eux tant de querelles,
n'était pas faite pour calmer les inquiétudes et les
impatiences du duc de Ferrare et de son fidèle agent.
Au mois de décembre 1521, Alphonse avait fait inviter
Titien à venir passer les fêtes de Noël à Ferrare, en y
apportant sa toile pour l'y terminer; mais l'artiste avait
décliné cet honneur, en s'excusant sur la multiplicité de
ses occupations. Toutefois, l'ingénieux Tebaldi ne se
tint pas pour battu et, se souvenant à propos qu'en des
occasions diverses Titien avait manifesté son chagrin
de ne pas connaître Rome, il revint à la charge par un
mouvement tournant : « Je tiens pour certain, insinua-
t-il, qu'aussitôt connue l'élection du nouveau pape,
Son Excellence ira lui prêter hommage, comme il fit
lors de l'élection précédente. Si vous vous trouviez à
Ferrare au moment de son départ, il vous emmènerait
avec lui ; mais si vous n'y êtes pas, certainement il ne
se mettra pas à vous attendre. » Tebaldi n'avait aucune
instruction pour faire une pareille offre ; mais, tout fier
de son inspiration, il s'empressa de faire part de ce
stratagème à son maître qui l'approuva chaudement :
« Si vous aviez l'esprit de prophète, messire Jacomo,
lui écrit le duc, le 26 décembre 1521, vous n'auriez pu
dire à Titien chose plus vraie que ce que vous lui avez
dit touchant notre volonté d'aller à Rome. En effet,
sitôt que nous aurons la nouvelle que le nouveau pape
est fait, nous voulons aller en personne nous mettre aux
pieds de Sa Sainteté si rien ne nous en empêche. Pressez

donc Titien, s'il veut venir, de venir vite, car nous aussi nous serions fort désireux qu'il vînt avec nous ; mais avisez-le de ne rien dire de cela à aucune autre personne, et ordonnez-lui de n'en pas parler. Et s'il lui plaît de venir, attention à notre toile, car de toute façon dans ce voyage il n'y aura pas moyen d'y travailler ; là-dessus nous nous en rapportons à lui. »

Titien ne se laissa pas séduire. Il avait d'autres intentions. Pendant les fêtes de Noël, il s'absenta soit pour aller chez ses parents, soit pour toute autre cause. Le lendemain même de son retour, le 4 janvier 1522, il était traqué chez lui par son surveillant infatigable, Tebaldi, qui se présenta pour savoir de ses nouvelles. Le bruit courait qu'il était revenu mal portant. Tebaldi ne lui trouva pas de fièvre, mais constata sa mauvaise mine et son visage défait ; dans son rapport, il supposa obligeamment que Titien avait fêté la Noël plus que de raison, bien qu'il n'en voulût pas convenir. Dans cette entrevue, le voyage de Rome avait été remis sur le tapis. Titien n'avait dit ni oui ni non, mais il n'en bougea pas davantage. Le 17 juin, Tebaldi dut venir le relancer de nouveau et le supplier d'aller à Ferrare pour y placer son tableau et lui donner là les dernières retouches. Le peintre s'excusa encore : il n'était pas content de sa toile, il avait besoin d'y refaire quelques figures mal venues à son gré ; d'ailleurs, dès qu'il aurait fini, on pouvait compter qu'il n'entreprendrait plus rien, qu'il irait de suite à Ferrare ; toutefois, il se refusait obstinément à fixer d'avance une date. En attendant, le duc serait bien gracieux s'il consentait à lui accorder pour un sien ami, grand chasseur, Niccolo di Martini et pour son valet, un permis de chasse aux oiseaux sur l'autre rive du Pô. Cette faveur lui redonnerait du cœur pour se remettre à la besogne. Ainsi encouragé, il était

certain de peindre les plus belles figures du monde !
« Trêve de plaisanteries, lui fit Tebaldi. Arrangez-vous
pour venir le plus tôt possible à Ferrare. »

Au mois d'août suivant, rien d'achevé, rien de parti.
Titien ne remuait toujours pas. Le prince était furieux.
Tebaldi se rendit à l'atelier et nota minutieusement
l'état de la toile. Il n'y avait de fait que le char traîné
par les animaux et deux figures (probablement les deux
principales, le Bacchus et l'Ariane). « Rien de plus
facile à terminer, dit Titien, c'est une affaire de quinze
jours ! ». Cette fois, d'ailleurs, désolé d'avoir déplu à son
puissant patron, le peintre voulait bien prendre un
engagement et promettre la livraison pour le mois
d'octobre. Et, comme l'ambassadeur insistait pour qu'il
s'en allât à Ferrare, afin de se réconcilier avec le duc,
Titien déclara qu'il ne partirait, cette fois, qu'avec un
sauf-conduit écrit de sa main. « A quoi bon ? d'ailleurs,
ajouta-t-il à trois ou quatre reprises, j'aurai bien fini
dans le délai que je vous dis, et je n'accepterai plus
aucune commande, vînt-elle de notre Seigneur Dieu,
avant d'avoir mis la dernière main au Bacchus. » Et le
mois d'octobre vint, et le Bacchus n'était pas terminé !
Et Tebaldi fut encore chargé d'exprimer la colère du
duc. Et Titien le reçut avec son calme habituel. Il lui
montra qu'il avait changé plusieurs figures, se refusant
toujours à s'en aller à Ferrare, où il n'aurait pas toutes
ses commodités comme à Venise, surtout pour trouver
des modèles, hommes ou femmes, qui lui étaient
nécessaires : « Je fais ce que je puis, je tiens mes engagements, car je travaille régulièrement à cette toile
tous les jours, au moins tous les après-midi, puisque,
dans la matinée, je suis obligé de travailler au palais
ducal. »

Titien ne mentait pas. Le gouvernement de la répu-

blique le tourmentait autant que l'ambassadeur de *1523*
Ferrare. Ses travaux du palais ducal avaient été, durant
ces dernières années, sacrifiés à toute une série de
commandes particulières. Après lui avoir fait faire
quelques remontrances, le Conseil des Dix, dans sa
séance du 11 août 1522, s'était décidé à le mettre en
demeure d'achever, avant le 30 juin suivant, la quatrième toile à partir de la porte, avec menace de
déchéance de ses fonctions de courtier et de restitution
au bureau des Salines de tous ses honoraires reçus
depuis six ans. Le Conseil lui avait fait consigner en
mains propres, contre reçu, cette décision par un exprès.
Il fallait donc, de toute façon, que Titien, de gré ou de
force, fît preuve de bonne volonté et qu'il parût au
moins se remettre à l'ouvrage.

Enfin, dans le courant du mois de janvier 1523, Titien
annonça que la toile était finie et qu'il pouvait la porter
à Ferrare. Les *Memoriali delle Spese* du château de
Ferrare ont enregistré les payements faits, « le 30 janvier, à un batelier, pour transport de Venise à Ferrare,
d'une peinture, envoyée à Son Excellence par maestro
Tuziano ; — *item* à un portefaix, pour transport de
ladite sur l'épaule de Francolino à Ferrare ; — *item* à
un charretier, pour transport de Francolino à Ferrare
de la malle de maestro Tuziano ». Titien avait seulement envoyé d'avance par le chemin le plus court sa
toile et ses bagages. Quant à lui, il avait pris par
Mantoue où il passa quelques jours chez les Gonzague[1].

1. On conserve dans les archives de Mantoue la lettre de présentation que Titien remit au marquis de Gonzague de la part de
son agent à Venise, Giambattista Malatesta :

GIAMBATTISTA MALATESTA AU MARQUIS FEDERIGO GONZAGA.

Le porteur de la présente est maître Titien, excellentissime en
son art, et pourtant modeste, et gentilhomme en toute chose, lequel

C'est seulement le 7 février qu'on trouve, dans les comptes du palais de Ferrare, vingt-quatre repas apprêtés pour les personnes de la suite de Titien.

Dans cette suite se trouvaient sans doute les élèves et ouvriers qui venaient l'aider à placer et retoucher le *Bacchus et Ariane* dans le fameux cabinet où l'attendaient déjà, depuis quelques années, l'*Offrande à Vénus* et la *Bacchanale*. Ainsi se trouvait complétée la brillante décoration pour laquelle le vieux Bellini avait donné la note dans son *Festin des dieux*. Les quatre toiles restèrent en place jusqu'en 1598. A cette époque, le cardinal Aldobrandini, légat du pape, les fit enlever clandestinement du château, malgré les protestations

a laissé là beaucoup d'ouvrages pressés pour venir baiser les mains de Votre Excellence, ainsi qu'il a daigné vous le faire demander par moi. Il ne me paraît donc pas que j'aie à le recommander autrement.

Venetiis, die XXV januarii MDXXIII.

En quittant Mantoue, le prudent Titien prit le soin de se faire recommander par son nouveau protecteur à son ancien protecteur dont il redoutait, avec raison, l'accueil, à la suite de ce nouveau retard. La lettre nous a été aussi conservée.

FEDERIGO GONZAGA A ALFONSO D'ESTE.

Ill^me et Exc^me Seigneur, oncle et père très vénéré,

Ayant prié maître Titien, porteur de la présente, de vouloir bien me faire quelques travaux, il m'a répondu ne pouvoir actuellement me servir, disant qu'il a promis à Votre Excellence aucunes choses qui demandent un long temps. C'est pourquoi je l'envoie à ses ordres ; mais je la prie bien qu'elle veuille me le renvoyer au plus vite et m'en faire profiter jusqu'à ce qu'il ait accompli l'œuvre que je voudrais qu'il fît, ce qui demandera peu de jours Et aussitôt qu'il m'aura satisfait, il se remettra au service de Votre Excellence, qui me ferait en cela un singularissime plaisir. Et je me recommande beaucoup.

Servus et Nepos,

FEDERICUS, marchio Mantuœ, S. R. E. Capit. gnâlis

Mantoue, III Februarii, 1523.

de César d'Este, duc de Modène, qui avait bien renoncé
à ses droits souverains sur la ville de Ferrare, mais
nullement à la propriété de ses biens mobiliers et immo-
biliers. Ces peintures ainsi extorquées, furent conservées
dans le palais Ludovisi à Rome; c'est là que tous les
artistes, peintres et sculpteurs du commencement du
XVIIe siècle les étudièrent à leur grand profit. En 1638,
le cardinal Ludovisi fit cadeau de la *Bacchanale* et de
l'*Offrande à Vénus* au roi d'Espagne par l'entremise du
comte Monterey, vice-roi à Naples. Le *Bacchus et
Ariane* resta seul à Rome dans les galeries Barberini
et Aldobrandini jusqu'à ce qu'un amateur anglais,
Buchanan, l'eût acheté en 1806, pour le revendre, en
1826, à la National Gallery.

Ces trois tableaux dont les sujets, nous l'avons vu,
avaient été fournis par le duc lui-même, portent l'empreinte des enthousiasmes classiques qu'excitait alors,
parmi les esprits cultivés, la résurrection, grâce aux
presses vénitiennes, des poètes oubliés de la Grèce et
de Rome. On a toujours cru sentir, dans les détails de
la composition, l'inspiration païenne d'Arioste qui travaillait alors avec ardeur au *Roland furieux*. Le premier
en date fut probablement l'*Offrande à Vénus* dont le
thème avait été emprunté à Philostrate. Dans la galerie
de tableaux que le philosophe grec montre et explique
à ses auditeurs, il avait rencontré, on le sait, une charmante peinture représentant les *Amours* : « Voicy les
Amours qui cueillent les pommes; et ne vous esmer-
veillez pas qu'ils soient tant, car ce sont tous enfants de
Nymphes... Ces rangs d'arbres icy vont tous droicts
plantez à la ligne, par le milieu desquels on se peut
promener bien à l'aise, estans les allées revestües d'herbe
délicate et tendre, pour servir comme de matras à ceux
qui se voudroient coucher dessus. Et les belles grosses

pommes de couleur d'or, incarnates et cler luisántes, qui pendent au bout des rameaux, invitent tout le jetton et vollée de ces petits cupidons à les bien cultiver. Lesquels y ont maintenant attachez leurs beaux dorez carquois, voire d'or pur quelques-uns, et les sagettes qui sont dedans, afin qu'estans nuds, et deschargez de leurs armes, ils puissent plus librement volleter çà et là; et ont jecté quant et quant leurs mandilles sur l'herbe riole-piolée de toutes sortes de couleurs. Leurs chefs aussi ne sont plus ornez de chappeaux ne bouquets, parce qu'il leur suffist de la chevelure. Mais leurs aisles teintes d'azur, pourpre et jaune doré, et à quelques-uns toutes d'or, battent l'air d'un son fort harmonieux et plaisant à ouyr. O bien heureux paniers où ils serrent les pommes qu'ils cueillent ! Comme ils sont richement estoffés de plusieurs sardoines, grand nombre d'esmeraudes et de perles nayves !

« Or, afin que nous ne pensions pas qu'ils soient ici pour danser, sauter ne jouer aux barres, pour dormir, ou manger du fruict à leur aise ; regardons un peu de plus près ce qu'ils ont envie de faire. En voilà quatre les plus excellens en beauté de tous qui se sont séparez de la troupe ; dont les deux se combattent à belles pommes et les deux autres à coups de flèches. Leur mise toutefois ne semble point courroucée, ne leurs beaux visages troublez de quelque indignation ou rancune ; ains se font beau jeu l'un à l'autre, se présentans l'estomac tout nuds, afin que les traicts ne faillent d'atteindre et s'y puissent planter fermement. Tout cecy, mes amis, n'est autre chose qu'amitié et désir naturel. Car ceux qui se jouent de pommes, bastissent un commencement d'amour ; dont cettuy-cy lance la sienne après l'avoir baisée ; et cettuy-là tend les mains pour la recevoir, monstrant qu'aussi il la veuille baiser et la renvoyer s'il

la prend... Au regard de ses deux, autour desquels tant
d'autres se sont assemblez pour les voir ainsi animez au
combat de la lutte, j'en veux parler par mesme moyen.
Celluy-cy a desjà surmonté l'adversaire sien, s'estant
jetté à corps perdu dessus son dos, comme s'il le vouloit
estouffer, et tasche de lui donner un croc en jambe :
toustesfois il ne se rend pas pour cela, ains se redresse
sur pieds, et desfait la main qui le presse, tordant l'un
des doigts, lequel délasché, le reste ne peut plus tenir
serré. L'autre s'escrie de douleur, et lui mord l'aureille :
de quoi l'assistance se fasche ; parce qu'il fait outrageu-
sement, et contre les loix des lucteurs, tellement qu'ils
se mettent après à grands coups de pommes. Il ne faut
pas cependant laisser échapper ce lièvre, lequel s'estant
blotti sous les arbres pour manger les pommes qui
tombent à terre, et les laisse la pluspart à demi mor-
sillées, les enfans se sont mis à chasser : les uns le hallans
à grands battements de mains, les autres en huant après.
En voilà un qui bransle son manteau au devant, pour le
faire retourner arrière : ceux-cy vollettent par dessus,
et crient tant qu'ils peuvent après, cependant que leurs
compagnons le suivent à pied sur les voyes, et que
cettuy-là vient à la traverse pour se ruer sur luy ; mais
la meschante beste se desrobe, et bondist à quartier là
où l'un d'eux l'ayant happé par le jarret, il luy eschappe
tout aussi tost des mains. Parquoy ils rient, et sont
tombez l'un de costé, l'autre à bouchon, et tous ceux-là
à la renverse... Ils ne le veulent point tuer à coups de
flèches, ains taschent de le sauver en vie, pour le présenter à Vénus comme une offrande très agréable à la
déesse... Et où est-elle, et à quel propos ces pommes
icy ? Voyez vous point ce rocher creux d'où sort un
bouillon d'eau sombre clere, à boire très délicieuse, qu'on
fait venir pour arrouser les arbres ? Sachez pour vray là

estre celle Vénus que les Nymphes y ont dressée pour les avoir rendues mères de ces Amours et d'une si belle lignée. Car le mirouër argentin, et les riches patins dorez, et les brasselets de la mesme estoffe, n'ont point esté pendus là sans cause : nous donnans à cognoistre que le tout luy est dédié, ce que mesme l'escriture tesmoigne, qui dit que ce sont dons et offrandes des Nymphes. Les Cupidons, de leur costé, cueillent les prémices des fruicts, et ceux qui sont là auprez leur souhaittent d'avoir toujours un si beau et plaisant verger[1]. »

Quel sujet pouvait mieux convenir à un peintre adorant et connaissant les enfants qui, depuis longtemps, les introduisait dans toutes ses compositions en leur donnant des airs de santé, d'insouciance, de gaieté si naturels et si vifs ? C'est vraiment avec la simplicité naïve d'un ancien Grec que Titien refait, sans y rien changer, ce tableau antique. Devant la grâce des enfants comme devant la beauté des femmes, ce montagnard, sain et bien équilibré, échappant par un amour grave et constant de la nature, aux corruptions qui l'entourent, se retrouve aussi simple et aussi franc que les artistes primitifs d'Égine et d'Athènes. Aucun peintre, à la Renaissance, ne fut si naturellement ni si complètement païen, dans le sens le plus noble du mot, que Titien dans ses tableaux profanes. Dans ces enfants nus comme dans ces femmes nues, aucune trace ni d'une pudeur de convention ni d'une impudeur d'intention ; c'est la vie, c'est la nature même, comprises et exprimées dans la plénitude de leur force, dans l'éclat de leur épanouissement, dans l'inconscience de leur perfection. Les folâtreries joyeuses de la bande d'Amours qui se bousculent dans *l'Offrande*

---

1. Les *Images ou Tableaux de Platte Peinture des deux Philostrate sophistes grecs, mis en françois par* BLAISE DE VIGENÈRE. Paris. In-folio, 1614, p. 43-45.

à *Vénus* ont ravi, depuis leur apparition, tous les artistes.
Nulle œuvre n'a été plus admirée, plus copiée, plus imi-
tée. Tous ceux qui, après Titien, ont donné, dans leurs
œuvres, un rôle important aux enfants, Baroccio, l'Al-
bane, Du Quesnoy, Poussin, Rubens, Van Dyck, pour
ne citer que les premiers, s'en sont longuement inspirés.
On comprend le désespoir de Dominiquin qui, apprenant
le départ pour l'Espagne de l'*Offrande à Vénus*, et son-
geant que l'Italie allait être privée de ce modèle incomparable, voulut la revoir une dernière fois dans le palais
du vice-roi de Naples et se mit à fondre en larmes.

Comme l'*Offrande à Vénus* était le poème de la beauté
enfantine, la *Bacchanale* est le poème de la beauté féminine. Quelques traits y rappellent l'*Ariane* décrite par
Philostrate ; cependant la disposition même n'en est
point empruntée aussi directement au sophiste grec. La
joie de vivre qu'on y respire est bien la joie antique,
celle qui s'exhale des vers harmonieux et plastiques
d'Anacréon, de Sapho, de Catulle et d'Ovide ; mais la
lumière et la couleur qui s'y exaltent avec une splendeur
inconnue sont une lumière et une couleur bien vénitiennes. C'est Venise qui rit et qui triomphe sur les joues
roses, dans les fines chevelures dorées, dans les yeux doucement enflammés, les larges épaules blanches, les sou-
rires attirants et profonds des Nymphes mêlées à la
troupe des Bacchants, moins enivrés de vin que de
leur irrésistible grâce. La femme nue, endormie sur le
premier plan, dans l'attitude abandonnée de l'Ariane
antique, restera toujours l'enchantement et le désespoir
des peintres épris de beauté vivante. Que dire du couple
joyeux qui danse derrière elle ? Lequel nous ravit le plus
ou de la jeune femme toujours parée de cette beauté
exquise, à la fois délicate et forte, particulière aux créatures de Titien, si souple et si élégante dans sa tunique

blanche, ou de son cavalier, aux membres hâlés, si léger
sous sa veste de soie cramoisie? Quelle naïveté dans
l'enfant qui relève sa chemisette! Quelle vivacité dans
les mouvements des jeunes gens qui gambadent de tous
côtés, les uns portant le vin dans des vases précieux,
les autres vidant les coupes, les autres vacillant déjà sous
le poids des longues libations! Sur le devant sourit un
couple adorable de deux jeunes femmes, nonchalamment
assises sur le gazon. Celle qui tient la coupe et qui ressemble aux douces créatures de Palma, portant, comme
elles, une violette sur le sein, passe pour le portrait de
cette Violante, qui, d'après une vague légende, aurait
été à la fois la fille de Palma et la maîtresse de Titien.
Aucune preuve, jusqu'à ce jour, n'est venue confirmer
cette tradition. Palma était probablement moins âgé que
Titien, et, à l'époque de la *Bacchanale*, Titien, récemment marié, semble, nous l'avons dit, avoir été un mari
très régulier. Les correspondances du temps qui nous
donnent tant de renseignements sur ses ouvrages, ses
voyages, ses affaires privées, restent absolument muettes
sur ce sujet. On connaît la date probable de son mariage,
la date certaine de son veuvage ; mais on ignore le nom
patronymique de sa femme ; sa vie de garçon nous est
inconnue, sa vie de veuf conserve toutes les apparences
d'une correction invraisemblable[1]. Aucune indiscrétion,

1. La correspondance de l'Arétin, si colorée, si cynique, si abondante en détails libres sur les réunions du Triumvirat, sur les
soupers fins de Venise, sur la vie domestique de Titien, représente
le peintre comme un homme ayant au moins plus de tenue que
ses amis. « ... Je me repens de vous avoir conseillé de laisser là les
filles, car je suis bâti de telle sorte que je me ronge lorsque je
ne me vois pas chez elles. Voilà ce que ne fait jamais Titien. *Omnia
pecunia falsata sunt*, dit le pédant. Ce qui m'étonne en lui, c'est
que, quelles qu'elles soient, où qu'il les rencontre, il les courtise,
il fait des manières pour les baiser, il les amuse par mille autres
folies juvéniles, sans jamais aller au delà. Et nous devrions vrai-

aucun témoignage ne nous a jusqu'à présent rien révélé au sujet de cette délicieuse créature qui eut, en effet, sur son imagination juvénile l'influence la plus durable et dont le sourire devait presque jusqu'à la fin flotter sur les visages de ses déesses, de ses courtisanes, de ses saintes. Dans la *Bacchanale*, c'est devant cette apparition bien-aimée qu'il a jeté, comme l'explication de toute la scène, un cahier de musique ouvert sur lequel on lit ce premier vers estropié d'une chanson française, sans doute apprise par le duc Alphonse durant ses séjours à Paris : *Chi boit et ne reboit ne çais qua boir soit* (sic). Le fond de la *Bacchanale* est un magnifique paysage, boisé sur la gauche, ouvert au milieu devant un horizon montagneux, terminé à droite par un tertre sur lequel sommeille le gros Silène. Partout circule une lumière d'été chaude et claire, aussi enivrante que la vapeur capiteuse des vendanges qui empourpre tous les visages.

Pour le *Bacchus et Ariane*, l'inspiration fut prise dans Catulle. On se souvient, dans les *Noces de Thétis et de Pélée*, de l'admirable description des tapisseries qui ornent le palais du roi. L'une de ces tapisseries représente l'arrivée de Bacchus dans l'île de Naxos auprès d'Ariane abandonnée : « D'un autre côté volait Bacchus en fleur, entouré de satyres et des silènes de Nysa, à ta poursuite, Ariane, et brûlant de ton amour ! Et les Bacchants, joyeux, çà et là, s'emportaient d'une âme enivrée, criant Evohé ! et secouant la tête, Evohé ! Les uns agitaient les lances enguirlandées de leurs thyrses, d'autres emportaient des membres d'un taureau dépecé, d'autres se ceignaient de serpents entortillés... D'autres frap--

---

ment nous corriger par son exemple... » (Lettre à Sansovino, du mois de janvier 1553. — ARETINO, *Lettere*. Édition de Paris, 1609, t. VI, p. 155.) En plusieurs endroits, l'Arétin s'excuse de ne pas inviter Titien, parce qu'il a ce jour-là trop mauvaise compagnie.

paient des tambours d'une main hâtive, d'autres arrachaient des tintements aigus à l'airain poli. Ailleurs, les cornes soufflaient des ronflements rauques et la flûte barbare, sur un rythme sauvage, lançait des sons stridents[1]. » Dans le *Bacchus et Ariane*, le Vénitien a tiré parti avec un éclat merveilleux de tous les détails que la chaude imagination du poète véronais avait si vivement groupés quinze siècles auparavant. Rien n'y manque, ni le brun satyre enroulé de serpents, ni les belles sonneuses de cymbales et de tambourins, ni le satyreau traînant en triomphe la tête du taureau, comme un jouet sanglant! Et quelle ardeur joyeuse dans toutes les physionomies, dans tous les gestes, dans toutes les couleurs, sans grossièreté pourtant, ni lourdeur! Avec quelle impétuosité l'amoureux aventurier s'élance de son char doré vers la belle abandonnée qui retrousse ses vêtements pour mieux fuir! Quelle interprétation vive et pittoresque du fameux: *Te quærens, Ariadne!* Et comme tout ce mouvement des formes s'accentue par le mouvement des couleurs, si étonnamment approprié pour le faire valoir! Là, comme dans les deux autres tableaux du *Studio*, résonne avec une souplesse parfaite cette musique savante et expressive des harmonies colorées, pressentie et préparée par Bellini et par Giorgione, qui est la révélation d'un art nouveau.

Titien, ayant mis en place le *Bacchus et Ariane*, était à peine de retour à Venise que la mort du doge Antonio Grimani, le 20 mars, fit passer le pouvoir entre les mains d'un de ses grands admirateurs, Andrea Gritti. Celui-ci, qui avait soixante-huit ans, s'empressa d'user des droits que lui conférait son titre pour demander à Titien son portrait officiel. En outre, désireux de laisser

---

1. Catulle, *Carmina*, LXIV.

de son passage au pouvoir une trace durable dans le 1524 palais ducal, il lui commanda, au mois de septembre, une fresque représentant un saint Christophe. Ce devait être pour lui une œuvre commémorative de l'heureuse arrivée de l'armée française au village de Saint-Christophe, près de Milan. Quoique obligé, par les nécessités politiques, de contracter alliance avec Charles-Quint, le vieux Gritti gardait personnellement des sympathies pour le parti français et, ne pouvant les exprimer ouvertement, il trouvait ingénieux de les exprimer en peinture et par une obscure allusion. C'est encore par ses ordres que l'année suivante, au mois de mai, Titien fut chargé de décorer la petite chapelle des Doges, dédiée à saint Nicolas, qu'on venait de restaurer.

Titien exécuta tous ces travaux assez vite; mais, pendant ce temps, naturellement, il n'entra plus guère dans la salle du Grand Conseil et laissa en suspens dans son atelier nombre de toiles impatiemment attendues. Aussi voit-on de plus belle les princes le harceler de toutes façons, le flatter par des cadeaux, l'attirer par des promesses, le cajoler ou le menacer, afin d'obtenir de lui, soit un portrait, soit une de ces scènes mythologiques ou de ces études de femmes nues, des *nudi* ou des *nude*, qu'on commençait à se disputer à prix d'or. Dès le 11 août 1523, son nouveau protecteur, le marquis de Mantoue, lui faisait remettre, suivant l'usage du temps, par son chambellan et ambassadeur, Braghino Croce di Correggio, un superbe pourpoint[1] pour le presser de lui

---

1. L'agent rendait compte de sa commission en ces termes :

BRAGHINO AU MARQUIS FEDERIGO GONZAGA.

J'ai donné le pourpoint à maître Tuciano, en présence de plusieurs grands personnages. Ce présent lui a été fort agréable, et il ne pense à en remercier V. S. qu'au prix de son propre sang, et lui envoyer un portrait commencé. Ce tableau parvint bientôt en effet à destination, par l'entremise d'un autre agent, celui-là même qui lui avait présenté l'artiste, Giambattista Malatesta. Le duc lui en accusait réception le 15 août ; nous ignorons, cette fois encore, de quel portrait il s'agissait.

Tebaldi, de son côté, au nom du duc de Ferrare, continuait à serrer l'artiste de près. Tantôt, c'était une toile qu'il parvenait à faire sortir de son atelier ; tantôt, c'était une promesse de voyage qu'il s'efforçait de lui arracher, car ce n'était qu'à Ferrare, sous l'œil du prince, qu'on était sûr de le bien tenir et de l'accaparer. Le Cadorin, patient et circonspect, subissait tous ces assauts avec calme, évitait le plus possible de s'engager et trouvait toujours d'excellentes raisons pour excuser ses retards. Une fâcheuse lacune dans les Archives d'Este nous prive de la correspondance de Tebaldi pendant quelques mois de l'année 1523 ; mais, dès le commencement de 1524, on le retrouve attaché aux flancs du peintre et le harcelant sans relâche pour l'entraîner à Ferrare. Titien, surchargé de travaux, s'obstinait à décliner ces invitations ou du moins à refuser de prendre jour. A cette époque, d'ailleurs, il souffrait des fièvres ; un voyage sur les rives malsaines du Pô aurait été une imprudence. Cependant, le 13 mars, bien que mal guéri, il déclare à Tebaldi qu'il partira quand même si on lui procure un certificat de médecin attestant que ce changement d'air lui ferait du bien. Tebaldi ne put-il se procurer ce certificat, ou plutôt Titien trouva-t-il

baise les mains sans fin. Quant au *portrait*, qui est si beau, il dit que, par tous les moyens du monde, il lui veut faire faire une belle bordure et vous l'envoyer ensuite aussitôt. — Venise, 11 août 1523. CAVALCASELLE et CROWE, I, 250. Document des archives de Mantoue, communiqué par le chanoine Braghiroli.)

d'autres moyens dilatoires ? Toujours est-il que c'est 1525 seulement en automne, le 29 novembre, que Tebaldi, triomphant, annonce à son patron que Titien a juré de partir dès qu'on aura amené devant sa maison un *burchio*, un bateau. Afin de lui ôter tout prétexte à un nouveau retard, Tebaldi s'est empressé de lui envoyer le soir même, à sa porte, le *burchio* demandé. Cependant, avec ce diable d'homme, est-on sûr de rien ? En somme, il croira à son départ lorsqu'il l'aura vu. En tout cas, le séjour du maître à Ferrare sera de courte durée, car il n'a pas caché que son intention était d'être rentré à Venise pour la Noël, ayant d'importants travaux à terminer. En effet, ajoute Tebaldi, « les travaux ne lui manquent pas, et de gros travaux de grand profit. Dès qu'il en aurait fini, il retournerait promptement à Ferrare ». Cette fois, Titien put tenir ses promesses. Au mois de janvier 1525, on trouve mentionnée sur les livres de dépense du château une sortie « de 24 et 12 sous pour une onze d'azur que Giulio Saraceni a acheté et envoyé de Venise à maître Tuciano pour faire des tableaux pour Notre S^r IIIme ». Cavalcaselle et Crowe ont supposé que, durant ce voyage, il put ébaucher le beau *Portrait de Tommaso Mosti* qu'on voit à la galerie Pitti. Mosti, littérateur distingué, était un des familiers du duc et lui avait servi de témoin lors de son mariage avec Laura Dianti.

Ces petits voyages n'empêchaient pas Titien de poursuivre avec assiduité l'achèvement des travaux commandés par le doge. Cette même année, Grimani lui donna une nouvelle preuve de sa gratitude en nommant son beau-frère, Matteo Soldano, chancelier à Feltre, et en confiant à son père, Gregorio Vecellio, les fonctions d'inspecteur des mines laissées vacantes par Soldano [1].

1. La lettre d'avis, signée de Grimani, au capitaine de Cadore, en

Par malheur, toutes les correspondances qui nous donnent de si précieuses indications sur les déplacements du peintre et sur ses rapports avec ses contemporains nous fournissent bien peu de renseignements précis sur le point qui nous intéresserait le plus, sur les travaux mêmes du peintre. Si l'on en excepte le *Bacchus et Ariane*, la fresque de *Saint Christophe* au palais ducal, les peintures de la chapelle des Doges, la *Vierge et les six Saints* dits la *Madonna di San Niccoló* au musée du Vatican, la *Vierge de la Maison Pesaro*, dont l'achèvement, entre 1521 et 1526, est prouvé par des documents, ce n'est que par conjectures qu'on peut rattacher à cette période, assurément très féconde, un certain nombre d'œuvres célèbres, telles que la *Déposition* du musée du Louvre, l'*Annonciation* de la Scuola di San Rocco, la *Flora* du musée des Offices, la *Vénus couchée* de la Galerie de Darmstadt, la *Vénus Anadyomène* de la Galerie Ellesmere, et un grand nombre de portraits qui, par le style et la facture, semblent être les contemporains de ces chefs-d'œuvre typiques.

La *Madonna di San Niccoló*, exposée dès 1523 dans le cloître de Santa Maria de Frari, obtint de suite un grand succès. Vasari et Dolce nous ont transmis, en termes chaleureux, l'expression de l'enthousiasme qu'excita, chez les artistes, cette transformation des compositions traditionnelles par la seule force du style et l'ampleur éclatante de l'exécution : « Dans l'église de Saint-Nicolas, dit Dolce, il fit au maître-autel une image de ce saint, qui en est la figure principale, vêtue d'une chape d'or, où l'on voit le luisant et le relief du métal et qui semble vraiment tissée. D'un côté, il y a une sainte Catherine d'une tournure charmante, divine par le visage

date du 24 avril 1525, est donnée par Cavalcaselle et Crowe. I, 272.

et par tout le reste. De l'autre, est un saint Sébastien nu, 1526 de très belle forme, et d'un ton de chair si semblable au vrai qu'il ne semble pas peint, mais vivant. Lequel saint Sébastien Pordenone étant allé voir se prit à dire : « Je crois que Titien a mis dans ce nu de la chair et non de la couleur. » Les figures plus éloignées sont aussi parfaites. Et toutes paraissent attentives à une Vierge qui est représentée dans le haut avec quelques anges. Et chaque figure montre une honnêteté et une sainteté inexprimables, sans parler de la tête du saint Nicolas qui est vraiment miraculeuse et remplie d'une majesté infinie. » Une déplorable mutilation a rapetissé l'effet de cette toile grandiose, autrefois plus haute et de forme cintrée, en supprimant au sommet la colombe rayonnante dont la lueur se répandait sur toute la scène ; néanmoins, cette œuvre, puissante par le style autant que par la couleur, reste une des merveilles du musée du Vatican où l'a placée le pape Clément XIV. Le peintre attachait une grande importance à un ouvrage où il s'était efforcé de joindre la beauté sévère des formes classiques à la magnificence de la distribution lumineuse : il fit, dit-on, lui-même, pour le graveur Andrea Andreani le dessin sur bois des *Six Saints* groupés à la partie inférieure.

La *Vierge des Pesaro* (*Madonna di Casa Pesaro*), qui fut terminée en 1526, marque l'apogée de Titien comme peintre de sujets religieux, si on l'examine au point de vue de la magnificence des dispositions, de l'éclat des colorations, de l'entente décorative. C'est un morceau libre et aisé, d'une plus franche tenue, plus personnel et plus vénitien que l'*Assomption* ; son influence fut rapide et bienfaisante ; le souvenir en devait toujours planer plus tard dans le rêve du plus brillant des génies postérieurs, Paul Véronèse. Les Pesaro avaient, de bonne heure, aimé Titien. Dès 1503, l'un d'eux, on s'en souvient, Jacopo Pesaro, évêque de Paphos, partant en guerre contre les Turcs, s'était fait peindre par le jeune Cadorin, aux pieds de saint Pierre, sous la protection d'Alexandre VI. L'évêque soldat était revenu vainqueur de cette campagne et quand il voulut, près de vingt ans plus tard, rendre grâce à la madone et à saint Pierre, dans l'église Santa Maria de Frari, de ce triomphe, il s'adressa naturellement au même peintre devenu le célèbre auteur de l'*Assomption* installée sur un autel voisin. Titien mit six ans à achever cette grande toile ; il y résuma tout le passé de l'école, il y prépara tout son avenir. Dans l'attitude bienveillante et tendre de la noble Vierge assise sur le haut piédestal tendu de tapis orientaux, dans l'expression naturelle et pieuse de saint François et de saint Pierre, dans la simplicité naïve et grave de tous les membres de la famille Pesaro agenouillés, on retrouvait toutes les qualités sérieuses de Bellini, mais avec quel assouplissement de formes, quelle liberté et quelle ampleur d'allures ! Giorgione avait-il rien inventé de plus triomphant que le soldat cuirassé se tournant vers un Turc prisonnier et brandissant l'étendard des Pesaro ? Quant aux architectures des vieux maîtres, si précises et si consciencieuses, comme elles allaient paraître désormais sèches et froides auprès de ces superbes colonnes de marbre aux fûts dorés s'élançant hardiment dans l'air bleu ! Et quel ruissellement pur et clair de lumière joyeuse ! Et quelle merveilleuse mise en scène, dans cette belle clarté, des figures et des choses, chacune prenant à sa place une juste part d'attention, sans aucune apparence de symétrie factice, sans aucun contraste systématique des ombres et des clairs !

La *Mise au tombeau*, faite vers le même temps, commencée plus tôt peut-être, montre des restes d'attachements plus marqués encore aux colorations et aux procédés de Giorgione et de Palma. C'est comme un dernier et sublime adieu du peintre aux habitudes de la jeunesse, et comme une affirmation, en même temps, que l'essor grandissant de son génie décoratif n'allait compromettre en rien les progrès de son génie expressif et dramatique. Dans cette scène solennelle et pathétique, l'éclat retentissant et l'agitation harmonieuse des colorations ne servent, en réalité, qu'à mieux mettre en relief la vivacité et la justesse des attitudes, l'expression profondément douloureuse des physionomies. « Cette *Mise au tombeau*, écrivaient Cavalcaselle et Crowe, quoique inférieure à celle de Raphaël pour la disposition des figures et l'harmonie des lignes, produit peut-être, par son ensemble, une impression beaucoup plus forte que le tableau de la galerie Borghèse. Cela vient, sans doute, de la variété merveilleuse des types et des expressions, mais surtout de la vigueur des colorations et des oppositions aussi bien que de la juste dégradation des teintes et de la distribution bien équilibrée, soutenue et puissante, des lumières et des ombres, toutes choses qui donnent à cette peinture un mystérieux enchantement [1]. » Avant d'arriver au Louvre, la *Mise au tombeau*, qui fut faite pour le marquis de Mantoue, devait passer par les collections de Charles Ier d'Angleterre et de Jabach qui la vendit à Louis XIV [2].

L'*Annonciation*, de la Scuola di San Rocco, si on la compare à l'*Annonciation* de Trévise, faite huit années auparavant, marque aussi cet affranchissement décisif. L'inspiration est moins naïve et moins tendre ; mais la scène se passe dans un milieu plus décoratif, et l'agran-

1. CAVALCASELLE et CROWE, I, 251.
2. A la vente qui suivit la mort de Charles Ier, Jabach avait payé la *Mise au tombeau* 120 livres sterling.

dissement du style, dans le mouvement des figures,
dans le jeu savant des draperies, s'y montre aussi clairement que la maturité croissante de la pensée dans
l'expression des visages plus graves et plus idéalisés. La
même tendance à l'élargissement des formes est manifeste dans les études de femmes nues ou les portraits
qu'on peut rapporter à cette période. Le buste célèbre
de la *Flora*, au musée des Offices, semble marquer la
transition entre la manière fine et délicate, mais encore
timide, qui confine à Palma, et la manière large et libre,
d'une hardiesse croissante, qui devint dès lors la manière
personnelle du maître. Dans cette femme attrayante,
Laura Dianti peut-être, si le tableau du Louvre est bien
nommé (car c'est la même personne), resplendit la même
beauté jeune et printanière, mais avec un accent plus
éclatant et plus ferme, avec un rayonnement plus
victorieux.

CHAPITRE VIII

(1527-1531)

L'ANNÉE 1527 est une date lugubre dans l'histoire de l'Italie. Le sac de Rome par les troupes impériales sous le commandement du connétable de Bourbon consomma la soumission de la péninsule à l'empereur Charles-Quint. Seule, Venise, république indépendante, échappa, par la force de son organisation, à la destinée générale et devint le libre asile où se réfugièrent, en même temps que les bannis politiques, les hommes de lettres et les artistes chassés de Rome et de Florence par la chute de leurs protecteurs et la perte de leurs situations.

Un étrange personnage qui allait rapidement devenir l'homme le plus influent à Venise, Pietro d'Arezzo, dit l'Arétin, n'avait pas attendu la catastrophe finale pour venir établir dans les lagunes, à l'abri de la constitution de Saint-Marc, le quartier général de ses opérations littéraires et financières. Né d'une catin, dans un hôpital, tour à tour apprenti relieur, à Pérouse, et secrétaire, à Rome, du banquier Agostino Chigi, puis du pape Léon X et du cardinal Jules de Médicis, il avait dû quitter deux fois la cour pontificale : d'abord, à la suite de la publication de ses sonnets luxurieux accompagnant les dessins obscènes de Jules Romain, et, en dernier lieu, à la suite d'une mauvaise affaire que lui avait value sa méchante langue. Chaque fois il avait trouvé protection auprès d'un autre membre de la famille des Médicis, ce fameux capitaine Giovanni delle Bande Nere, qui en avait fait son confident et son agent; mais Giovanni venait de mourir à Mantoue, des suites d'une blessure reçue au combat de Governolo, le 26 novembre 1526, et l'habile intrigant avait dû chercher fortune ailleurs. Venise, avec ses nombreuses imprimeries, sa police bien organisée, ses mœurs faciles, lui sembla le séjour le plus propre à exercer ses industries. Poète médiocre, prosateur prétentieux, sans scrupule et sans vergogne, cet infatigable pamphlétaire avait, du premier coup, avec une sorte d'ignoble génie, deviné tous les partis utiles ou honteux qu'on peut tirer de la liberté de la presse. Dès lors il se nomma lui-même le *Justicier des Princes* et, dans des lettres ou des vers rendus publics, distribuant à prix fait l'éloge et le blâme, se mit le premier, comme il le disait avec orgueil et cynisme, à vivre « à la sueur de sa plume ». Il en vécut, en effet, et fort bien. Spéculant à la fois sur la vanité et la crainte de tous ces grands ou petits potentats que surprenait la puissance inattendue, sur l'opinion publique, de la parole imprimée, il n'en épargnait aucun, tirant d'eux toujours plume ou aile, soit au moyen des flatteries les plus basses, soit au moyen des intimidations les plus éhontées. Quand son quémandage n'était pas écouté, il exigeait et même, au besoin, réquisitionnait, prenant d'ailleurs de toutes mains, en nature aussi bien qu'en espèces, tout ce qui pouvait alimenter son luxe, sa gourmandise, sa luxure, sa vanité, sa prodigalité et lui permettre de soutenir le grand train qu'il commença dès lors à mener.

A Rome, l'Arétin avait toujours vécu au milieu des artistes qui entouraient Chigi et Léon X. Il avait été lié avec Michel-Ange, Sébastien del Piombo, Raphaël et ses élèves ; à Venise, il allait bientôt former, avec Titien et Sansovino, un trio d'amis inséparables, connu sous le nom de *Triumvirat*, qui, pendant plus d'un quart de siècle, y tiendrait la tête du mouvement littéraire et artistique. On ne s'expliquerait pas les étonnants succès de l'Arétin ni la chaleur des amitiés qu'il inspira si l'on ne savait que ce chenapan, comme tant d'hommes du XVIe siècle, joignait à un remarquable assemblage de vices des dons d'esprit plus remarquables encore. Les contemporains sont unanimes à constater l'ascendant que cet aventurier audacieux, d'une prestance magnifique, d'une santé insolente, de manières insinuantes, d'une éloquence facile, d'une verve intarissable, d'un savoir-faire toujours prêt, d'une impudence que rien ne pouvait déconcerter, exerça sur tous ceux qui l'approchaient. Son éducation littéraire avait été aussi négligée que son éducation morale : il ignorait les lettres anciennes, mais, en écrivant comme en agissant, il réussissait à force d'audace. Sa verve joyeuse et populaire contrastait heureusement avec le pédantisme maussade des humanistes ; malgré son goût pour les concetti précieux, pour les métaphores alambiquées, pour les périodes ronflantes, grâce à la vigueur de son tempérament il trouvait souvent des accents d'une franchise et d'une vivacité très rares à cette époque. Ce drôle est parfois admirable ; on ne saurait douter, par instants, de sa sincérité et de sa sensibilité, par exemple, lorsqu'il raconte la mort de son patron bien-aimé, Giovanni delle Bande Nere, ou seulement lorsqu'il parle de lui. Ce ruffian a tout à coup les vertus d'un ami rare, d'un conseiller sérieux, d'un politique avisé, d'un observateur sagace, d'un moraliste délicat. Personne n'a parlé des arts et des artistes de son temps, n'a compris les séductions de la nature et les séductions de Venise, ne les a analysées et exprimées avec plus de finesse, de chaleur et de charme [1].

C'est évidemment par son habitude des affaires, par son expérience des cours, par ses conseils pratiques, non moins que par sa bonne humeur et par les ressources de sa conversation, que l'Arétin prit tout d'abord de l'ascendant sur Titien. En lui servant d'intermédiaire et de correspondant auprès des amateurs princiers, il lui évitait des pertes de temps et lui procurait des avantages pécuniaires auxquels celui-ci était fort sensible. C'est le 25 mars 1527 qu'il s'était installé à Venise, déjà pensionné par le marquis de Mantoue et probablement par le doge Andrea Gritti. Un mois après, il s'était déjà fait faire son portrait par Titien et il avait persuadé au peintre de l'envoyer en cadeau au marquis de Mantoue en même temps qu'un portrait de Girolamo Adorno, un ancien ami du marquis, mort depuis quelques années. Peut-être même lui dicta-t-il la lettre suivante qui accompagnait l'envoi :

TIZIANO VECELLIO AU MARQUIS FEDERIGO GONZAGA.

Excellentissime Seigneur, sachant combien Votre Excellence aime la peinture et combien elle l'encourage ainsi qu'on peut voir par le mérite de Messire Julio Romano, comme j'ai toujours eu le désir de vous plaire, Messire Pietro Arétino, ou plutôt saint Paul, étant venu ici pour prêcher les louanges de Votre Excel-

---

1. Voir, sur l'Arétin, la *Vita di Pietro Aretino* par le comte MAZZUCHELLI (Brescia, 1763) ; l'étude de PHILARÈTE CHASLES dans un de ses volumes sur le XVI° siècle, *Marie Stuart, Shakespeare, l'Arétin* ; celle de A. DUMESNIL dans les *Amateurs italiens*, et surtout le recueil de ses lettres publiées à Paris en 1609, ARETINO, *Lettere*, t. VI.

lence, je l'ai portraituré, et comme je sais que vous aimez un si bon serviteur pour toutes ses vertus, je vous en fais présent.

Ayant aussi gardé un bon souvenir du seigneur Girolamo Adorno, qui adorait le marquis de Mantoue et qui en fut qualifié gentilhomme, je vous l'offre aussi, et bien que ce ne soient pas là des dons dignes d'un si grand seigneur, ni venant d'un trop bon maître, acceptez l'hommage de Titiano et gardez-les jusqu'à ce que, selon les qualités de mon génie, je vous aie envoyé quelque chose qui peut-être vous satisfera. Daignez donc les accepter par courtoisie, vous souvenant que je vous fus toujours et vous suis serviteur, et je baise les mains de Votre Excellence.

Très dévoué serviteur,

Tiziano Vecellio.

De Venise xxii *juin* MDXXVII.

Le marquis de Mantoue, qui était connu pour sa bienveillance et sa courtoisie, répondit en même temps à Titien et à l'Arétin :

Le Marquis Federigo Gonzaga a Pietro Aretino.

J'ai reçu les deux bellissimes tableaux du Tuciano (*sic*) que vous m'avez envoyés par votre serviteur, et qui m'ont été très chers tant pour le désir que j'avais d'avoir une œuvre faite par de si savantes mains, comme sont celles de l'excellent peintre Tuciano, que pour ce qu'en l'un est représentée l'effigie d'un homme tel que vous, et que dans l'autre je puis contempler l'image d'une personne aussi aimée que l'était de moi le seigneur Hieronimo Adorno. Vous voudrez donc bien remercier extrêmement pour moi ledit Tuciano, lui faisant entendre que sous peu je lui ferai connaître combien m'a été agréable une telle attention.

De Mantoue, le 8 juillet 1527.

Le Marquis Federigo Gonzaga a Tiziano Vecellio.

M. Tuciano, j'ai reçu les deux bellissimes tableaux qu'il vous a plu de m'envoyer en don, lesquels m'ont été vraiment très agréables, tant parce que je désirais beaucoup avoir quelque ouvrage de vos très doctes mains, sachant combien vous excellez dans l'art de la peinture, que parce que vous m'avez envoyé les portraits de deux personnes qui me furent et me sont très chères; en outre, ils sont si naturels que, sauf la nature, personne ne pourrait mieux faire que vous n'avez fait. Je vous en remercie donc extrêmement et, par amour de vous, les garderai très précieusement, vous certifiant que vous n'auriez pu faire autre chose qui me fût plus agréable et dont je vous fusse plus obligé. Aussi quand je pourrai vous faire quelque plaisir, je le ferai toujours volontiers et me mets à votre disposition en tout et partout.

De Mantoue, le 8 juillet 1527[1].

Cette lettre flatteuse ne fut pas accompagnée sans doute des libéralités sur lesquelles comptait l'Arétin pour son ami. Le nouveau conseiller de Titien, servi pour son compte, trouva bientôt que son protecteur ne s'exécutait pas assez vite vis-à-vis de son *compère*. Avec son impudence accoutumée, il se chargea de sommer lui-même le marquis d'avoir à tenir ses promesses. Il profita de l'occasion pour lui recommander, en outre, deux de ses amis récemment arrivés à Venise, Sébastien del Piombo et Jacopo Sansovino :

Comme je sais que Votre Excellence veut que ceux auxquels elle donne la remercient en ne la remerciant pas, je dirai seulement que Mazzone, mon serviteur, m'a donné les cinquante écus et le pourpoint d'or que vous m'envoyez. Je dirai encore que vous pensiez bien à la promesse faite à Titien, à propos de mon portrait que je vous ai fait donner en son nom. Je crois que M. Jacopo Sansovino, rarissime sculpteur, vous ornera votre chambre d'une Vénus si vraie et si vivante qu'elle remplit de concupiscence la pensée de tous ceux qui la regardent. J'ai dit à Sébastiano, peintre miraculeux, que votre désir est qu'il vous fasse un tableau de son invention. Cela lui plaît et pourvu qu'il ne survienne pas quelques accès

1. Ces trois lettres, conservées aux archives de Mantoue, ont été communiquées à MM. Cavalcaselle et Crowe par le chanoine Braghirolli (I, 285).

de bigoterie, il a juré de vous peindre des choses merveilleuses ; *1528* le quand et le comment, il se le réserve dans le fond de sa *1529* fantaisie, laquelle rivalise souvent, souvent, avec celle de ses pareils. Mais je solliciterai, je menacerai, je violerai, et j'ai espoir qu'on en viendra à bout. Cependant Titien et moi vous baisons les mains.

Venise, le 6 août 1527[1].

La réponse du marquis fut tardive et laconique :

LE MARQUIS FEDERIGO GONZAGA A PIETRO ARETINO.

Quant au Titien je ne manquerai pas de lui donner sous peu quelque témoignage par lequel il pourra connaître en quel bon compte je le tiens et combien il m'agrée.

De Mantoue, le 11 octobre 1527.

L'année qui suit, c'est de nouveau le duc Alphonse qui semble vouloir accaparer Titien, en se servant toujours, comme intermédiaire, de l'infatigable Tebaldi. Le peintre alla probablement passer les fêtes de Noël à Ferrare ; car, le 15 janvier, on paye 15 livres à un charretier pour avoir mené jusqu'à Francolino « maître Tutiano, peintre, qui va à Venise ». Quelque temps après, Tebaldi, revenant à la charge, le supplie de retourner encore près du duc. Titien promet de s'embarquer le lundi suivant en compagnie d'un certain Guglielmo envoyé par le duc à Venise pour acheter des léopards. Toutefois il s'étonne que Tebaldi ne lui apporte pas les avances dont il a besoin pour entretenir les siens et pour se procurer des vêtements convenables afin de paraître à la cour. Il se plaint aussi de la parcimonie avec laquelle Son Excellence l'a traité lors de son dernier séjour, car, lui ayant fait trois toiles valant chacune cent ducats, il n'a reçu, dit-il, en partant que cent ducats en

1. ARETINO, *Lettere*, I, 13.

tout. Les choses s'arrangèrent pourtant, et, dans le mois de janvier 1529, on trouve de nouveau l'artiste installé à Ferrare ; il y reste jusqu'au mois de juin, n'interrompant son séjour que pour faire une excursion d'une quinzaine à Mantoue[1]. Aussi, lors de son départ, le duc crut-il devoir s'excuser auprès du doge d'avoir gardé aussi long-temps près de lui le peintre de la République, en même temps que Titien, pressé de rentrer à Venise, s'excusait, à son tour, auprès du marquis Gonzaga de ne pouvoir repasser par Mantoue[2].

Malgré tous ces dérangements, peu à peu, cependant, le peintre achevait les commandes qui lui affluaient de tous côtés. Sans parler des portraits nombreux qu'il livra à cette époque, parmi lesquels l'un des plus admirés fut le *Portrait de Parma*, son médecin, on sait qu'il fit en même temps plusieurs tableaux d'église, notamment un tableau d'autel, représentant la Vierge, sainte Anne, saint Joachim et saint Jérôme pour l'église de Zoppè, village de son pays, au pied du mont Pelmo[3]. En 1530, fut achevé l'un de ses chefs-d'œuvre les plus importants, l'un de ceux qui marquent une transforma-tion décisive dans l'histoire de son génie, le fameux *Saint Pierre martyr*, pour l'église de San-Zanipolo. Ce

1. La lettre du duc de Ferrare, que Titien fut chargé de remettre au marquis de Mantoue, est datée du 13 mars. Dans cette lettre, Alphonse, dans les termes les plus flatteurs pour l'artiste, supplie son neveu de lui renvoyer son peintre le plus tôt possible (CAMPORI, *Tiziano e gli Estensi*, p. 600).

2. La lettre du duc de Ferrare au doge Andrea Gritti a été publiée par Campori ; celle de Titien au marquis de Mantoue, publiée par le chanoine Braghirolli, est reproduite par Cavalcaselle et Crowe (I, 291).

3. Matteo Palatini, ami de la famille Vecelli, qui avait légué une somme importante pour la construction et la décoration d'une cha-pelle dans cette église, mourut en 1528. Ce tableau, de la plus belle manière de Titien, est malheureusement très détérioré (TICOZZI, 72-73, CAVALCASELLE et CROWE, I, 292-293).

tableau lui avait été commandé à la suite d'un concours 1530 auquel avaient pris part avec lui les deux artistes les plus en vue de Venise, son ami Palma Vecchio et son jeune rival Pordenone. La Confrérie de Saint-Pierre-Martyr — ayant résolu, en 1528, de changer la peinture de Jacobello del Fiore, qui ornait sa chapelle, pour une peinture de style plus moderne — avait demandé des esquisses à tous les peintres résidant à Venise, en donnant pour sujet la mort du saint. Les pièces de ce concours, du temps de Scannelli, se trouvaient encore dans une collection de Bologne ; on sait que l'exposition fut publique et que, de l'avis général, le projet de Titien parut le meilleur. Palma mourut avant la décision du jury. Pordenone, blessé de son échec, en conçut dès lors pour le maître triomphant une jalousie qui devait le porter bientôt à des actes odieux. Il fallut deux années à Titien pour achever son travail, qu'il livra à la Confrérie, le 27 avril 1530, après mainte et mainte contestation au sujet du prix. Les frères s'engagèrent enfin à lui donner une somme égale à celle qu'il avait reçue pour sa *Vierge des Pesaro* dans l'église Santa Maria de Frari [1].

Le *Saint Pierre martyr* a péri, le 15 août 1867, dans l'incendie qui dévora la chapelle du Rosaire où il était momentanément déposé. Comme tous ceux qui ont eu le bonheur d'admirer cette œuvre prodigieuse, nous en avons conservé l'ineffaçable souvenir. Jamais peintre n'avait encore, dans un paysage plus grandiose, sous une lumière plus éclatante, représenté, d'un style plus énergique, avec plus de force, de naturel, de vérité, une scène d'un effet si dramatique. Les trois figures princi-

---

1. L'acte notarié, réglant le débat, porte la date du 23 avril 1530. L'original appartient au Dr Carnieluti de Serravalle. Le texte a été publié par MM. Cavalcaselle et Crowe (I, 295-296).

palès — le saint, terrassé par le brigand, qui se redresse
sur le coude par un dernier effort, pour implorer le ciel,
tandis que de la main droite il écrit sur le sol : *Credo*,
son compagnon effaré qui, déjà blessé, s'enfuit avec
rapidité sur le sentier en pente, le spadassin meurtrier
qui tire sa victime par un pan de son manteau tandis
qu'il s'apprête à l'achever — surprenaient également par
la nouveauté des attitudes, la vérité des expressions, la
puissance du relief. La science profonde des rythmes
linéaires et des harmonies colorées avec laquelle ces trois
figures énergiquement réliées entre elles, s'associaient
encore au vaste paysage, y semblait d'autant plus extraordinaire qu'elle s'y montrait avec moins d'affectation.
Quant au paysage lui-même, à droite, avec ses blocs de
rochers et ses groupes robustes de grands arbres illu-
minés dans leurs cimes par l'apparition miraculeuse des
deux anges apportant la palme du martyre, à gauche,
avec sa vaste ouverture en contre-bas sur une vallée
paisible, et ses grands mouvements de nuages rougis
par les lueurs sanglantes du jour tombant, c'était la
plus haute conception, dans cet ordre d'idées, de l'art
de la Renaissance. Titien ne devait lui-même jamais
faire mieux. Sa quadruple puissance comme dramaturge,
comme dessinateur, comme coloriste, comme paysagiste
avait atteint, du même coup, dans une même œuvre,
tout son développement et tout son éclat. Le *Saint
Pierre martyr* marquait, dans sa carrière glorieuse,
une étape plus importante encore que la *Vierge des
Pesaro* et le commencement d'une évolution dans le
sens de l'action dramatique et de l'action lumineuse qui
allait donner, jusqu'à la fin de sa vie, à ses œuvres monumentales et décoratives, un aspect de plus en plus scé-
nique et mouvementé.

On ne saurait douter, en examinant les qualités

spéciales du *Saint Pierre martyr*, de l'influence qu'exerçaient alors sur Titien les exemples et les conseils de
Sébastien del Piombo et surtout du grand Michel-Ange
qui, à la suite des événements de Rome et de Florence,
étaient venus à cette époque se réfugier à Venise où ils
séjournèrent, le premier, une année entière, et le second,
plusieurs mois en 1529. A partir de ce contact direct
avec le compositeur héroïque de la Sixtine, Titien montrera désormais, dans presque tous ses ouvrages, un
besoin d'agitation, un effort de science anatomique, une
recherche de pondération, qui n'y apparaissaient point,
avec la même suite, précédemment. Dès lors, sans avoir
vu Rome ni Florence, il lutte, par la pensée, et se
mesure avec leurs grands peintres, s'efforçant, comme
Sébastien del Piombo, mais avec plus de liberté, d'enve-
lopper les contours ressentis et les formes précises des
écoles florentine et romaine dans les colorations chaudes
et vibrantes de l'école vénitienne[1].

La composition du *Saint Pierre martyr*, où tout porte
la marque d'une réflexion soutenue et profonde, avait
sans doute demandé au peintre un effort exceptionnel,
si l'on en juge par le nombre de croquis dispersés dans
les collections publiques ou privées qui marquent les
tâtonnements de sa pensée. Le succès fut d'ailleurs
immédiat et énorme. L'écho de l'admiration contemporaine nous a été transmis par l'Arétin, L. Dolce, Vasari.
L'Arétin, quelques années après, dans une lettre au
sculpteur Tribolo, lui rappelle combien lui et Benvenuto
Cellini, se trouvant ensemble dans l'église San-Zanipolo,
furent frappés d'admiration devant l'œuvre nouvelle :

---

1. Ce devait être là, on le sait, l'idéal de tous les peintres italiens
de la fin du XVIᵉ siècle, et le temps n'était pas loin où Tintoret
allait écrire sur la porte de son atelier la devise célèbre : *Le dessin
de Michel-Ange et la couleur de Titien.*

« Voici encore, faisant votre éloge, l'auteur de ce *Saint
Pierre martyr* qui, lorsque vous le vîtes, vous et Benvenuto, vous changea en des images de la stupeur; car,
ayant fixé sur cette œuvre les yeux du visage et les
lumières de l'esprit, vous avez saisi toutes les vraies
terreurs de la mort et toutes les vraies douleurs de la
vie sur le front et dans les membres de l'homme tombé
à terre, vous émerveillant du froid et de la pâleur qui
apparaissent jusqu'au bout du nez et dans les extrémités
du corps, et, ne pouvant vous contenir, vous avez poussé
un cri, lorsqu'en regardant son compagnon qui fuit, vous
avez remarqué sur son visage la blancheur de la lâcheté
et la pâleur de l'épouvante. Vraiment vous avez jugé
juste le mérite de ce grand tableau, en me disant qu'il
n'y avait point de plus belle chose en Italie. Quel admirable groupe d'enfants en l'air et se détachant si bien
des arbres qui y répandent leurs branches et leurs
feuilles! Quel paysage recueilli dans sa simplicité naturelle! Comme les rochers sont herbeux et comme l'eau
les baigne bien, cette eau que fait courir la verve du
divin Titien, dont la bienveillance modeste vous salue
très chaudement, *la modesta benignità del quale caldis-
simamente vi saluta* [1]..... » Vasari n'est pas moins
enthousiaste: « Il y fit, plus grand que nature, le saint
dans une forêt de très grands arbres, tombé à terre et

1. ARETINO, *Lettere*, II. Tous les contemporains sont unanimes à
faire l'éloge des manières affables, de la bienveillance constante, de
la simplicité et de la modestie de Titiano. « Sans parler de son
excellence admirable en peinture, dit Dolce, il a bien d'autres
choses en lui dignes de grandes louanges. D'abord, il est très
modeste, il ne raille jamais aucun peintre, il raisonne honorable-
ment et volontiers de tous ceux qui le méritent. De plus, c'est un
très beau parleur, d'esprit et de sens parfait en toute chose, de
nature plaisante, affable, tout plein de manières charmantes; si on
lui parle une fois, on s'en amourache pour toujours. » (*Dialogo
della Pittura*, p. 69.)

brutalement assailli par un soldat qui l'a déjà frappé à la tête en sorte qu'encore demi-vivant on lui voit sur la face l'horreur de la mort, tandis que, dans un autre frère qui fuit par devant, on en devine l'effroi et la crainte. Il y a en l'air deux anges nus, arrivant dans un éclair du ciel, qui illumine le paysage, lequel est très beau, et toute la scène ensemble. C'est l'œuvre la plus complète, la plus glorieuse, la plus grande, la mieux comprise, la mieux exécutée que jamais ait encore faite Titien dans toute sa vie. » A la place du chef-d'œuvre anéanti on a mis aujourd'hui une copie ancienne attribuée à Cigoli; malheureusement aucune copie ne peut rendre la liberté majestueuse avec laquelle était exécutée cette page sans pareille, dont la République de Venise avait défendu la vente sous peine de mort[1].

Les années 1530 et 1531, dans la vie laborieuse de Titien, sont de celles qu'on peut noter comme des plus importantes tant à cause des événements graves, publics ou privés, qui eurent une influence sur sa vie, qu'à cause de l'extraordinaire activité qu'il y déploie. C'est dans les derniers jours de 1529 que l'empereur Charles-Quint et le pape Clément VII, se rencontrant à Bologne, y avaient réglé, dans une entrevue célèbre, le sort de la malheureuse Italie et constitué définitivement l'alliance oppressive qui devait anéantir jusqu'aux apparences de ses libertés d'un bout à l'autre de la Péninsule, sauf à Venise et à Gênes. Est-ce à ce moment que le grand peintre de Venise fut présenté, à Bologne, à l'empereur Charles-Quint, soit par l'Arétin, soit par le

---

1. Ce décret fut rendu au commencement du xviie siècle, à la suite de l'offre de 18,000 écus faite à la fabrique de l'église, par Daniel Nys, agent du roi d'Angleterre, offre que les religieux avaient acceptée. (M. Boschini) On peut voir une copie du St *Pierre*, par Appert, à l'École N^{ale} des Beaux-Arts, Paris.

marquis de Mantoue, ainsi que Vasari l'affirme ? La chose
n'est pas impossible. Toutefois il n'est guère probable
que le portrait de l'empereur ait pu être peint à ce
moment, car le passage de Titien à Bologne, s'il eut
lieu, fut certainement de courte durée. Dès le 5 février 1530, nous le retrouvons à Venise où Giacomo
Malatesta, l'envoyé du marquis de Mantoue, lui ayant
apporté de nouvelles commandes, écrit à son maître :

GIACOMO MALATESTA AU MARQUIS FEDERIGO GONZAGA

Titien m'a montré les tableaux qu'il fait pour Votre Seigneurie. Celui de *Notre Dame avec sainte Catherine* et l'autre
des *Femmes nues* sont en très bon terme.

Il promet de livrer celui de *Notre Dame* à Votre Excellence
au commencement du Carême et l'autre à Pâques. Celui des
Femmes au bain est seulement dessiné. Quant à l'autre de
V. S. en armes, il y en a une bonne partie de faite. Il se
recommande beaucoup à V. S.

De Venise, le 5 février 1530[1].

Pour le seul marquis de Mantoue, il avait donc à terminer à la fois son *Portrait*, une *Madone avec sainte
Catherine*, des *Baigneuses*. Les deux premiers tableaux
furent, en effet, livrés avant Pâques ; le dernier le fut
dans le courant de l'été. En s'excusant, le 3 mars, de ne
pouvoir le terminer encore, Titien se plaint « d'avoir
une telle *rogna* qu'il ne peut bouger »[2]. Le portrait de
Federigo qui tint longtemps sa digne place dans la
Camera dell' Arma, près d'une copie du *Léon X* de
Raphaël par Andrea del Sarto, d'un portrait du marquis
enfant, par Raphaël, et d'un autre portrait de famille

1. Archives de Mantoue. Document communiqué à MM. Cavalcaselle et Crowe, par le chanoine Braghirolli (I, 305).

2. Lettre du 3 mars 1530, des Archives de Mantoue, dans CAVALCA-
SELLE et CROWE, I, 306.

par Jules Romain, a malheureusement péri, comme
tant d'autres chefs-d'œuvre, dans le sac du palais de
Mantoue par les Impériaux en 1627. Il y a deux tableaux
célèbres de la *Vierge avec sainte Catherine*, l'un à
Londres, dans la National Gallery, l'autre à Paris, au
musée du Louvre ; ce dernier est connu sous le nom de
la *Vierge au Lapin*. Tous les deux, par la naïveté des
attitudes, par la grâce charmante des expressions, par
la fraîcheur légère des colorations, conservent encore
beaucoup du charme des œuvres de jeunesse. Le tableau
de Londres vient de l'Escurial ; c'est donc probablement
celui de Paris, acheté par Louis XIV à Jabach, qui vient
de la galerie de Mantoue, après avoir passé dans celle
de Charles Ier d'Angleterre. Ici, la Vierge, accroupie sur
le gazon, caresse un lapin blanc vers lequel se penche le
bambino tenu sur les bras par une sainte Catherine, dont
l'épaisse chevelure en torsades est ornée d'un diadème
et de perles, et qui porte une robe somptueuse d'étoffe
blanche. A droite, dans l'éloignement, saint Joseph, en
costume rustique, à la façon des bergers de Giorgione
et de Palma, est en train de caresser un agneau. Le
paysage montagneux s'enfonce dans la lumière sous la
menace d'un grand nuage orageux. Dans le tableau de
Londres, la Vierge est assise et reçoit sur ses genoux
l'enfant que sainte Catherine agenouillée s'apprête à
embrasser. La sainte est encore une belle fille brune,
portant un rang de perles dans les cheveux, qui, comme
la précédente, est certainement un portrait. La Vierge
reçoit une fleur de la main du petit saint Jean. Dans le
paysage ouvert sur la droite paît un troupeau de mou-
tons sous la garde de plusieurs paysans vers lesquels
descend du ciel un petit ange rayonnant de lumière. La
Vierge et la sainte sont d'une tendresse exquise. L'ensemble est d'une coloration chaude et douce, d'un charme

pénétrant. On peut rapprocher de ces deux scènes une autre *Sacra Couversazione* du Louvre, le *Repos en Égypte*, ou *Sainte Famille* (nᵒ 442), qui paraît aussi avoir été peinte à cette époque; c'est la répétition aimable d'un sujet que l'artiste traita bien des fois, trouvant, dans son goût pour le paysage, le moyen de le rajeunir sans cesse.

Aux commandes déjà nombreuses par lui faites à Titien, le marquis Federigo Gonzaga, fraîchement promu à la dignité de duc, en ajouta bientôt une autre, celle du portrait d'une dame d'honneur de la comtesse Pepoli qui, durant le séjour de la suite impériale à Bologne, avait, par sa beauté, tourné la tête de Covos, premier secrétaire d'État. Pour faire sa cour au puissant dignitaire, le nouveau duc eut la pensée de lui offrir le portrait de cette belle personne. Titien était en train d'achever un tableau d'autel pour Isabelle d'Este; il dut cependant obéir aux ordres de son fils et se transporter à Bologne, dans les premiers jours de juillet, avec une lettre pour la comtesse où Gonzaga la suppliait de laisser peindre la Cornelia[1]. Mais le grand seigneur, dans sa fièvre de courtisanerie, avait agi avec une précipitation irréfléchie. Titien était à peine arrivé à Bologne, au palais Pepoli, que Francesco Bologna, le sculpteur, s'y présentait dans le même but, avec une seconde lettre du marquis. Pour obéir à cette lettre pressante, Bologna, malade, alité, s'était habillé en hâte; il avait fait une longue course à cheval. Quand il vit Titien déjà installé, il se retira fort en colère, ce qu'il ne cacha pas, d'ailleurs, à son patron: « Je trouvai Messer Titien, lui écrit-il le lendemain, qui me dit avoir été envoyé par Votre Excellence pour faire ce que j'allais faire. Je n'en demandai donc pas davan-

---

1. La lettre, en date du 8 juillet 1530, est dans GAYE, II, p. 249.

tage et le priai seulement d'attester à Votre Excellence
que j'avais une mâchoire enflée et que toutes mes dents,
comme il voyait, se déchaussaient dans ma bouche par
suite d'une humidité prise sur le Té[1]. » Pour compléter
l'aventure, la belle dame d'honneur n'était pas à Bologne,
il faisait une chaleur épouvantable, Titien avait hâte de
rentrer à Venise. Il écrivit au duc presque en même
temps que le Bologna :

À L'ILLUSTRISSIME SEIGNEUR DUC DE MANTOUE.

Illustrissime Duc,

*Cette dame, où Cornelia, ne se trouve pas ici à Bologne.
Madame Isabelle l'a envoyée à Nivolara pour changer d'air,
parce qu'elle a été malade. On dit qu'elle est un peu gâtée par son
mal ; cependant elle va mieux. Ce qu'apprenant, j'ai craint de
ne pas faire une bonne chose à cause de cette maladie ; en outre,
je suis vaincu par la grande chaleur et aussi un peu par le
malaise et afin de ne pas tomber malade tout à fait, je n'ai point
passé outre, pensant d'ailleurs pouvoir servir très bien V. Exc.
de façon à la satisfaire. D'abord, ces aimables dames m'ont si
bien imprégné de ses traits, que je me sens capable de la faire,
de façon à ce que quiconque la connaît dira que je l'ai portrai-
turée maintes fois. Je prie donc V. Exc. de m'en laisser le soin,
et dans un délai de dix jours environ je vous la ferai voir. Vous
n'avez qu'à m'envoyer à Venise ce portrait qu'a fait un autre
peintre de ladite Cornelia, je vous les renverrai tous deux
ensemble et V. Exc. connaîtra, par la comparaison, combien je
désire la servir en cela comme en toute autre chose tant que je
vivrai. Une fois le portrait fait, quand V. Exc. l'aura vu, s'il y
manque quelque chose, je viendrai volontiers à Nivolara pour le
rarranger ; mais je crois que ce ne sera pas nécessaire. Et je baise
les mains à V. Exc.*

D. V. Exc.

Le Serviteur,

TITIAN V[2].

A Bologne, le 12 juillet 1530.

1. CAN. BRAGHIROLLI. *Lettere inedite* (CROWE et CAVALCASELLE, I, 312.).
2. Can. Braghirolli. *Lettere inedite* (CAVALCASELLE et CROWE, I, 313).

Le peintre avait, en effet, de sérieuses raisons pour hâter son départ et pour proposer de faire de pratique le portrait de la beauté à la mode. Lorsqu'il arriva à Venise, trois jours après, Benedetto Agnello, chargé par le duc de lui remettre de l'argent, le trouva assez malade. Sa femme Cecilia était, elle aussi, déjà très souffrante dès ce moment; quelques semaines après, elle succombait à son mal. C'est encore une lettre d'Agnello à Giacomo Calandra, commandant du château de Mantoue, qui nous a conservé la date de ce triste événement :

Notre maître Tiziano est tout inconsolable de la mort de sa femme qu'on a ensevelie hier. Il m'a dit que, par suite des tourments que lui a donnés la maladie de sadite femme, il n'a pu travailler ni au portrait de la signora Cornelia, ni au tableau des *Femmes nues*, qu'il fait pour Notre Seigneur Illustrissime, qui sera une belle chose; mais il croit l'avoir terminé ce présent mois. Ledit maître Titien désirerait savoir si Notre Seigneur a été bien satisfait du *Saint Sébastien* qu'il lui a envoyé, bien qu'à son dire ce soit de la pacotille en comparaison du tableau des *Femmes nues* qu'il compte lui donner, en un mot, un simple cadeau pour entretenir et attester son dévouement envers son Excellence.

Serviteur,

Benedetto Agnello [1].

De Venise, le 6 août 1530.

La mort de sa femme semble avoir été pour le peintre laborieux un coup cruel dont il eut grand'peine à se remettre. Pendant deux mois, Benedetto Agnello, qui le voit fréquemment, constate qu'il est très souffrant. Pour tenir sa maison et pour soigner ses enfants, il fait immédiatement venir de Cadore sa sœur Orsola qui désormais ne le quittera plus. L'avenir de ses trois

1. Archives de Mantoue. Pièce communiquée par S. Rawdon à Brown à MM. Crowe et Cavalcaselle, 1, 345.

enfants le préoccupait sérieusement. Pomponio, l'aîné, *1531*
dans sa pensée, était destiné à l'état ecclésiastique et il
eût voulu, dès cette époque, malgré son jeune âge, lui
assurer le bénéfice d'un abbaye à Medole. Il avait mis
au courant de ses désirs Benedetto Agnello qui écrivait,
le 27 septembre, à un de ses amis, Jacomo Calandra :
« Il y a quelques jours que je n'ai vu M. Tiziano ; mais,
à ce qu'on me dit, il n'est pas encore bien rétabli. L'autre
jour, quand je l'allai voir, il me dit que, pour hâter sa
guérison, il lui faudrait la nouvelle que Notre Seigneur
l'a mis en possession du bénéfice de Medole, que cela le
réjouirait tout à fait, car son indisposition vient surtout
d'une humeur mélancolique. » Le 4 octobre, Titien
« commence à se faire gaillard, bien qu'il ne puisse pas
encore écrire ». Le 24 du même mois, il s'occupe, avec
Sansovino, de trouver pour le duc « un garçon qui sache
fondre ». Le 30, il a mis la main sur ce garçon « qui
sait très bien fondre et qui en outre est très bon sculpteur ».

À ce moment, il a repris son activité habituelle. Dès le
26 septembre, il avait expédié au duc le portrait de la
Cornelia. Cet envoi fut bientôt suivi de celui d'un *Saint
Jérôme* qui valut à l'artiste une lettre très aimable de
Frédéric et la commande d'une *Madeleine*. Celle-ci,
commencée le 18 mars 1591, finie le 12 avril, fut expédiée deux jours après au marquis qui l'attendait avec
impatience pour en faire offrande au favori de l'empereur, Davalos, marquis del Vasto. Qu'est devenue cette
Madeleine ? Était-ce l'original ou la répétition du beau
tableau du palais Pitti qui fut fait pour le duc d'Urbin ?
L'ampleur des formes, la luxuriante beauté, l'éclat
solide des chairs qu'y étale la belle courtisane, que son
repentir n'a ni pâlie ni amaigrie, nous donnent à penser
que la Madeleine « si belle et si pleurante » désirée par

le duc devait avoir une expression plus douloureuse. La
Madeleine de Pitti est simplement une de ces belles
études de femme d'après nature que les princes se dispu-
taient. L'attitude extatique et l'enveloppement incomplet
des épaules et de la poitrine par la luxuriante chevelure
n'y sont qu'un attrait de plus donné à la beauté robuste
des bras, des mains, des seins vigoureusement modelés
en pleine chair vive et palpitante. Le succès de cette
composition fut d'ailleurs prodigieux, ce qui explique le
grand nombre de répétitions ou copies de la *Madeleine*
éparses dans tous les musées. Il en fut de même pour le
Saint Jérôme dont le Louvre possède un bel exemplaire,
de même provenance que la *Vierge au lapin*, c'est-à-dire
celui-là même peut-être dont il s'agit dans la lettre du
duc. Le sujet comprenant à la fois une étude de figure
nue en action et un fond de paysage forestier était de
ceux qui enchantaient l'imagination du peintre ; aussi le
reproduisit-il, avec des variantes continuelles, un certain
nombre de fois.

En même temps qu'il travaillait, presque sans relâche,
pour le duc de Mantoue, Titien trouvait le temps d'accomplir ses obligations de peintre officiel et de satisfaire
aux exigences de son nouvel ami, l'Arétin, qui se servait
de lui pour s'entretenir dans les bonnes grâces des gens
haut placés dont il croyait avoir besoin. Le 6 octobre 1531,
on exposa, au palais ducal, le tableau votif du doge en
exercice, Andrea Gritti. C'était un *Saint Marc recommandant le Doge à la Vierge* entourée de saints. Le
peintre avait imaginé, pour donner plus de vie à cette
réunion idéale, de représenter les saints dans le feu d'une
conversation animée, se disputant l'honneur d'avoir
assuré l'élection de Gritti. Saint Bernardin faisait remarquer que l'élection avait eu lieu le jour de sa fête, sainte
Marine qu'il devait cette élection à la reprise de Padoue

qui avait eu lieu le jour de sa canonisation, saint Louis
que le partisan le plus influent de Gritti, celui qui avait
assuré son succès, était sous son patronage, puisqu'il
s'appelait Alvise ou Louis Pisani, procureur de Saint-
Marc. Dans cette scène, saint Marc faisait l'office d'un
juge indécis qui, après avoir écouté les raisons diverses
des plaideurs, les conduit tous, en appel, devant la Vierge
Marie. Au dire de Sanuto, à qui l'on doit ces renseignements, cette toile était un des chefs-d'œuvre du maître.
Il n'en reste malheureusement que le souvenir. L'incendie de 1577 la détruisit en même temps que la
Bataille de Cadore.

Le temps ne semble pas avoir épargné non plus un
petit *Saint Jean* fait, à la même époque, pour l'Arétin
et que celui-ci envoya au comte Massimiano Stampa,
gouverneur du château de Milan. La description enthousiaste qu'en faisait le donateur, en l'envoyant, est tout ce
qui nous en reste : « La médaille, Seigneur, où était
sculptée, de la main de Luigi Anichini, l'image de Mars,
n'allait pas bien sans la compagnie des boutons de
cristal d'Orient que je vous envoie avec un miroir de
même matière, et un tableau de la main de l'admirable
Titien.

« Je vous les envoie par Rosello Roselli, mon parent.
Et vous ne devez apprécier le cadeau, mais l'art qui le
rend précieux : regardez la souplesse des cheveux anne-
lés et la charmante jeunesse de saint Jean ; regardez ses
chairs si bien peintes qui, dans leur fraîcheur, ressemblent à la neige teintée de vermeil, mais émue par
les battements et réchauffée par les haleines de la vie.
Du cramoisi du vêtement et du pelage de la fourrure,
je n'en parle pas, parce qu'en comparaison le vrai cramoisi et le vrai pelage paraissent peints et ceux-là
sont vivants. Et l'agneau qu'il a dans les bras a fait

bêler une brebis, tant il est naturel ! A Venise, le 8 d'octobre MDXXXI [1]. »

Est-ce bien à l'influence de l'Arétin, comme le croyaient Crowe et Cavalcaselle, qu'il faut attribuer l'opiniâtreté avec laquelle, au milieu de tant de travaux, Titien poursuivait son idée fixe d'obtenir un canonicat pour son fils Pomponio ? Peut-être n'est-il pas besoin de supposer une impulsion étrangère, lorsqu'on connaît, en même temps que l'excessive affection de Titien pour ses enfants, le sens pratique, l'esprit de suite, la ténacité montagnarde qu'il apportait dans la gestion de ses affaires. Ce qui est certain, c'est qu'en vieillissant, il devenait plus entêté que jamais dans ses projets et dans ses rêves ; il dépensa à poursuivre ce canonicat longtemps insaisissable, pendant de longues années, avec un acharnement que rien ne rebuta, une somme incroyable de temps, de paroles, d'écritures. Les supplications qu'il adresse à ce sujet en 1591 au duc de Mantoue rappellent, par l'humilité exagérée des termes, les flagorneries serviles que l'Arétin avait l'habitude de mêler à ses impudentes suppliques, et dénotent un état d'esprit de plus en plus inquiet :

Jusqu'à présent, j'ai été dans l'attente des bulles du bénéfice de Medole que sa bonté m'a concédé l'an dernier pour mon fils Pomponio ; voyant que la chose traîne en longueur et qu'en outre les rentes du bénéfice ne m'ont pas été transférées, ce qui est pis encore, je me trouve l'homme le plus mécontent du monde, car je vois que, si la bonté et la libéralité de Votre Excellence ne viennent à mon aide, je serai contraint, à mon grand déshonneur et infamie, de faire quitter l'habit à mon fils, lequel a pris cet habit de prêtre avec la plus grande joie du monde dans la ferme espérance de jouir, grâce à Votre Excellence, de ce bénéfice et d'autres. Maintenant je la supplie aussi humblement que je puis, qu'elle veuille bien me consoler en me faisant

1. ARETINO, *Lettere*, I, 24.

*obtenir ces bulles ; autrement, je n'aurai jamais l'esprit tran-
quille, non pas tant que je cherche l'utile et l'agréable pour
mon fils, que pour mon propre honneur, ayant publié dans tout
Venise la faveur que m'a faite Votre Excellence. J'ai donc confiance qu'elle ne tardera pas à exaucer mes prières, s'assurant
ainsi de ma servitude et de la bonne volonté que j'ai de lui être
agréable, comme je l'ai montré par le passé et comme le montrent
plus encore les ouvrages auxquels je m'applique sans relâche pour
la satisfaction de Son Excellence et pour l'affection que je lui
porte. Et je me recommande.*

De Venise le 18 juillet 1531.

La supplication eut d'ailleurs un prompt effet. Le 7 septembre, Agnello remit à Titien la bulle tant désirée, et
celui-ci s'empressa de remercier son patron en ces
termes :

Illustrissime Excellentissime Seigneur, Mon Seigneur,

*Avec quelle allégresse et joie de l'âme j'ai reçu la très
humaine lettre que V. Exc. par bonté a daigné m'écrire, je ne
le pourrais exprimer ni par paroles ni par écriture, car j'ai été
instruit par cette lettre de ce que j'avais déjà entendu dire au
dehors, de son très heureux mariage, et, comme un serviteur
passionné que je suis, je m'en suis tant réjoui que je ne le
comprends pas moi-même et je prie Notre Seigneur qu'il la conserve et la rende heureuse et qu'il accomplisse ses désirs pendant
d'innombrables années.*

*Mon Seigneur Ill^{me}, ces mois passés j'ai écrit à Messire Vin-
cenzo, Vénitien, au sujet du bénéfice de Medole, duquel n'ayant
point eu réponse, peut-être à cause de ses nombreuses occupations, j'ai cru devoir prendre le parti d'écrire à V. Exc., non
que j'eusse défiance de son cœur, mais seulement pour lui
rappeler ma servitude. Et, maintenant, voyant ce qu'elle m'écrit
au sujet des bulles et des rentes dudit bénéfice, les genoux en
terre, je lui baise humblement les mains, et je lui rends des
grâces infinies, et, pensant qu'il n'est point besoin que je lui
offre ma servitude, car elle lui est acquise depuis nombre et
nombre d'années, je la supplie seulement de vouloir en user, car*

elle me trouvera toujours prêt à lui obéir. Et je me recommande
humblement en sa bonne grâce, le dernier de juin 1531.

De V. Ill^{me} Seig^{rie},

L'humble Serviteur et Esclave,

Ticiano Vecellió [1].

Peu de temps après, Titien se décidait à abandonner la maison de San-Samuele, qui lui était concédée par l'État dans le centre de la ville, pour louer dans le quartier le plus retiré de Venise, à Biri Grande, sur la paroisse de San-Casciano, un logement probablement plus vaste et certainement plus tranquille. La *Casa Grande*, comme on l'appelait, bâtie récemment par le patricien Alvise Polani, comprenait un rez-de-chaussée loué à diverses personnes, un premier étage, comprenant un grand atelier auquel on accédait, à travers un jardin, par un escalier extérieur, et un second étage composé d'un certain nombre de pièces. Du jardin la vue s'étendait sur la mer jusqu'aux cimes de l'Antelao, la montagne qui domine Cadore. Le peintre pouvait ainsi, à chaque heure du jour, parcourir des yeux les contrées où s'était écoulée son enfance et dont il aimait à reproduire les aspects dans ses peintures. Il trouvait là, en même temps que de meilleures conditions pour la santé de ses enfants, la tranquillité du travail et la liberté du rêve qui lui étaient de plus en plus nécessaires pour suffire à tous les labeurs dont il était chargé.

1. Archives de Mantoue. Document communiqué par le chanoine Braghirolli (Crowe et Cavalcaselle, I, 325).

CHAPITRE IX

(1532-1537)

CONFÉRENCE DE BOLOGNE. — CHARLES-QUINT ET LA COUR
IMPÉRIALE. — TITIEN NOMMÉ CHEVALIER ET COMTE
PALATIN. — PORTRAITS DU MARQUIS DEL VASTO,
D'IPPOLITO DE' MEDICI, DE FRANÇOIS Ier. — SÉJOUR A
CADORE. — LE DUC ET LA DUCHESSE D'URBIN. —
PEINTURES POUR LE DUC DE MANTOUE « L'ANNONCIA-
TION ». — LA « VÉNUS D'URBIN ».

S'IL est douteux que Titien ait été présenté à Charles-
Quint, lors de la conférence de Bologne, en 1530, des
documents certains nous montrent le grand peintre de
Venise et le victorieux empereur en rapports suivis, lors
de la seconde entrevue avec le pape Clément VII, qui
eut lieu, dans la même ville, en 1532. Cette fois, après
la retraite des Turcs en Hongrie, le César, entouré de
tous ses généraux, était descendu directement d'Allemagne par les passages du Frioul ; sa marche à travers
la haute Italie n'avait été qu'une promenade triomphale.
Au bruit de son arrivée, tous les principicules de la
contrée, tremblant pour leur domination chancelante ou
avides de l'agrandir, avaient dépêché au-devant de lui
leurs ambassadeurs lorsqu'ils ne pouvaient eux-mêmes
aller se prosterner à ses pieds. On savait qu'un des
moyens les plus sûrs de flatter la majesté impériale,
ainsi que ses courtisans, c'était de leur offrir des objets
d'art. L'éducation flamande de Charles lui avait de bonne

heure donné pour la peinture un goût très vif, qu'il conserva jusqu'à ses derniers jours, même dans sa solitude de Saint-Just. Ses lieutenants, soit par esprit d'imitation, soit par curiosité personnelle, affectaient pour les tableaux italiens une admiration enthousiaste, qui n'était pas toujours exempte d'arrière-pensée mercantile.

Les princes de Mantoue et de Ferrare ne furent pas des derniers à exploiter ces dispositions. L'un des conseillers les plus influents de Charles, François Covos, se montrait l'un des plus ardents à se former une collection. Ferrante Gonzaga, frère du duc de Mantoue, lui fit offrir au débotté un beau tableau de Sébastien del Piombo. Alphonse d'Este, soupçonné de sympathie persistante pour le roi de France, son ancien protecteur, et brûlant d'avoir les mains libres pour s'emparer de Modène et de Reggio, deux villes réclamées par le pape, que l'empereur tenait sous séquestre, ne pouvait se montrer ni moins habile ni moins généreux. Ses agents à Bologne, Jacopo Alvarotti et Matteo Casella, reçurent l'ordre de gagner à tout prix la faveur de Covos. Le conseiller impérial leur en fournit vite l'occasion. Le 9 janvier 1533, comme les deux envoyés demandaient à Covos une réponse pour quelque affaire, la conversation tomba sur les belles peintures réunies par le duc de Ferrare dans son fameux cabinet des Marbres, entre autres sur les deux portraits de l'empereur et du duc, de la main de Titien, que tout le monde y admirait. Covos déclara sans ambages qu'il lui serait fort agréable de posséder ces deux toiles, pour les emporter en Espagne, et qu'il ne saurait même pas mauvais gré au duc de joindre à ces chefs-d'œuvre quelques autres choses encore, notamment le *Portrait du jeune Hercule*, le fils aîné du duc. Il était d'ailleurs pressé et demandait une prompte décision. La réponse ne se fit pas attendre. Non seulement le prince ne faisait point la sourde oreille, mais il priait même l'Espagnol de choisir parmi ses tableaux ceux qui lui plairaient le mieux, en l'engageant à s'en rapporter, pour le choix, à Titien lui-même. Il est vrai que, dans la liste envoyée, il omettait précisément son portrait. Covos en fit carrément la remarque, déclara qu'il tenait surtout à cette peinture (bien que Casella la trouvât actuellement peu ressemblante et lui proposât d'en faire faire une nouvelle), parce que Titien lui avait avoué que c'était une très belle figure ; on y joindrait d'ailleurs une *Judith*, un *Saint Michel*, une *Vierge* signalés aussi par le peintre. Ces derniers tableaux furent expédiés à Gênes. Quant au *Portrait d'Alphonse*, il le lui fallait de suite, à Bologne, pour que l'empereur le pût admirer. Casella et Alvarotti cherchèrent en vain à temporiser. Six jours après, l'impatient conseiller leur rappelait vivement leur promesse. Le duc fut forcé de s'exécuter ; le 23 janvier, il fit remettre son portrait à Covos, en même temps que l'avis d'expédition des autres toiles. Covos, en remerciant le duc, lui assura avec impudence qu'il ne se gênerait pas pour lui demander d'autres peintures, dans le cas où elles lui plairaient, et, quelques jours après, rencontrant Casella, il lui annonça que le portrait de son maître était suspendu dans la chambre de l'empereur : « Hein ! qu'en penserait le pape ? » ajouta-t-il en souriant. « Il s'en chagrinerait peut-être, répondit le diplomate, mais moins assurément que de savoir l'image du duc gravée dans le cœur de l'empereur, comme doit l'être celle d'un bon serviteur [1]. »

Titien était arrivé à Bologne depuis un mois déjà,

1. M^{se} Campori, *Tiziano e gli Estensi*, p. 603.

presque en même temps que l'empereur, sur l'ordre exprès de celui-ci. Charles-Quint avait déjà posé plusieurs fois devant lui. C'était une faveur exceptionnelle que beaucoup d'artistes sollicitaient sans l'obtenir. Alfonso Lombardi, le sculpteur, qui eût voulu modeler un buste de César, ne sachant comment y parvenir, pria son ami Titien de l'emmener un jour avec lui en le faisant passer pour son domestique. C'était simplement, disait-il, par désir de voir l'empereur. Titien, « en homme très courtois qu'il fut toujours », n'osa pas s'y refuser. « Dès que Titien fut au travail, Alfonso se plaça derrière lui, de façon que, tout attentif qu'il était à l'ouvrage, il ne pût l'apercevoir, et, tenant dans la main une cassolette en forme de médaille, il y modela la figure de l'empereur, qu'il acheva juste au moment où Titien finissait la sienne. L'empereur se leva, et Lombardi avait déjà caché sa cassolette dans sa manche pour que Titien ne la vît pas, lorsque l'empereur lui adressa la parole : « Eh ! montre-moi ce que tu as fait là ! » Lombardi fut forcé de remettre la médaille à l'empereur, qui la regarda, en fit l'éloge et lui dit : « Aurais-tu le cœur de l'exécuter en marbre ? — Certainement, Majesté sacrée. — Fais-la donc et porte-la-moi à Gênes [1]. » L'anecdote est-elle authentique ? Est-il vrai aussi que Titien, déjà très blessé du sans-gêne de son ami, qui pouvait lui coûter cher sans la bienveillance de l'empereur, ait été plus blessé encore lorsque Charles-Quint, lui faisant remettre mille ducats, lui ordonna de les partager avec Lombardi ? Vasari, bien que sujet à caution, pouvait tenir le fait de Titien lui-même ; sans y attacher plus d'importance qu'il ne convient, nous devions le rappeler.

1. Vasari, *Vita di Alfonso Lombardi*, V, 88-89.

Ce portrait de Charles-Quint, d'après nature, qui *1533*
servit sans doute à Titien pour exécuter ensuite, à
Bologne même, le portrait en pied du musée de Madrid,
n'était qu'une étude à mi-corps. L'empereur, couvert
d'une armure, regardait presque de face [1]. Dans le
portrait de Madrid, il est debout, en costume de cour :
pourpoint de soie à crevés, chausses et souliers de soie
blanche, manteau blanc de brocart doublé de fourrure
noire ; il est coiffé d'une toque à plume blanche. De la
main droite, il joue avec un poignard pendu à sa ceinture
et, de la main gauche, tient par son collier un de ces gros
chiens fauves dont la race persista en Espagne et qu'on
devait retrouver plus tard aux côtés des infants de Velasquez. C'est sans doute ce portrait qui inspira à l'Arétin
le sonnet médiocre, plein de basses flatteries, où l'empereur, d'après son portrait, est dépeint « portant dans
les yeux la justice et la clémence, entre les sourcils la
vertu, la fortune, la fierté, la grâce, la sagesse », enfin
« comme un Soleil qui rejette dans l'ombre toute Lune
Sultane [2]. »

Le 10 mars 1533, Titien annonçait au duc de Mantoue
qu'il retournait à Venise, où il avait tant de travaux à
terminer, qu'il n'y devait, pas plus qu'à Bologne, « avoir
le temps de manger », ainsi qu'il le disait quelques jours
auparavant [3]. L'empereur ne tarda pas non plus à

1. Cette esquisse, conservée à Bologne, dans la galerie Zambec-
cari, jusqu'en 1856, doit se trouver aujourd'hui en Angleterre
(CAVALCASELLE et CROWE. I, 340). Outre le portrait de gala, en pied,
qui se trouve au musée de Madrid, Titien avait fait un autre portrait
en pied, mais en armes, qui, en 1556, fut transporté de Bruxelles
à Madrid. A la mort de Charles-Quint, il se trouvait encore dans
le couvent de Saint-Just. (*Revue Universelle des Arts*. Paris, 1856,
III, 440.)

2. ARETINO, *Lettere*.

3. Dans cette lettre (CAVALCASELLE et CROWE, I, 342-343) Titien
promet au duc une copie du *Portrait de Charles-Quint* qu'il lui livra,

regagner l'Espagne, mais il n'oublia pas le grand artiste dont le génie l'avait ébloui. Le 10 mai suivant, en date de Barcelone, il lui conférait, avec l'ordre de l'Éperon d'or, le titre de comte palatin et de conseiller aulique. Le préambule des lettres patentes qu'il lui expédia marque en quelle haute estime il le tenait dès lors : « Charles-Quint, par la grâce de Dieu, etc. Considérant, outre tes excellentes vertus et dons de l'esprit, ton art exquis de peindre et de représenter les personnes au vif, art dans lequel tu t'es montré à nous, en sorte que tu mérites vraiment d'être appelé l'Apelle de ce siècle, suivant l'exemple de nos prédécesseurs Alexandre le Grand et Octave Auguste, dont l'un ne voulait être peint que par le seul Apelle et l'autre par quelques excellents maîtres seulement, dans la prudente appréhension que, par la faute de peintres inhabiles, leur gloire ne fût diminuée dans la postérité par quelque laide et monstrueuse peinture, nous nous sommes laissé peindre par toi et nous avons eu de telles preuves de ta facilité et de ton succès que nous avons jugé convenable de te décorer des honneurs impériaux, par lesquels se manifestera Notre Bienveillance pour toi et demeurera pour tes descendants un témoignage de tes vertus[1]. »

Parmi les nombreux privilèges que conférait à Titien cette charge de Comte du Sacré Palais de Latran, de la Cour royale et du Conseil Impérial, quelques-uns nous paraissent aujourd'hui singuliers. C'étaient d'abord « le

---

en effet, quelques années plus tard (Lettre de F. Gonzaga à Titien, dans Gaye, II, 262). C'était, sans doute, la peinture mentionnée dans l'Inventaire de la collection de Charles Ier d'Angleterre, répétition du tableau de Madrid, dont la trace est perdue.

1. Ce curieux diplôme en langue latine, d'abord signalé par Ridolfi, a été publié par Cadorin en 1850 et traduit en italien par Beltrame, *Cenni illustrativi sul monumento a Tiziano Vecellio*, in-8°, Venezia, 1852, p. 99.

droit, la liberté, la faculté, valables dans tout l'empire romain et dans le monde entier, d'instituer et de créer des notaires, chanceliers et juges ordinaires, de concéder et de conférer à toutes les personnes dignes de confiance, habiles et propres à ces fonctions, la charge du notariat, du tabellionat et de la judicature ordinaire, ainsi que celui de donner l'investiture par la plume et l'écritoire, suivant l'usage ». C'était ensuite « le pouvoir de légitimer les fils naturels, bâtards, adultérins, nés de concubinat indigne, incestueux copulativement et, disjointement et tous les autres mâles, de quelque rang que soient les femmes, même s'ils sont nés de nobles, pourvu qu'ils soient nés ou à naître d'une union illicite et condamnée, que leurs pères soient vivants ou morts, à la seule exception des fils de princes, comtes et barons... » A ces privilèges s'ajoutait spécialement encore celui de pouvoir « adopter les fils, émanciper les esclaves et approuver les émancipations quelconques avec ou sans la baguette, donner la liberté et, dans toutes choses, interposer son autorité et les décrets », ainsi que « la pleine faculté et puissance de réintégrer complètement les mineurs, les églises, les communautés, la partie adverse étant entendue... » Le diplôme se terminait par l'octroi de la noblesse à tous les enfants légitimes de Titien, enfants des deux sexes, nés ou à naître, ainsi qu'à leurs héritiers et descendants à perpétuité et celui de l'Ordre de la Chevalerie d'Or au peintre lui-même, qui, à partir de ce jour « devait porter comme insignes de sa dignité l'épée militaire, le collier, les éperons, l'habit, le caparaçon d'or, accomplir tous les actes et exercices militaires de l'ordre et jouir de tous les privilèges, droits, immunités, honneurs, coutumes, franchises, libertés, exemptions, dignités et indulgences dont jouissent par tradition ou droit quelconque les autres Soldats ou Chevaliers d'or

créés par nous l'épée au poing ». Nous verrons quelque
fois l'artiste user des droits extraordinaires que lui
conférait la faveur impériale.

On conçoit quelle situation exceptionnelle donnaient
à Titien de pareils privilèges; il ne semble pas qu'il en
ait modifié ni ses manières ni son genre de vie. Laborieux
avant tout, d'humeur indépendante, aimant ses aises, il
n'avait aucun goût ni pour l'apparat, ni pour les
voyages, qui interrompaient son travail, altéraient sa
santé, troublaient ses habitudes. A la suite du séjour
à Bologne, de 1533 à 1537, malgré les appels réitérés
et pressants de tous ses puissants patrons, pendant
plusieurs années, il ne voulut plus se déranger que
pour aller saluer quelques jours Charles-Quint à Milan
et à Asti. En revanche, il ne manquait guère d'aller,
tous les ans, faire des villégiatures dans la montagne.
En revenant de Bologne, son premier soin avait été de
faire emploi des fonds qu'il rapportait en achetant, dans
les environs de Trévise, des terrains appartenant au
chapitre de San Benedetto in Polirone. Il fallut l'intervention du duc de Mantoue pour en obtenir la cession[1].

Durant l'année 1533, Titien eut d'abord à terminer tous
les portraits qu'il n'avait pu qu'ébaucher à Bologne
durant son court séjour. Tous les hauts dignitaires
avaient, cela va sans dire, comme leur souverain, tenu
à honneur de poser devant lui. Le généralissime
d'Avalos, marquis del Vasto, et le cardinal Ippolito
de' Medici lui fournirent, entre autres, l'occasion de
faire deux chefs-d'œuvre. Le marquis del Vasto, avant
son départ pour la guerre contre les Turcs, en 1531,
avait déjà supplié l'Arétin d'obtenir de Titien qu'il le
peignît avec sa femme Marie d'Aragon et leur fils:

1. Lettres de Federigo Gonzaga à Titien, du 5 janvier 1533 (*Gior-
nale Arcadico*, 1531) et du 9 mai 1533. (GAYE, *Carteggio*, II, 249.)

l'enfant devait être représenté sous les traits de l'Amour.
Ces allégories, nous le savons, étaient fort à la mode.
Titien représenta donc le marquis, cuirassé, la tête nue,
à l'heure des adieux, posant la main sur le sein de sa
jeune femme, comme pour affirmer son autorité mari-
tale, tandis que l'Amour, leur premier-né, apporte une
grosse provision de flèches. La jeune femme tient, il est
vrai, dans les mains un globe de verre qui semble être
un symbole de la fragilité des choses; mais près d'elle
se tiennent deux autres jeunes femmes d'aspect rassu-
rant et grave : l'une, couronnée de myrte, la main sur
la poitrine, s'inclinant avec respect ; l'autre, offrant, de
ses bras levés, une corbeille de fleurs et de fruits. Est-ce
Flore et Zéphire, comme on le croyait au siècle dernier?
Est-ce la Victoire et l'Hyménée, comme on le pense
aujourd'hui ? Il est souvent très difficile de pénétrer le
sens de ces conceptions trop ingénieuses. Quelles que
soient ces femmes, elles sont charmantes. La composition eut un succès prodigieux. Titien, pendant plusieurs
années, dut faire, sur ce thème gracieux, quantité de
variations, plus ou moins heureuses, suivant le goût de
chaque amateur, dans lesquelles il conserva toujours
quelque figure de la scène primitive. C'est de l'allégorie
matrimoniale inventée pour le marquis d'Avalos que
sont dérivées toutes les allégories, parfois moins édi-
fiantes, où l'on voit une jeune femme, assise devant
l'Amour ou l'Hyménée, tenant sur ses genoux quelque
objet symbolique. Ces répétitions plus ou moins modifiées d'un sujet en vogue, qui sortirent, les années
suivantes, de l'atelier de Titien étaient, en grande
partie, peintes par ses élèves [1].

1. Au musée du Belvédère, à Vienne, dans le n° 504, le guerrier,
au lieu de mettre la main sur le sein de la jeune femme, lui tient
sous les yeux un miroir. Ce sont encore des portraits. L'Amour

Le cardinal *Ippolito de' Medici* ne demanda pas au peintre un semblable effort d'imagination. Moins prêtre qu'aventurier, revenant de Hongrie, où il avait commandé trois mille mousquetaires et si bien laissé piller le pays par ses bandes que l'empereur avait dû d'abord le faire arrêter avant de le laisser reparaître dans sa cour, à Bologne, comme ambassadeur du Saint-Siège, ce bel ami de l'Arétin se contenta d'une mascarade. Il avait rapporté de sa campagne en Hongrie un brillant costume de Magyar ; c'est dans cet appareil militaire, en justaucorps de velours grenat à boutons d'or, en toque rouge à hautes plumes, un cimeterre à la ceinture, une masse d'armes dans la main droite, qu'il résolut de se montrer à la postérité. Le tableau est dans la galerie Pitti. C'est un des chefs-d'œuvre du maître par la franchise de l'allure, l'éclat profond des couleurs, la sûreté du dessin, la finesse de la physionomie. « A le voir, disent MM. Crowe et Cavalcaselle, on dirait que le soleil cuisant de la vallée du Danube a bronzé le visage du capitaine, dont la peau semble brûlée par cette chaleur tropicale, bien que l'épiderme en reste lisse et luisant comme celui de la Joconde de Léonard de Vinci. Rien ne montre mieux, à notre avis, la merveilleuse

apporté toujours des armes, mais l'Hyménée et la Victoire sont remplacés par une joueuse de mandoline; dans le n° 503, de la même galerie, la femme assise tient un vase, le guerrier une coupe et un gant. A la pinacothèque de Munich, dans le n° 524, la composition, sous le titre de *Vénus initiant une jeune fille aux mystères de Bacchus*, devient une fantaisie tout à fait païenne. La femme assise est une femme faite, d'une beauté mûre, qui n'a plus rien d'innocent dans son expression bienveillante ; elle tient sur ses genoux, sous un voile, un symbole priapique qu'elle offre à une jeune Bacchante, presque nue, placée devant elle dans une attitude craintive. L'amour sourit par-dessus son épaule. Le mari s'est changé en Bacchant tenant des raisins, et la Victoire en Satyre lascif. La dernière transformation de cette composition semble être l'allégorie du palais Borghèse connue sous le titre des *Trois Grâces*.

souplesse du génie de Titien et son habileté à varier 1534
l'exécution technique suivant son sujet, que ce portrait,
où toute la force du modelé est conservée dans un
visage dont le principal caractère consiste précisément
dans un contraste entre la finesse de la peau, le dessin
net et franc des traits et l'extraordinaire pénétration
des yeux [1]. »

La même année, Titien eut à faire pour la petite
église de San Giovanni al Rialto une toile représentant
Saint Jean l'Aumônier. Sa verve fut d'autant plus
excitée qu'il allait se trouver en face de Pordenone que
beaucoup d'envieux à Venise affectaient de lui préférer,
et qui avait à peindre, dans le même endroit, un *Saint
Roch* de la même importance. Quelque habileté qu'eût
déployée son rival, Titien l'écrasa sans conteste par la
puissance magistrale avec laquelle il traita cette simple
et honnête figure. Le saint, chauve, à barbe blanche, en
robe rouge, surplis blanc et rochet rouge, tenant un
grand livre de la main gauche, est assis sur un siège
élevé, en train de donner une pièce de monnaie à un
mendiant à moitié nu, assis à terre sur la gauche.
A droite, un petit enfant de chœur tient une grosse
croix d'orfèvrerie; au-dessus d'eux pend une draperie
foncée. Les figures se détachent sur un ciel bleu. La
liberté vigoureuse de l'exécution donne à cette scène un
accent chaleureux de réalité saisissante.

Au commencement de 1534, nous trouvons Titien
occupé par la famille Gonzaga. Le 7 février, le duc
Federigo lui fait demander un *Enlèvement de Proser-
pine* et un autre tableau du même genre, qu'il compte
offrir à un grand d'Espagne. Le 6 mars, sa mère,
Isabelle d'Este, lui fait réclamer par son agent, Bene-

---

1. Cavalcaselle et Crowe, I, 352-353.

detto Agnello, un portrait ancien d'elle qu'elle lui a prêté pour qu'il en fît une répétition ou interprétation. La célèbre marquise, l'une des premières protectrices de Titien, avait alors cinquante-huit ans ; elle résidait tantôt à Rome, tantôt à Mantoue ; rien ne s'opposait à ce qu'elle posât devant son peintre, mais cette grande dame, amoureuse des belles choses, ne pouvait se consoler de la perte de sa beauté ; elle voulut revivre, par les mains du grand Titien, aux yeux de la postérité, non pas comme une douairière fanée et ridée, mais comme la souveraine superbe et douce, dans les grands yeux de laquelle tant de poëtes et d'artistes avaient puisé de nobles inspirations. C'est ce qui explique son costume et son âge dans le chef-d'œuvre rétrospectif qu'on admire au musée du Belvédère. La marquise y apparaît, magnifiquement vêtue à la mode du commencement du siècle, avec un turban chargé de pierreries, dans tout l'éclat de sa fraîcheur et de sa jeunesse La somptuosité de cette peinture la rendit aussitôt célèbre et l'on ne tarda pas à en demander au peintre de nombreuses copies.

Il arrivait souvent ainsi à Titien d'être obligé de faire les portraits de personnages éloignés et qu'il n'avait même pas connus, d'après les documents qu'on lui communiquait. Soit qu'il apportât, dans ce genre de travail, une perspicacité vraiment particulière, soit que la splendeur de l'exécution y suffît à fasciner les yeux, on n'admirait pas moins ces ouvrages peints de pratique que ses portraits exécutés d'après nature. C'est ainsi que dut être fait, vers la même époque, ce magnifique *Portrait de François Ier*, si vivant, si expressif, si typique, qui fut alors envoyé au roi de France et qui est aujourd'hui au musée du Louvre. On croit que l'artiste n'eut à sa disposition qu'une médaille accompagnée des commentaires du cardinal de Lorraine, qui séjourna alors à Venise et se fit, par la même occasion, faire un portrait dont il ne semble avoir jamais pris livraison. La première ébauche qu'il en fit et qu'il garda dans son atelier en cas de nouvelles commandes se trouve aujourd'hui dans la collection Giustiniani à Padoue. C'est un buste de profil, de grandeur naturelle, la tête nue ; les vêtements sont indiqués sommairement. Pour achever le tableau qu'on envoya en France, le peintre eut probablement à sa disposition un costume d'apparat prêté par François. Dans cette dernière peinture, le roi chevalier, développant sur le fond obscur son profil sensuel et souriant, coiffé d'une toque à plumes, étalant, avec une aisance royale, son torse robuste dans un large pourpoint cramoisi et un manteau fourré, semble vraiment parader, vaniteux et bienveillant, au milieu de sa cour. On se demande si, devant l'homme lui-même, l'artiste eût rien fait de plus brillant, de plus parlant, de plus princier.

Titien passa l'automne, cette année, à Cadore, où sa nouvelle dignité de comte palatin lui valut les hommages de ses compatriotes. Il continuait, du reste, à leur rendre tous les services qui pouvaient contribuer à la prospérité de la commune, soit en usant en leur faveur de son influence auprès du gouvernement vénitien, soit en mettant à leur disposition, en cas de besoin, des prêts d'argent assez considérables. Une lettre du syndic de Cadore, son cousin, portant le même nom que lui, montre en quelle vénération on le tenait alors parmi les siens. Les titres donnés au peintre y sont ceux de *Votre Noblesse* et de *Votre Respectabilité*[1].

1. Lettre publiée à l'occasion des *Nozze Costantini-Morosini*, à Ceneda, en 1862 et reproduite dans CAVALCASELLE et CROWE, I, 373-374.

En revenant à Venise, Titien y apprit, coup sur coup, deux événements graves : le 25 septembre, la mort du pape Clément VII, et son remplacement par Paul III, de la famille Farnèse, puis, le 31 octobre, la mort subite du duc de Ferrare, Alphonse Ier d'Este, son plus ancien patron. Quelques jours après, le cardinal Ippolito de' Medici le faisait prier instamment de ne pas manquer cette fois l'occasion de venir à Rome ; Titien, cette fois encore, s'en excusait par une longue lettre à son camérier, messer Vendramo [1]. Il ne devait d'ailleurs plus revoir Ippolito : l'année suivante, le 11 août 1535, le cardinal fut empoisonné à Itri par un échanson aux gages de son frère Alessandro de' Medici, seigneur de Florence par la grâce de l'empereur. Cette mort fut un coup pénible pour Titien, auquel le cardinal-soldat n'avait point épargné ses faveurs.

Pendant ce temps, ses rapports avec les princes d'Urbin, de Mantoue, d'Espagne devenaient toujours plus actifs. Francesco Maria della Rovere, duc d'Urbin, qui avait épousé une Gonzague, résidait le plus souvent à Venise, en sa qualité de généralissime des armées vénitiennes. Il y tenait une cour fréquentée par les lettrés et les artistes et ne cessait de faire au peintre des commandes importantes. Charles-Quint, même à distance, n'oubliait pas non plus l'homme pour lequel il professait une profonde admiration ; il le faisait à plusieurs reprises inviter à venir le rejoindre en Espagne, il aurait voulu l'emmener avec lui en Afrique dans sa campagne contre le corsaire Barberousse ; mais Titien, enfermé dans son atelier, obstinément attaché à ses beaux horizons et à son indépendance, trouvait toujours, pour refuser, des motifs ou des prétextes. L'empereur,

1. Lettre du 20 décembre 1534 à Vendramo, dans TICOZZI, p. 307.

dans son expédition à Tunis, ne put emmener que le *1535*
Hollandais Vermeyen. Le duc de Mantoue, de son côté,
ne cessait de solliciter le peintre. Au mois de mai 1534,
il attend avec impatience une *Madeleine*[1]. Au mois
d'août, il écrit lui-même au peintre, « son excellent et
très cher ami » pour le supplier de lui faire une répétition d'un *Christ*[2]. L'hiver suivant, il attend un *Portrait
de l'Empereur*. Au mois d'avril, ce n'est pas seulement
le portrait de l'empereur qu'il lui faut, c'est le peintre
lui-même, et d'urgence. Titien lui fait répondre par
Agnello que le portrait partira par le premier bateau ;
quant à lui, il est trop occupé pour prendre date ; mais,
par le premier courrier qui viendra, il lui fera dire quand
il faudra lui envoyer le coche[3].

L'intention du duc de Mantoue, en appelant Titien,
était de l'emmener au-devant de l'empereur, qui, revenu
d'Afrique, après avoir fait une entrée triomphale à
Florence, remontait en ce moment vers le Nord. Cinq
jours après la lettre d'Agnello, on rencontre en effet
Titien et le duc de Mantoue, à Asti, parmi les courtisans
de Charles-Quint. Titien trouve le temps d'y envoyer de
ses nouvelles à l'Arétin :

1. Lettre de Benedetto Agnello à Jacomo Calandra, aux Archives
de Mantoue (CAVALCASELLE et CROWE, I, 350).

2. La lettre est curieuse parce qu'elle montre que, dès lors, toutes
les productions de Titien n'avaient pas la même valeur : « Autrefois
vous m'avez donné une image du Christ qui m'a plu outre mesure,
d'où m'est venu le désir d'en avoir un autre semblable ; je vous
prie donc de vouloir bien me la faire avec ce soin et cette étude
que vous avez coutume de mettre dans les choses dont vous désirez
tirer honneur, et dans lesquelles vous savez nous faire plaisir... »
(GAYE, Carteggio, II, 262-263). Dans une autre lettre, un peu plus
tard, le même duc de Mantoue distinguera les œuvres de Titien en
eccellenti et *meno belle* et *meno buone*. (Lettre du 3 août 1536. —
GAYE, II, 265.)

3. Lettre de Benedetto Agnello, du 30 avril 1536, aux Archives de
Mantoue (CAVALCASELLE et CROWE, I, 382).

Tiziano a l'Arétin, a Venise.

Seigneur Compère,

J'ai baisé les mains du seigneur don Alvise Davila, et Sa Seigneurie m'a dit qu'elle était votre bon ami et qu'elle vous le ferait promptement connaître. Je voulais faire de même au seigneur Antonio de Leyva, mais je n'en ai pas eu le temps, parce qu'il est venu ici avec l'empereur et n'est pas resté plus d'une demi-journée, et il y avait une telle multitude de seigneurs que je n'ai pu lui baiser les mains; mais si je me trouve chez Sa Seigneurie, je ferai mon devoir et n'épargnerai rien où je penserai pouvoir vous être utile. Rien autre; ici tout n'est que tambours et chacun commence à se mettre bravement en marche du côté de la France. J'espère être bientôt près de vous. C'est alors qu'il y aura de quoi dire :

Bas las manos a vuestra merced et au Seigneur Alvise Anichin.

D'Asti, le dernier de mai de xxxvi[1]. .

Les démarches de Titien n'avaient pas été infructueuses. Le 15 juin suivant, l'Arétin reçut de l'empereur une pension à toucher sur le produit des entrées des grains à Naples. De son côté, Titien recevait le brevet d'une pension du même genre sur le trésor de Naples avec une promesse de canonicat pour son fils. Toutefois de longues années devaient s'écouler avant qu'il pût toucher le premier sou de cette pension ni voir Pomponio en possession du bénéfice espéré. Pour prix des brevets qu'il leur coûtait si peu d'accorder, tous les favoris de Charles-Quint, don Luigi d'Avila, Gonzalvo Perez, Domenico Gaztelù, lui avaient d'ailleurs demandé quelque peinture. L'Arétin, en remerciant Perez de l'envoi du parchemin, ne manqua pas de faire l'éloge du portrait que Titien achevait pour lui : « Conservez cette belle pensée de devenir notre joie, vous verrez ainsi

---

1. Ticozzi, *Vita de' Pittori Vecelli*, 309.

votre nom marcher devant le soleil, car les plumes des 1536
écrivains lui sauront donner des ailes. Et Titien, en vous
représentant, anéantira, par votre image, tous les
droits que croit avoir la mort sur vous..... » A cette
époque, Titien était en train de terminer pour le nouveau
duc de Ferrare, Hercule II, un portrait de son père
Alphonse, pour lequel il avait reçu d'avance une somme
de 50 ducats. Suivant les instructions données à Tebaldi,
Alphonse y devait porter ses insignes de chevalier français. Quand Hercule vint, le mois suivant, à Venise, il
en fut si satisfait qu'il ajouta 200 écus à la somme déjà
remise.

Le duc de Mantoue ne cessait non plus d'avoir recours
à son peintre favori pour l'embellissement de son palais,
dont Jules Romain poussait avec activité l'agrandissement et la décoration. En 1536, comme il venait de
terminer la *Salle de Troie*, il lui vint l'idée de consacrer une salle à la mémoire des Césars. Il demanda donc
à Titien douze images à mi-corps des *Empereurs
romains*, d'après les bustes que possédait Bembo et les
statues et médailles réunies par lui-même dans ses
riches collections. Afin de presser l'artiste, le duc lui fit
cadeau d'un bel habit. Titien, en le remerciant, profita
de l'occasion pour lui rappeler quelques promesses antérieures :

Illustrissime et Excellentissime Seigneur,
Mon seigneur et Patron Révérentissime,

*Il n'était besoin que V. Exc., au moyen de ses lettres et du
cadeau de la richissime casaque, me remît en mémoire ce que
j'ai à faire, sachant bien en quelle obligation je lui suis pour
tous ses bienfaits. Mais puisqu'il lui a plu d'ainsi faire, je la
remercie tant que je puis de la faveur et du don et je lui baise
mille fois les mains. Il y a quelques jours déjà, j'ai donné l'un
des tableaux à l'ambassadeur pour qu'il l'envoie à V. Exc. J'en*

*ai deux autres en bonne voie, que j'achèverai dès que je saurai
si le premier lui a plu, ou en quoi il lui a déplu, ce qui me
sera une règle pour les autres, et au fur et à mesure je conti-
nuerai sans interruption jusqu'à ce que je les aie tous finis, et
j'espère faire en sorte que V. Exc. soit bien servie. Et si V. Exc.
pouvait aussitôt que possible me décharger le bénéfice de la pension à payer, elle me ferait la plus grande faveur et grâce du
monde, car, outre la perte d'argent que je fais en payant
chaque année, il m'en vient encore beaucoup de dégoûts et de
tracas à cause des personnes qui m'affolent et des mains desquelles V. Exc. seule peut me délivrer. Ainsi je la prie et supplie
aussi instamment que je puis de vouloir bien le faire, car, en
vérité, je ne sais ce dont je serais capable si je me trouvais hors
de cette intrigue, et si V. Exc. m'en tirait. Lors même que pour
tant d'autres motifs je ne lui serais pas déjà lié de la plus
étroite façon que puisse l'être un serviteur à son seigneur et
patron, cela seul suffirait pour m'en faire l'éternel esclave. Je me
recommande donc humblement à sa bienveillance.*

De V. E.

Le très humble serviteur,

TIZIANO VECELLIO [1].

De Venise ce VI *avril* MDXXXVII.

Titien termina, en effet, assez promptement les onze
premiers Césars, mais il laissa faire le douzième à Jules
Romain. Cette collection de portraits historiques jouit
bientôt d'une popularité extraordinaire. Avant la fin du
siècle, Bernardino Campi, de Crémone, avait dû, à lui
seul, en exécuter cinq copies pour Charles-Quint, pour
le duc d'Albe, pour d'Avalos, pour Rangone et pour un
autre grand personnage de la cour espagnole. Agostino
Carracci les copia à son tour pour le palais de Parme,
et Sadeler en fit des gravures qui se répandirent avec
rapidité. Quant aux tableaux originaux, après avoir été
clandestinement vendus à Daniel Nys, l'agent du roi

---

1. Archives de Mantoue. CAVALCASELLE et CROWE, I, 397-398.

d'Angleterre, par Vincenzo Gonzaga au commencement 1537
du XVIIᵉ siècle, ils furent, après la mort de Charles Iᵉʳ,
donnés par Cromwell à l'ambassadeur d'Espagne, et
dispersés ensuite dans diverses collections sans qu'on
ait toujours pu retrouver leurs traces.

Il est à présumer qu'en cette année 1537, les affaires
du peintre n'allaient vraiment pas très bien et que ses
nobles patrons le payaient plus en promesses qu'en écus,
car, dans le mois de novembre, Titien, ne pouvant rien
obtenir des trésoriers de l'empereur, malgré des engagements formels, prit le parti de s'adresser à l'impératrice en lui faisant cadeau d'une *Annonciation*, laissée
pour compte par des religieux de Murano, qui s'étaient
refusés à payer les 500 écus demandés. L'Arétin, qui
jouait un rôle de plus en plus actif dans les affaires du
peintre, complimenta publiquement son compère sur
cette opération habile dont il avait été sans doute le conseiller :

L'Arétin a Titien.

Vous vous êtes sagement avisé, cher compère, en vous
décidant d'envoyer l'image de la Reine du ciel à l'Impératrice
de la terre. La hauteur de votre esprit dont vous tirez les merveilles de la peinture, ne pouvait placer plus haut le tableau
où vous avez peint l'Annonciation. On est ébloui par la lumière
fulgurante qui sort des rayonnements du Paradis, d'où arri-
vent les anges accommodés en diverses attitudes sur des nuées
blanches, vives et éclatantes. L'Esprit-Saint, environné des
éclairs de sa gloire, fait entendre le battement de ses ailes,
tant est vraie la colombe dont il a pris la forme ! L'arc-en-ciel
traversant l'air du paysage, que découvre le blanchissement
de l'aurore, est plus vrai que celui que nous voyons après la
pluie du soir. Mais que dirais-je de Gabriel, le messager divin ?
Emplissant tout de lumière, resplendissant dans la salle d'une
splendeur inconnue, il s'incline si doucement dans l'attitude
du respect qu'il faut bien croire qu'il s'est présenté ainsi
devant Marie. Il a la majesté céleste sur le visage et ses joues

frémissent de cet éclat tendre fait du sang et de lait que reproduit au naturel l'harmonie de votre coloris. Sa tête se tourne avec modestie, tandis qu'avec gravité il abaisse suavement les yeux ; ses cheveux disposés en boucles tremblantes montrent pourtant qu'ils sont en désordre. Son habit léger d'étoffe jaune, qui ne gêne point la simplicité de son allure, voile tout le nu sans en rien cacher ; il semble que l'écharpe dont il est ceint joue avec le vent. On n'a point encore vu d'ailes qui égalent les siennes en variété de plumage ni en souplesse. Le lis, qu'il porte dans la main gauche, embaume et brille d'une blancheur inaccoutumée. Bref, il semble que la bouche dont sortit le salut qui fut notre salut dise en sons angéliques : *Ave.* Je ne dis rien de la Vierge d'abord adorée, et ensuite consolée par le courrier de Dieu, car vous l'avez peinte de telle façon, et si fort à merveille que les yeux éblouis par l'éclat de ses yeux pleins de calme et de pureté ne la peuvent regarder. C'est ainsi que nous ne pourrions louer, à cause de l'étrangeté de ses beautés, l'histoire que vous peignez dans le palais de Saint-Marc, en l'honneur de nos Seigneurs et pour écraser ceux qui, ne pouvant nier votre génie, vous donnent à vous le premier rang seulement dans le portrait et à moi dans l'art de médire, comme si l'on ne voyait pas par le monde et vos œuvres et les miennes.

De Venise, le 9 novembre 1537.

A ce moment, en effet, Titien est en pleine maturité : son activité est merveilleuse. Il sera toujours impossible de dater avec certitude un grand nombre de ses œuvres. Cependant nous pouvons rattacher à la période qui nous occupe, outre les peintures précédentes d'autres portraits tels que ceux du duc et de la duchesse de Milan, du cardinal de Lorraine, du cardinal Bembo, du duc et de la duchesse d'Urbin et de plusieurs de ces belles inconnues qu'on appelle les *Belle di Tiziano*, ainsi que quelques tableaux profanes, parmi lesquels probablement la célèbre Vénus d'Urbin. On ne sait ce qu'est devenu le *Portrait du cardinal de Lorraine.* Le *Portrait de Bembo* était, il y a quelques années, dans la famille

Nardi à Venise. Le cardinal y est chauve, avec une longue barbe grise. C'est en 1536 seulement que Bembo laissa pousser sa barbe[1]. Quant aux *Portraits du duc et de la duchesse d'Urbin*, ils ont passé, comme toute la collection d'Urbin, entre les mains du duc de Florence et se trouvent aujourd'hui au musée des Offices. Giovanni Maria, duc d'Urbin, généralissime des armées de la République vénitienne, était, depuis longtemps déjà, lié avec Titien. Trapu, membru, bilieux, poilu, il était le fils d'une mère énergique, Giovanna di Montefeltro, qui avait lutté contre César Borgia. Élevé en exil à la cour de France, ce prince-aventurier qui, à dix-sept ans, tuait de sa main l'amant de sa sœur et à trente ans perçait de coups un cardinal, avait gardé, en plein xvie siècle, la physionomie dure et martiale d'un condottiere de l'âge précédent. Titien le représenta cuirassé, le bâton de commandement sur la cuisse, ayant près de lui son casque empanaché et un faisceau de hampes sur l'une desquelles on lit sa devise brutale : *Se sibi*. La duchesse, sa femme, Éléonora Gonzaga, était la fille de la fameuse marquise Isabelle et sœur du duc régnant de Mantoue. C'était une femme déjà mûre, mais qui était encore belle et fort attrayante. Le peintre se plut, par un contraste piquant, avec son respect naïf et fin de la réalité,

1. « Vous me dites que notre M. Pietro Bembo se laisse pousser la barbe, ce qui certes me plaît fort, car nous ferons une chose d'une plus belle forme. Maintenant, à dire vrai, s'il a cette fantaisie de se laisser croître la barbe, je dois vous faire entendre qu'en deux mois elle ne sera pas assez grande pour bien faire, car elle ne sera longue que de deux doigts et imparfaite, en sorte que, si je fais en médaillon sa tête de la sorte, lorsque la barbe aura fait son devoir, ma médaille ne ressemblera plus, et, s'il se rase, la médaille à barbe courte ressemblera encore moins. Il me semblerait donc bien que nous laissions venir la barbe à sa longueur et ce sera au carême, et nous ferons chose plus louable. »
(Lettre de Benvenuto Cellini à Benedetto Varchi, de Rome le 9 septembre 1536, dans Bottari, *Raccolta di lettere*, I, 15-16.)

à accentuer, par la douceur de sa brosse, le charme de cette figure mondaine, un peu amollie par les fards, aux traits vifs et délicats, aux carnations blanches et tendres, comme il avait accentué, par la rudesse du faire, la physionomie dure et basanée de son mari, le soldat peu scrupuleux accoutumé à toutes les intempéries des saisons et à toutes les violences de la vie. Ces deux portraits excitèrent un grand enthousiasme, que l'Arétin traduisit par deux sonnets et une lettre adressée à la célèbre Veronica Gambara[1].

1. A LA SIGNORA VERONICA GAMBARA.

Je vous envoie, dame élégante, le sonnet que vous m'avez demandé et qu'a créé ma fantaisie à l'occasion du pinceau de Titien, car, de même qu'il ne pouvait portraire un prince plus glorieux, je ne pouvais non plus me fatiguer l'esprit pour un portrait moins honorable. En le voyant, j'ai appelé la nature en témoignage, lui faisant confesser que l'art s'était confondu avec elle. Et de cela la preuve en est chaque ride, chaque poil, chaque détail et les couleurs dont il est peint qui ne donnent pas seulement l'ardeur de la chair, mais découvrent la virilité de l'âme. Et dans le brillant des armes qu'il a sur le dos se reflète le vermillon du velours qui lui sert d'ornement au fond. Quel bel effet donnent les panaches de la salade, vivement enlevés, avec leurs reflets sur le poli de la cuirasse de ce duc! Jusqu'aux bâtons de ses généralats qui sont naturels!... Qui ne dirait que les bâtons que lui mirent en mains l'Église, Venise et Florence ne fussent d'argent? Quelle haine doit porter la mort à ce génie sacré qui donne la vie aux gens qu'elle tue! La majesté de César le reconnut bien à Bologne quand, se voyant vivre dans sa peinture, il s'en émerveilla plus que des victoires et des triomphes par lesquels il est toujours sûr d'aller aux astres. Lisez donc le sonnet avec un autre ensuite, puis résolvez-vous à priser la volonté que j'ai eue de glorifier le duc et la duchesse d'Urbin, mais non à louer le style d'aussi faibles vers. De Venise, le 7 novembre 1537.

I

Si le célèbre Apelle, par la main de l'art — Représenta d'Alexandre le visage et le corps, — Il ne rendit pas pourtant de son rare modèle — Cette noble vigueur qui est le partage de l'âme.

Mais Titien, qui a reçu du ciel meilleure part, — Manifeste toute pensée invisible, — Et le grand duc dans son effigie peinte — Découvre toutes les gloires éparses dans son cœur.

C'est pour Giovanni Maria que fut peinte la célèbre femme nue, connue sous le nom de la *Vénus d'Urbin*, qui est la gloire de la Tribune au musée de Florence. Cette merveilleuse créature fut-elle, comme on l'a répété sans aucune preuve, une maîtresse du duc? Était-ce simplement une de ces belles filles que Titien trouvait en grand nombre à Venise, et qu'il faisait poser dans son atelier pour en faire ces *Nude*, dont il parle si souvent dans ses lettres, figures anonymes et impersonnelles, où son amour de la beauté s'exprimait par l'interprétation poétique autant que par l'imitation réelle, mais que l'enthousiasme de ses contemporains transformait bientôt en déesses? Ce qui pourrait donner quelque vraisemblance à la tradition, ce qui prouve, en tout cas, que la belle femme couchée, sans aucun voile, dans le tableau de Florence, duchesse, bourgeoise ou courtisane, était une personne connue, qui toucha vivement l'imagination de l'artiste, c'est qu'on retrouve ses traits dans un certain nombre d'autres figures nues ou

Il porte la terreur entre ses deux sourcils, — Le courage dans les yeux et la fierté sur son front — Dans l'ampleur duquel siègent l'honneur et la raison.

Dans son torse armé et dans ses bras dispos — Brûle cette valeur qui garde du péril — L'Italie confiée à ses glorieuses vertus.

II

L'harmonie des couleurs, que le pinceau — De Titien a étendues, exprime au dehors — La concorde qui gouverne en Leonora — Toutes les puissances de son noble esprit.

Avec elle siège la modestie dans une humble attitude. — L'honnêteté réside en sa parure, — Lui cache la poitrine, lui voile la chevelure, et l'honore, — Son regard seigneurial lui fixe l'amour.

Pudeur et beauté, ces ennemis éternels, — Se répandent sur ses traits, et, entre ses sourcils — Le royaume des grâces se discerne.

La prudence garde sa vertu et lui conseille — Le beau silence; mais ses autres vertus intimes — Lui ornent le front d'un éclat merveilleux[1].

1. ARETINO, *Lettere*, I, 179-180.

habillées, notamment dans le portrait célèbre du musée Pitti connu sous le nom de *la Bella di Tiziano*.

Dans la peinture de la Tribune, elle est nue, couchée sur un lit de damas rouge recouvert d'une mousseline blanche, sous un rideau vert, la tête et le coude droit appuyés sur des oreillers blancs. Les cheveux dénoués, le bras gauche allongé sur la hanche, tenant dans la main droite quelques fleurs, elle regarde devant elle d'un œil vague, paisible et nonchalant. Un petit épagneul blanc, taché de feu, dort à ses pieds. Dans le fond de la grande salle où l'air bleu et la lumière tiède pénètrent par une croisée ouverte, deux servantes apprêtent la toilette de leur belle maîtresse, qui sort du bain ou vient de faire sa sieste. L'une, debout, tient déjà sur son bras quelques vêtements ; une autre, agenouillée devant un grand coffre sculpté, y cherche d'autres effets. L'habillement des suivantes, comme le décor de l'appartement, indique une installation princière. Rien ne peut exprimer, pour ceux qui ne l'ont pas ressentie, la séduction harmonieuse et douce de cette scène méridionale, où la beauté féminine apparaît, dans le plus suave éclat de ses formes souples et de ses carnations brillantes, avec une splendeur de vérité qui nous reporte aux jours les plus glorieux de l'art antique. Pour Titien comme pour les Grecs, la beauté du corps humain se révèle, en effet, avec une simplicité puissante, dans toute la naïveté de sa perfection rythmique, sans arrière-pensée grossière et sans pudeur sentimentale, comme le plus beau spectacle que la création puisse offrir aux yeux d'un artiste. Aucun de ses contemporains n'a su exprimer la nature et la vie avec un pareil dégagement des élégances convenues ou des traditions scolaires. C'est la vérité même, la vérité resplendissant de toute la grâce des contours parfaits et de toutes les séductions des couleurs choisies. Plus d'une fois dans sa vie le peintre aura l'occasion de répéter ce poème de la beauté : il y trouvera des variantes ingénieuses ou grandioses, mais la *Vénus d'Urbin* restera toujours, dans l'ordre de ses conceptions plastiques, la plus parfaite et la plus exquise parce qu'elle est la plus simple et la plus naturelle.

Au palais Pitti, la *Bella*, ayant fait sa toilette, avec ses yeux de velours enflammé, ses joues rougissantes, ses lèvres appétissantes, sa chevelure rousse et crêpelée, a caché la splendeur de ses formes sous un habillement magnifique et digne des beautés qu'il couvre. C'est toujours le même calme attirant et mystérieux d'une physionomie muette, dans la même atmosphère tiède de grâce et de volupté. La musique tendre et passionnée que murmurent autour de sa gorge dorée et de ses mains fines toutes les garnitures blanches, bleues, pourpres, violacées de son ajustement délicieux, retentit dans tous les yeux sensibles à la peinture avec un inexprimable charme. Est-ce une princesse ? Est-ce une courtisane ? Courtisane ou princesse, c'est une souveraine qui, par la grâce du génie, a pris possession des imaginations humaines au même titre que la Monna Lisa de Léonard, que la Lucrezia del Fede d'Andrea del Sarto, que l'Hélène Fourment de Rubens. Sa gloire, comme la leur, est au-dessus de toute atteinte. Titien n'essaya pas de se soustraire au charme de cette admirable personne, pas plus qu'il ne s'était soustrait, vingt ans auparavant, au charme de celle que nous appelons la Violante. Il la répéta nombre de fois dans des costumes différents, notamment, dans *Bella di Tiziano*, à mi-corps, ou même demi-nue [1].

____

1. D'après l'hypothèse acceptée, en Allemagne, par les critiques récentes, la *Bella*, et, par conséquent, la *Vénus couchée*, représenteraient Éléonora Gonzaga, duchesse d'Urbin, dans sa jeunesse, en 1526.

CHAPITRE X

(1537-1542)

TITIEN avait soixante ans. L'âge ne diminuait point ses forces et ne ralentissait pas son activité. La maison de Biri Grande, où il s'était établi le 1ᵉʳ septembre 1531, lui plaisait de plus en plus à cause de son éloignement de tous les bruits et de la beauté de l'horizon qu'on y embrassait. Par plusieurs contrats successifs avec Leonardo Molin, mari de Bianca Polani, en 1532, en 1533, en 1536, il avait renouvelé son bail de location moyennant une redevance annuelle de 40 ducats. En 1536, il avait loué, en plus, un des deux logements qui se trouvaient au rez-de-chaussée de la Casa Grande, sous son atelier; il ne devait pas tarder à prendre aussi le second, afin de ne point être exposé à le voir habité par des filles de mauvaise vie, et à y joindre la jouissance d'un grand terrain à l'entour, en attendant qu'il lui fût possible de devenir propriétaire de la totalité[1].

La maison de Biri Grande existe encore; mais depuis longtemps déjà, des aménagements nouveaux en

1. Tous ces contrats ont été publiés par CADORIN. Ouv. cité, p. 83 à 122.

ont changé la disposition intérieure autant que l'aspect extérieur. Une masse de constructions, bâties sur l'emplacement du jardin, masque désormais à ses habitants la vue enchanteresse de la mer et de la chaîne des Alpes de Cadore. Lorsque Titien l'habitait, tout le premier étage ne formait qu'une vaste pièce qui lui servait d'atelier. Là, étaient rangées les innombrables toiles dont il poursuivait l'achèvement. C'est là qu'il recevait les visites de tous ses amis et de tous les princes, grands seigneurs, artistes et lettrés, qui se faisaient un devoir, en passant à Venise, d'apporter leur tribut d'admiration au plus grand peintre de l'Italie. On y devait voir venir, entre autres, Vasari, Benvenuto Cellini, Henri III, roi de France. Après la mort de Titien, la maison, vendue par son fils Pomponio, fut successivement louée à deux peintres, Francesco Bassano qui, dans un accès de fièvre chaude, s'étant précipité d'une fenêtre de l'étage supérieur, se tua sur le coup, et Léonardo Corona qui l'habita toute sa vie. Corona, l'auteur d'une copie célèbre de la *Bataille de Cadore*, avait décoré les murs extérieurs de fresques dont les traces ont aujourd'hui complètement disparu. Une frise d'Amours dansants qui courait, à l'intérieur, sur le mur de l'atelier, a été vendue au commencement du siècle. Le grand arbre du jardin, qui figurait dans le *Saint Pierre martyr*, a été coupé et déraciné il y a une trentaine d'années. Aucun souvenir ne signale plus maintenant au respect du voyageur cette maison glorieuse, qu'il est déjà difficile de trouver dans le quartier retiré où elle se cache.

L'artiste laborieux y vivait en famille, avec sa sœur Orsola, chargée de la direction de son intérieur depuis la mort de sa femme, et avec ses trois enfants, Pomponio, Orazio et Lavinia. La maison était confortable, montée sur un bon pied, très hospitalière. L'Arétin et

Sansovino en étaient les commensaux habituels. Le triumvirat y appelait souvent d'autres amis, tels que Serlio, l'architecte, Anichini, le graveur en pierres-fines, Fortunio Spira, l'homme de lettres. On y invitait les célébrités de passage. Un grammairien de Rome, Priscianese, nous a laissé, dans une note d'un de ses livres, un curieux récit d'une soirée passée à la Casa di Biri Grande :

« Je fus invité, le jour des calendes d'août, à célébrer cette espèce de bacchanale (qu'on appelle, je ne sais pourquoi, *Ferrare Agosto*, quoiqu'on en ait fort discuté le soir même) dans un délicieux jardin de messire Tiziano Vecellio, peintre excellent, comme chacun sait, et vraiment fait pour assaisonner par ses agréments tout honnête festin. S'étaient réunis à M. Tiziano (qui se ressemble s'assemble) quelques-uns des esprits les plus originaux qui se trouvent aujourd'hui dans cette ville, et notamment M. Pietro Aretino, nouveau miracle de la nature, ensuite le grand imitateur de la nature par le ciseau comme le maître du festin l'est par le pinceau, messire Jacopo Tatti, dit le Sansovino, et M. Jacopo Nardi, et moi, de sorte que je fus quatrième au milieu de tant d'esprits. Là, avant de se mettre à table, comme le soleil, bien que l'endroit fût ombragé, faisait encore sentir un peu sa force, on passa le temps à contempler les figures vives de ces excellentissimes peintures dont la maison est pleine, et à parler de la beauté et des charmes de ce jardin, au grand plaisir et surprise de chacun. Ce jardin est situé à l'extrémité de Venise, sur la mer, là d'où l'on voit la jolie île de Murano et d'autres charmants endroits. Ce bras de mer, dès que le soleil fut couché, se remplit de mille gondolettes, parées de belles femmes, résonnant de toutes sortes de concerts vocaux et instrumentaux qui, jusqu'à minuit, accompagnèrent notre souper joyeux. Pour en revenir au jardin, il était si bien ordonné, si beau et par conséquent reçut tant d'éloges, que sa ressemblance avec les jardins aimables de Sant' Agata, en me revenant à l'esprit, me rafraîchit de telle sorte votre souvenir et le désir de vous voir, mes très chers amis, que je ne saurais pas bien dire si la majeure partie de cette soirée j'étais à Rome ou à Venise. Sur ces entrefaites, vint l'heure du souper, qui ne fut pas moins beau et bien réglé que copieux et bien fourni, non seulement des viandes les plus délicates et des vins les plus précieux, mais encore de tous les agréments et distractions convenant à la qualité du temps, des personnes et de la fête. On en était aux fruits lorsque arrivèrent vos lettres, et comme, en faisant l'éloge de la langue latine, on condamnait la langue toscane, l'Arétin surtout se fâcha, et si on ne l'avait retenu, il se serait, je crois, livré aux plus cruelles invectives du monde, demandant avec rage du papier et une plume, bien qu'il ne faillit pas de bien combattre en paroles. Enfin le souper finit gaiement[1]. »

La correspondance de l'Arétin abonde en détails amusants qui nous font pénétrer dans l'intérieur calme du grand artiste. La grande joie est d'y bien recevoir ses amis, de leur servir de bons morceaux, de rire à gorge déployée, d'entendre un peu de musique. Dans quelques années, on achètera un orgue pour mettre dans l'atelier. Aucun goût pour l'apparat ; une grande bienveillance pour tout venant ; en somme, l'existence large, mais régulière, d'un bourgeois laborieux. Ses enfants le préoccupent déjà beaucoup. En 1534, quand ils étaient tout petits encore, il écrivait déjà à Vendramo, le secrétaire du cardinal Ippolito di Medici : « Pomponio et

_____

1. Priscianese, *Sei libri della lingua latina*. Venezia, in-8°, 1553.

Orazio, mes fils, se portent bien ; ils apprennent, ils sont devenus grands, et j'espère qu'ils deviendront hommes de bien par la grâce de Dieu et de mes patrons[1]. » A l'époque où nous sommes parvenus, Pomponio, âgé de douze ans, et Orazio, son cadet, lui donnent déjà, par leurs goûts de dépense et leur humeur dissipée, des soucis qui ne feront que grandir, au moins en ce qui concerne le premier. C'est l'Arétin, paraît-il, l'homme de ressources en toutes occasions, qui se charge de morigéner les gamins faisant l'école buissonnière à la campagne, dont ils ne veulent plus revenir ; « Monsignorino Pomponio, écrit-il à l'aîné le 26 novembre 1537, votre père, Titien, m'a donné les bonjours que vous m'envoyez et qui m'ont presque autant fait plaisir que deux coqs sauvages que je me suis offerts à moi-même, votre père m'ayant dit d'en faire cadeau, en son nom, à quelque seigneur. Et pour que vous voyiez ma libéralité, je vous en renvoie mille qui chantent toute la nuit, comme dit l'autre, en vous priant de donner les plus maigres à votre beau petit frère Orazio, pour avoir oublié de me faire dire où en est sa fantaisie de dépenser autant qu'on peut dans ce monde et dans l'autre. Votre seule économie suffira sans doute à qui gagne l'argent, puisqu'étant prêtre, il est à croire que vous ne sortirez pas des règles de Melchisédech[1]. Ce que je vous dis n'est que du bon sens, ou même pis ; il est grand temps de revenir à l'étude, car la campagne, selon moi, ne tient pas école, et d'ailleurs la ville est une bonne pelisse pour l'hiver. Allons, venez donc ! En faisant, avec les douze ans que vous avez, quelques bons repas d'hébreu, de grec, de latin, je veux que nous fassions désespérer tous les docteurs de la mappemonde, comme font enrager tous

1. Ticozzi, *Vite dei pittori Vecelli.* App, III, 307-308.

les peintres d'Italie les belles choses que fait messire papa. Suffit, soyez bien portants et en bon appétit[1]. »

Il est facile de deviner, sous le persiflage à demi sérieux de l'Arétin, qu'il s'adresse à des enfants gâtés que leur père, par excès de tendresse, ne parvient déjà plus à diriger. Pomponio, destiné de si bonne heure à la prêtrise, ne put jamais prendre des habitudes ecclésiastiques ; ses désordres devaient être plus d'une fois pour Titien, toujours faible, l'occasion de graves embarras. Orazio, au contraire, qui ne débuta guère mieux, s'amenda assez promptement ; il devint bientôt, pour lui, un collaborateur des plus utiles en même temps qu'il resta le soutien fidèle de sa vieillesse. Lavinia, pour laquelle son père eut toujours l'affection la plus tendre et qui le payait de retour, devint, en grandissant, une très belle personne dont il reproduisit fréquemment les traits. Elle ne devait quitter la maison de Biri Grande qu'à l'âge de vingt-six ou vingt-sept ans, en 1555, pour épouser un gentilhomme de Serravalle, Cornélio Sarcinelli, auquel elle était fiancée depuis plusieurs années.

Au milieu de tous les chagrins et soucis de famille qui avaient changé les habitudes de sa vie, Titien, harcelé d'autre part par d'innombrables commandes de portraits (on estime qu'il en fit une quarantaine en trois ou quatre ans), avait de nouveau négligé les travaux dont il était redevable envers la République, en échange de ses émoluments de courtier. Aussi, dès 1534, lorsqu'il s'était agi de faire décorer une nouvelle salle du palais ducal, contiguë à celle du Grand Conseil, la salle de la Bibliothèque, le Sénat avait-il résolument écarté son nom. Après avoir songé quelque temps à Bonifazio et à Pâris Bordone, on s'était enfin décidé à appeler Por-

---

1. Aretino, *Lettere*, I, 205.

denone, son ennemi mortel, dont l'habileté, comme décorateur et fresquiste, grandissait chaque jour et qui venait de quitter le Frioul pour s'établir à Venise. Cette décision, déjà blessante pour Titien, fut bientôt suivie de deux autres qui devaient le mortifier plus encore, mais que justifiait son incroyable lenteur à terminer son second panneau dans la salle du Grand Conseil. Au mois de mars 1537, le Conseil des Dix prit une délibération spéciale pour adresser ses compliments à Pordenon, sur la rapidité avec laquelle il accomplissait sa tâche à son entière satisfaction. Au mois de juin de la même année, il vota la révocation de Titien, comme titulaire de la charge de courtier à l'Entrepôt des Allemands, en le condamnant à la restitution intégrale des émoluments touchés par lui depuis vingt ans, c'est-à-dire de l'énorme somme de 1,800 ducats. Il ne semble pas d'ailleurs que ce décret ait été suivi d'exécution ; mais Titien, sous le coup de cette menace violente, se remit, toute affaire cessante, à l'exécution de la *Bataille*. Au mois de novembre, comme l'avons vu, l'Arétin, écrivant à l'impératrice, pouvait déjà faire allusion à l'avancement du travail et lorsque le gouvernement, continuant ses faveurs à Pordenone, chargea celui-ci de peindre, dans la salle du Grand Conseil, le compartiment voisin, il est probable que l'illustre maître n'eut pas longtemps à supporter le voisinage de ce rival bruyant et querelleur, qui venait travailler en armes à ses côtés, de peur, disait-il, d'être attaqué par lui.

La *Bataille* du palais ducal, détruite malheureusement par l'incendie de 1577, fut regardée, par les contemporains, comme le chef-d'œuvre du maître. Il ne nous reste aujourd'hui, pour nous en faire quelque idée, qu'une gravure d'après la composition entière par Giulio Fontana et un fragment d'esquisse peinte, attribuée à

Titien, au musée des Offices. On ne s'entendit jamais, d'ailleurs, même au xvie siècle, sur le titre exact que devait porter la peinture. Le panneau qu'elle couvrait avait autrefois représenté une *Bataille de Spolète*, sous laquelle on lisait, depuis 1425, l'inscription suivante : *Urbs Spoletana quæ sola Papæ favebat, obsessa et victa ab Imperatore deletur.* Suivant l'usage adopté pour toutes les commandes faites dans la même salle depuis 1493, c'était donc une *Bataille de Spolète* que Titien, fidèle au programme primitif, devait simplement refaire à son tour, et c'est, en effet, une *Bataille de Spolète* que Sansovino a vue dans son œuvre, bien qu'il constate la disparition de l'inscription. La gravure de Giulio Fontana l'appelle, au contraire, la *Bataille de Cadore* ; c'est aussi sous ce nom que Ridolfi la mentionne. L'exactitude de cette dernière dénomination est confirmée par l'œuvre elle-même, dans laquelle on reconnaît le champ de bataille où les troupes vénitiennes défirent l'armée de Maximilien en 1508, et, au fond, la forteresse de Cadore. Cette substitution, dans une scène historique, d'un paysage local et familier au paysage véritable, mais inconnu de l'artiste, est un fait assez fréquent pour qu'on n'ait pas lieu de s'en étonner, et cette liberté seule n'impliquerait pas un changement complet du sujet ; mais, d'autre part, tous les détails de la composition montrent chez Titien l'intention bien arrêtée de peindre une victoire des Vénitiens sur les Allemands dans son propre pays.

Comment se fait-il, d'un côté, qu'une modification si importante pour le fond ait été autorisée par les autorités vénitiennes? Comment se fait-il, d'un autre côté, que cette modification n'ait pas été officiellement reconnue, et que l'inscription ancienne ait disparu sans qu'on la remplaçât par une nouvelle? M. Josiah Gilbert et, à sa suite, MM. Crowe et Cavalcaselle ont cru trouver l'explication de ce mystère dans le patriotisme du doge Andrea Gritti. Celui-ci avait toujours été personnellement opposé à l'alliance germanique ; en ce moment même, il favorisait le parti qui, au Sénat, demandait la rupture des traités avec Charles-Quint et la reprise des négociations avec François Iᵉʳ. L'idée de peindre, dans la Grande Salle du palais, au lieu d'un antique fait d'armes plus glorieux pour le Saint-Empire que pour l'Italie, une victoire récente de ses compatriotes sur les envahisseurs allemands, à laquelle avaient pris part ses plus proches parents, put être émise d'abord par le peintre dans son propre intérêt ; mais Gritti ne la repoussa point. Cependant, comme tous deux étaient obligés de ménager le puissant empereur, l'un par devoir professionnel et par esprit politique, l'autre par reconnaissance et par attachement personnel, tous deux s'entendirent à demi-mot, et leurs compatriotes avec eux, pour laisser flotter, en apparence, quelque vague sur le sujet d'un tableau dans lequel il était pourtant bien difficile de trouver la glorification des armées impériales.

Soit afin de laisser plus d'indécision au sujet, soit pour se réserver des occasions plus nombreuses de peindre des nus, Titien donna dans sa toile aux soldats impériaux les costumes de l'antiquité classique, tandis qu'il représentait, au contraire, les chefs et les soldats de l'armée vénitienne dans tout l'éclat de leurs riches armures et de leurs brillants costumes. La scène était coupée au milieu par un torrent (le Ruseco?) que traverse un pont de pierre d'une seule arche. La défaite des Romains est déjà décidée. Un gros de cavaliers vénitiens, ayant franchi le pont, est en train de tailler en pièces, sur la rive gauche, les vaincus qui se replient en désordre ; quelques-uns sont tombés dans les eaux du torrent. Là on admirait surtout un groupe de corps enchevêtrés, roulant, avec

des gestes désespérés, sur la berge en pente, un cheval 1538
glissant sur le roc tandis que son cavalier, désarçonné et
frappé d'un coup de lance, se cramponne à sa monture
par une dernière étreinte convulsive. L'impétuosité des
cavaliers lancés sur le pont n'était pas moins saisissante.
Sur la rive droite, marchant en ordre de bataille, chevauchait la réserve des soldats de Saint-Marc, portant
de longues lances avec l'étendard aux armes du prové-
diteur Cornaro. C'était, dit-on, Giorgio Cornaro qui,
arrêté au premier plan, la tête nue, son bâton de commandement à la main, était en train de faire rajuster
son brassard par un page. Là aussi le peintre avait
sacrifié la vérité historique à ses amitiés, car si Giorgio
Cornaro, le frère de la reine de Chypre, était, en effet,
présent au combat comme représentant du Sénat, ce
n'était pas lui qui y commandait les armées, mais bien
Alviano, à qui revint l'honneur de la journée. De ce côté
se succédaient encore les épisodes pittoresques et
les figures vivantes d'une invention hardie et d'une
merveilleuse exécution, le sonneur de trompette, le
batteur de tambour, le valet menant un cheval en bride.
Ce qui touchait particulièrement les spectateurs, c'était
la vue d'une jeune fille, à moitié nue, tombée dans le
torrent, qui se hisse péniblement sur le bord escarpé et,
plus loin, celle d'un soldat suspendu, « dans la même
angoisse », à une saillie de rocher. Au delà du pont, dans
la plaine de Taï, encaissée entre les montagnes, on
voyait, marchant en bataille, les deux réserves vénitiennes, tandis que sur un sommet à gauche flambait une
enceinte fortifiée, la forteresse de Cadore, emplissant le
ciel, déjà obscurci par la fumée des chaumières incen-
diées, d'épais tourbillons rouges et noirs.

Il y a quelque rapport, au point de vue de la disposition,
entre la *Bataille de Constantin* et la *Bataille de Cadore*.

Titien s'est inspiré, pour l'ordonnance et pour quelques attitudes, de la magnifique composition de Raphaël et de Jules Romain; il a pensé à Michel-Ange en précisant, avec plus de soin que jamais, ses formes anatomiques, car il s'efforçait, dans chaque œuvre nouvelle, de réaliser un progrès nouveau. On peut croire néanmoins que sa propre personnalité, comme observateur puissant, comme coloriste vigoureux, comme paysagiste grandiose, avait atteint là, dans cette œuvre si longtemps préparée, tout son développement et toute sa splendeur. La composition, d'après la gravure, nous y montre en effet ses qualités de vie, de mouvement, de vérité mises en relief par une science plus consommée du groupement. D'autre part, si incomplète que puisse être l'esquisse de Florence, elle suffit à nous prouver que la gamme d'harmonie dans laquelle était exécutée la bataille était la plus éclatante, la plus audacieuse, la plus montée qu'il eût jusqu'alors essayée.

L'achèvement de cette grande page occupa Titien pendant une grande partie des années 1537 et 1538. Aussi ne trouve-t-on guère à signaler, comme datant de cette période, que les derniers *Portraits d'empereurs*, un *Portrait du Grand-Turc* qu'il livra au duc de Mantoue, et les beaux portraits de l'*Amiral Giovanni Moro* (musée de Berlin) et du *général Girolamo Savorgnano* (coll. Banks à Kingston-Lacy).

Les derniers mois de l'année 1538 furent, pour lui, troublés par deux pertes qui l'affligèrent sérieusement. Au mois de septembre, l'un de ses protecteurs les plus bienveillants, le duc Francesco Maria d'Urbin, au moment de prendre le commandement de l'armée, fut empoisonné à Venise. Il ne succomba pas sur-le-champ; mais, se sentant gravement atteint, il pria Titien de l'accompagner à Pesaro, où il espérait se rétablir. Il y

mourut le 20 octobre. Titien paraît être resté auprès de 1539
lui jusqu'au dernier moment. Deux mois après, le 28 décembre, un autre de ses fidèles soutiens, le doge Andrea
Gritti, mourait à l'âge de quatre-vingt-trois ans, et le
8 janvier 1539 on lui donnait pour successeur Pietro
Lando, dont Titien dut, conformément aux obligations
de sa charge, faire immédiatement le portrait.

De continuels soucis d'argent lui faisaient perdre alors
beaucoup de temps en démarches et correspondances.
Les deux concessions, en apparence si avantageuses, qui
lui avaient été faites, l'une par Charles-Quint d'une rente
sur le trésor de Naples et l'autre par le duc de Mantoue
du bénéfice de Médole, ne lui avaient, en réalité, rapporté jusqu'alors que des déboires et des tracas. Les trésoriers de Naples faisaient la sourde oreille à ses réclamations incessantes; quant au bénéfice de Médole, dont
les rentrées ne se faisaient pas, le plus clair qu'il en
avait tiré jusqu'ici, c'était l'obligation de servir une rente
à un tiers fort exigeant et qui n'admettait pas de retards.
Le peintre était donc aux champs; il écrivait, il faisait
écrire par l'Arétin de tous côtés à ses puissants protecteurs, qui le plus souvent ne répondaient pas. Sous le
coup de ces ennuis, il paraît même avoir accueilli la
pensée, jusque-là toujours écartée, de quitter Venise et
d'aller à Rome. Dans une lettre du 10 juillet 1539, l'Arétin rappelle à Ottaviano de' Medici tout ce que Titien a
fait pour les siens et le supplie de s'occuper de l'affaire
de Naples, en lui promettant deux nouveaux tableaux de
son ami[1]. Le lendemain, c'est Leone Leoni, le sculpteur,
alors à la cour pontificale, qu'il supplie d'intervenir
auprès du pape Paul III : « Pour en venir à ceci, que
Notre Seigneur n'a pas parlé de faire venir l'admirable

____

1. ARETINO, *Lettere*, II, 84, 85.

Titien, je répondrai que le très saint Vieillard ne devrait pas tarder, afin que la postérité, en dépit du temps et de la mort, se puisse réjouir en voyant sa vive et vraie effigie. Il est clair que mon compère ne veut pas aller en Espagne, bien que l'Empereur l'ait demandé à cette immortelle Seigneurie ; mais il laisserait volontiers des souvenirs de son art en peignant les princes de la célèbre maison Farnese. Cependant il verrait dans les marbres les merveilles des génies antiques[1]... »

Dans ces conjonctures le marquis d'Avalos, récemment nommé gouverneur de Milan, vint à Venise assister aux fêtes d'installation du nouveau doge Pietro Lando. Il revit Titien et s'occupa avec intérêt de ses affaires. Nous savons qu'au mois d'octobre précédent, Pomponio avait été, grâce à son influence, « à cause des mérites de son père, investi d'un canonicat[2] ». D'autre part, le cardinal Bembo ne cessait de mettre en campagne tous ses amis et faisait recommander Titien à Agostino Lando, parent du doge, homme de confiance de Pier Luigi Farnese qu'il devait assassiner bientôt. Il va sans dire que tous les services rendus au peintre étaient payés en peintures ou portraits. On ne sait ce qu'est devenu le *Portrait d'Agostino Lando* fait à ce moment[3]. Celui du *Cardinal Bembo* se voit encore à Rome dans la galerie Barberini. L'année 1539, d'ailleurs, s'était bien terminée de toute façon pour Titien : le Conseil des Dix, se départant de ses rigueurs, l'avait réintégré le 28 août dans ses fonctions de courtier.

Les années 1540, 1541 et 1542 furent pour le maître

1. Aretino, *Lettere*, II, 86.
2. Lettre de Don Lopez di Soria à Titien, du 18 octobre 1539, l'invitant à venir à Milan de la part du marquis et de la marquise del Vasto. Ticozzi, 223.
3. Lettre du 15 novembre 1539. Aretino, *Lettere*, II, 104.

des années de travail paisible, pendant lesquelles les **1540**
documents contemporains ne signalent dans sa vie que **1541**
des événements peu importants. En 1540, au mois d'avril,
désirant avoir un orgue dans son atelier, il en fait
demander un à un facteur célèbre, Alessandro dei
Organi, en lui proposant son portrait en échange. C'est
l'Arétin, son ambassadeur ordinaire, qui se charge de là
négociation : « Voici, mon frère, que j'ai établi entre vous
qui êtes la lumière de votre art et Titien qui est la splendeur de son métier, le plus louable, le plus honorable, le
plus gracieux pacte qu'on puisse établir entre deux
esprits aussi nobles, aussi aimables, aussi élevés. L'affaire
est que vous devez lui fabriquer un de ces instruments
qui, par la suavité de l'harmonie, livrent les âmes en
proie à l'extase, et qu'en échange lui vous doit peindre
dans une de ces effigies qui, par la vivacité du naturel,
jettent les gens dans les bras de la stupeur[1]... » A l'automne, Titien fit son voyage accoutumé à Cadore, où il
créa, en vertu des droits qui lui avaient été conférés par
Charles-Quint, une charge de notaire en faveur d'un de
ses parents, Vincenzo Vecelli. Au mois de novembre, il
était obligé de se rendre à Mantoue, probablement pour
assister aux funérailles du duc Federigo, l'un de ses plus
intelligents admirateurs. Parmi les portraits qu'il fit cette
année-là, on peut citer celui d'*Elisabetta Quirini*, qui
inspira à Giovanni della Casa un sonnet célèbre[2]; celui
de *Vincenzo Capello*, commandant général de la flotte,
qui excita la verve banale de l'Arétin, toujours brûlante
pour les personnages influents[3], ceux du *Duc Federigo*

---

1. Lettre à M. Alessandro degli Organi. ARETINO, *Lettere*, II, 141.
2. *Ben vegg'io, Tiziano in forme nuove... Opere di Mgr G. della
Casa.* Venezia, in-4°, 1752, p. 54.
3. Lettre *al Magnifico Messer Nicolo Molino*, du saint jour de
Noël 1540. P. ARETINO, *Lettere*, I, 189-190.

1541   *Gonzaga de Mantoue* et de la *Duchesse* sa femme, qui lui avaient été commandés pour Othon Henri, leur parent, duc de Bavière. A la fin de l'année, un grand tableau promis au marquis d'Avalos, son *Allocution* à ses soldats, était aussi assez avancé[1]. Au mois de février 1541, Titien, qui a besoin d'une belle armure pour ce tableau, en fait demander une à un certain *Splendido Signor* Girolamo Martinengo de Brescia, toujours contre échange d'un portrait. C'est l'Arétin qui prête encore son office et prend pour intermédiaire le capitaine Palazzo : « Nous vous prions de lui dire en notre nom qu'il nous fasse la grâce d'un corselet orné de ciselures et de brassards bien à l'usage des gens d'aujourd'hui, mais tout blancs cependant. Peut-être en lui adressant une semblable requête, nous, hommes pacifiques, prédisons-nous la guerre que vous désirez tant. .... Ledit peintre unique copiera cette armure dans le tableau de l'illustre marquis del Vasto[2]. »

Au mois d'août 1541, Charles-Quint étant descendu en Italie, Titien se rendit à Milan. Il y reçut de l'empereur des lettres patentes lui constituant une rente annuelle de 100 ducats sur le trésor de Milan. Il avait probablement emporté avec lui l'*Allocution*, qu'il livra au marquis d'Avalos, et une *Nativité* pour la cathédrale de Novare, commandée par Gian Battista Torniello depuis longtemps, mais qu'il avait dû refaire parce qu'un premier exemplaire avait été refusé comme trop négligé. Au mois d'octobre, il est déjà de retour à Venise où nous le retrouvons dans son cercle habituel, faisant de bons dîners dans le palais de l'Arétin ou à Biri Grande.

Dans le courant de l'hiver 1542, il travaille activement à une *Descente du Saint-Esprit*, que lui ont commandée

____

1. *Al gran marchese del Vasto.* ARETINO, *Lettere*, II, 164-165.
2. *Al Capitano Palazzo*, le 25 février 1541. ARETINO, *Lettere*, II, 193.

les chanoines de Santo Spirito in Nola pour leur nouvelle *1542*
église construite par Sansovino. Aux fêtes du carnaval,
la joyeuse confrérie de la Scalza, devant faire représenter la *Talanta*, comédie nouvelle de l'Arétin, avait
invité Giorgio Vasari à venir peindre les décors ; le
poète ne manqua pas, dans la comédie même, de se
servir du nom de Titien pour adresser des éloges à son
jeune compatriote. Malgré les plaisirs du carnaval et le
nombre de ses travaux, le peintre ne néglige toujours
pas ses intérêts. Le 20 avril, il reçoit un avis l'informant
qu'un certain Giovanni Battista Spinelli, cité pour dettes,
est condamné à lui payer la somme de 48 ducats et
5 gros, plus les dépens s'élevant à 10 livres et quelques
sous. Le 11 mai, il achète, de moitié avec son frère, une
action de moulin à Ansogne près Cadore, et, quelque
temps après, comme on manquait de blé à Cadore
même, il demande et obtient du Conseil le privilège
d'importation, à la charge de garnir les entrepôts,
moyennant une obligation sur la commune. Dans le
même mois, il touche une avance de dix ducats sur le
tableau votif qu'il commence pour le doge Lando. Le
5 juin, il reçoit une autre avance du même chiffre pour
un tableau d'autel qu'il doit faire dans l'église de Serravalle [2]. Cette année même il signe le beau *Portrait de
la reine Catarina Cornaro* en sainte Catherine, répétition ou interprétation d'un portrait fait du vivant
du modèle, qui se trouve au musée des Offices, et
l'admirable *Portrait de Roberta Strozzi*, la jolie fillette
en robe blanche du musée de Berlin.

Les documents, par malheur, ne signalent pas, avec
la même exactitude, un grand nombre de travaux plus
importants qui, selon toutes probabilités, furent achevés

---

1. Document copié par MM. Cavalcaselle et Crowe dans les
archives de Serravalle. (CROWE et CAVALCASELLE, I, 479).

durant la même période. Les plus caractéristiques semblent être le *Tobie et l'Ange*, la *Présentation au Temple*, la *Descente du Saint-Esprit*, le *David et Goliath, Caïn et Abel*, le *Sacrifice d'Abraham*. Dans les deux premières peintures, sans doute commencées depuis longtemps, Titien se tient de plus près aux traditions simplement pittoresques de l'École vénitienne ; dans les quatre autres il poursuit sa marche progressive, sur les exemples des écoles florentine et romaine, ainsi qu'il avait déjà fait dans le *Martyre de saint Pierre*, et se préoccupe d'unir de plus en plus à la puissance du coloris la vivacité des gestes dramatiques, l'expression des actions lumineuses, l'énergie de l'anatomie en mouvement. Durant toute sa vie, jusqu'à son extrême vieillesse, nous le verrons ainsi, toujours libre, sans système, sans parti pris, tour à tour, suivant les occasions, passer d'une entente extrêmement simple et presque naïve du sujet plastique et pittoresque à la recherche savante des combinaisons linéaires et colorées les plus hardies et les plus compliquées. Sa souplesse de main, pendant toute cette période de maturité, reste incomparable ; il faudra attendre de longues années encore avant de constater dans l'ensemble de ses ouvrages une certaine pesanteur d'aspect, due autant pour le moins à sa passion croissante pour les retouches qu'à l'alourdissement de ses mains d'octogénaire.

Le jeune *Tobie et l'Ange*, dans l'église San-Marcilian, a été classée par Vasari comme une œuvre de jeunesse, ce qu'on ne saurait admettre. Le Florentin a dû confondre ce tableau avec un autre représentant le même sujet, que Ridolfi signalait dans l'église Santa-Catarina. Celui de San-Marcilian se rapporte certainement à la période que nous étudions. L'allure énergique et les formes pleines de l'ange en robe rouge, qui s'avance d'un pas décidé, jambe nue en avant, chaussé de bottines brodées d'or, aussi bien que la taille courte et forte du petit Tobie et l'accent général des colorations, moins légères et plus intenses, ne laissent aucun doute à cet égard. Près du couple en marche court un petit épagneul blanc, taché de feu, avec un collier noir à grelots d'or, assez proche parent du chien qui dort aux pieds de la Vénus d'Urbin. A droite, dans l'éloignement, saint Jean-Baptiste, agenouillé, prie dans un magnifique paysage. L'aspect de cette scène est grandiose ; la facture, vigoureusement empâtée, montre bien chez le praticien la disparition complète de ses timidités juvéniles.

La disposition de la longue scène de la *Présentation au Temple*, la plus grande toile de l'Académie des beaux-arts à Venise, se retrouve dans les dessins du vieux Jacopo Bellini, qui lui-même n'avait fait que développer et compléter l'ordonnance inventée ou renouvelée par Giotto à l'*Arena*. A droite, le grand-prêtre, devant le temple, se tient au sommet d'un escalier, attendant la petite Vierge qui en monte lentement les degrés. En bas, à gauche, se groupe un certain nombre de spectateurs. En donnant à cet escalier des proportions monumentales qui rapetissent la figure principale, mais lui donnent plus d'importance dans son isolement sous l'éclatante lumière, et qui la font saillir, vivante et parlante, au milieu de cette masse énorme de marbre, en ouvrant, sur la gauche, un plus vaste espace devant la procession des assistants, Titien se ménageait le champ libre pour accumuler le triple intérêt de magnifiques perspectives architecturales, d'un développement inaccoutumé de paysages alpestres, d'une réunion considérable de figures réelles et de portraits contemporains. La liberté qu'il se donna dans cette *Présentation* au point de vue historique et au point de vue décoratif, en y prenant le sujet comme un simple prétexte à des développements de mise en scène et en y mêlant, suivant le vieil usage, quoique avec moins de candeur, les personnages vivants aux figures idéales, devait avoir sur la marche ultérieure de l'école des conséquences importantes. C'est à la fois de la *Vierge des Pesaro* et de la *Présentation au Temple* que procédera Paul Véronèse. Cependant, il le faut reconnaître, chez Titien, malgré l'adjonction d'un grand nombre de hors-d'œuvre, le sujet même est toujours traité avec conviction et se détache brillamment des accessoires. La petite Vierge, en robe bleue, rayonnante de lumière, qui gravit l'escalier, est une merveille de grâce enfantine et de piété naïve. Le grand-prêtre et ses acolytes sont d'une tenue irréprochable, et la foule des assistants, en brillants costumes, prend à l'action, très suffisamment, cet intérêt inégal, si varié d'intensité et d'expressions, qu'y apporte d'ordinaire une vraie foule. Parmi les sénateurs qui suivent, en conversant, Anne accompagnée d'une jeune princesse et Joachim qui se retourne vers un ami, les contemporains reconnaissaient Paolo di Franceschi, alors grand chancelier de la République, et Lazzaro Crasso. La vieille marchande de poulets, assise au bas de l'escalier, avec son panier d'œufs, rappelle, avec un accent plus réaliste, une vieille femme de Carpaccio, assise, dans la même attitude, au pied de l'escalier du roi dans l'un des épisodes de la vie de sainte Ursule. Sont-ce tous ces souvenirs de la vieille école des Bellini qui firent supposer à Ridolfi que la *Présentation* avait été peinte par Titien au sortir de l'école ? C'est probable. Toutefois, la magnificence de la mise en scène, la richesse de la distribution lumineuse, le caractère classique de l'architecture, la sûreté virile de l'exécution contredisent absolument cette assertion. Ce qu'on peut vraisemblablement supposer, c'est que le peintre reprit, en l'agrandissant, une composition déjà arrêtée ou ébauchée dans sa jeunesse.

La *Descente du Saint-Esprit*, de l'église Santa Maria della Salute, et les trois compartiments du plafond qui l'avoisinent, *Caïn et Abel*, le *Sacrifice d'Abraham*, *David et Goliath*, montrent un dégagement bien plus complet des anciennes traditions locales. La préoccupation des formes accentuées, des expressions dramatiques, des jeux violents d'ombre et de lumière y est résolument marquée, surtout dans les trois panneaux où Titien résout, avec une audace magnifique, toutes les difficultés des raccourcis plafonnants. On y sent l'effort que faisait Titien lui-même pour réaliser la formule qui courait déjà les ateliers de l'Italie et que Tintoret devait faire inscrire sur sa porte : *Le dessin de Michel-Ange et la couleur de Titien*. Si triomphant qu'ait été cet effort fait par l'un des deux grands génies dont on rêvait l'union comme la perfection idéale, c'était toujours un effort, un effort trop visible. Nous ne partageons plus aujourd'hui qu'à moitié l'enthousiasme alors excité par cette émulation soutenue du coloriste puissamment tranquille de Venise avec les grands agitateurs de formes florentins ou romains. Malgré la valeur des chefs-d'œuvre qui sortiront de ses mains dans cette nouvelle manière grandiose et théâtrale, c'est encore, ce nous semble, dans des sujets plus simples que s'épanouiront jusqu'au dernier jour, avec le plus de charme, son énergie et son intelligence incomparable de la figure humaine animée par la lumière.

CHAPITRE XI

(1542-1547)

La correspondance de l'Arétin nous a révélé qu'à
diverses reprises, depuis l'avènement de Paul III, Titien
avait fait ou fait faire des tentatives pour se mettre en
rapports avec le Saint-Père et avec sa famille. L'arrivée
à Venise, en 1541, du jeune Ranuccio Farnese, fils de
l'ignoble Pier-Luigi, duc de Castro, Parme et Plaisance,
et petit-fils du pape, lui vint offrir l'occasion qu'il cher-
chait. Ranuccio, à peine âgé de onze ans, mais déjà
prieur de San-Giovanni des Templiers, et qui allait être
fait cardinal deux ans après, venait achever ses études
à l'Université de Padoue. Ses trois précepteurs, Marco
Grimani, patriarche d'Aquilée, Andrea Cornaro, évêque
de Brescia, Gian Francesco Leoni, de l'Académie des
Vertus, étaient des amis du cardinal Bembo, qui leur
recommanda sans doute de mener leur noble élève chez
l'illustre peintre. En 1542, en effet, Titien fit un portrait
du jeune ecclésiastique avec son maître Leoni, qui excita
une admiration générale. On a cru ce tableau détruit
jusqu'à ce que MM. Cavalcaselle et Crowe en aient retrouvé les deux figures séparées dans deux toiles du

musée de Vienne, où Ranuccio est devenu le *Jeune* 1542 *Jésuite* et où son pédagogue s'est métamorphosé en *Saint Jacques Majeur* par l'adjonction d'un bourdon de pèlerin. La comparaison de ces deux fragments avec une copie du musée de Berlin, qui reproduit l'ensemble du groupe, ne laisse aucun doute sur la perspicacité des savants historiens dont les conclusions sont d'ailleurs acceptées par le dernier catalogue de Berlin.

Les trois précepteurs, ravis de cette peinture, entrèrent aussitôt dans les vues du peintre. Ils l'assurèrent qu'il serait très bien reçu à la cour romaine et que la faveur des Farnese était le vrai moyen d'obtenir la concession d'autres bénéfices ecclésiastiques pour son fils Pomponio. Leoni, qui avait spécialement sondé Titien sur ses intentions, l'avait décidément trouvé, malgré ses habitudes casanières, beaucoup moins rebelle qu'autrefois à l'idée d'un long déplacement et d'un voyage à Rome. Dès le 22 septembre, il l'annonçait au cardinal Alessandro Farnese, frère de Ranuccio : «... Titien ayant été distrait par quelques autres affaires importantes, comme je devais quitter Venise le lendemain matin, il me pria, dès que je reviendrais, d'aller de toute façon lui parler parce qu'il voulait s'entretenir avec moi à fond sur la question. Quant à moi, d'après ses paroles, je crois qu'il se décidera à venir, et facilement, dans la maison et au service de V. S. Illustrissime et Révérendissime ; je pense aussi qu'il s'en remettra à sa courtoisie et libéralité, pourvu qu'on ne manque pas de récompenser ses talents et ses fatigues dans la personne de son fils. Et comme je n'ai plus eu l'occasion d'aller à Venise, il m'a paru bon, en attendant, de donner ce renseignement à V. S. Illustrissime, afin qu'elle sache qu'elle peut projeter de s'attacher cet homme, s'il lui plaît de le faire. Titien, outré sa valeur, paraît à tous un personnage fort traitable, doux, qu'on peut disposer à sa guise ; ce qui est bien à considérer en de pareils hommes si rares[1]. »

L'occasion ne tarda pas, pour les Farnese comme pour Titien, de donner suite à leurs projets. Au mois d'avril 1543, le pape Paul III, dans le désir de se mettre à portée de l'empereur, dont on annonçait l'arrivée d'Espagne par Gênes, et de lui fournir un prétexte à l'entrevue qu'il désirait, quitta Rome pour remonter vers la Lombardie. Il avait fait inviter, en partant, Titien à venir au-devant de lui[2]. En effet, le 22 du même mois, le peintre assistait aux fêtes de son entrée solennelle à Ferrare et, de là, suivait le cortège pontifical à Bologne où il devint l'hôte, pendant deux mois, du cardinal Alessandro Farnese. Lorsque Charles-Quint fit signifier au pape qu'il l'attendait dans la petite ville de Busseto, près de Parme, Titien accompagna encore ses nouveaux patrons pendant les cinq jours qu'ils y restèrent. Après la rupture des négociations, il rentra dans la maison du cardinal Farnese, avec l'espoir d'y obtenir au moins une décision au sujet des affaires qui l'intéressaient. A ce moment, il est certain que les Farnese lui offrirent la charge du *Piombo* (sceau des bulles) qu'occupait, depuis la mort du bouffon de Léon X, le peintre vénitien Sebastiano Luciani, à la charge de servir à un autre peintre, Giovanni da Udine, une rente annuelle de 80 ducats. Sebastiano et Giovanni, tous deux artistes illustres, étaient, en outre, des amis personnels de Titien. Celui-ci repoussa, comme il le devait,

1. *Tiziano, oltre alla virtù sua, è parso a tutti che sia persona trattabile, dolce, da disponere a suo modo : il che è cosa di considerazione in simili uomini rari.* (RONCHINI. *Delle relazioni di Tiziano coi Farnesi.* In-4°, Modena, 1864, p. 2.)

2. La lettre de l'Arétin à Cosme Ier, du 10 avril 1543, ne prouve pas, comme le pense Ronchini, que Titien alla cette fois à Rome, mais seulement qu'il y fut invité. (Lettre de l'Arétin à Cosme Ier, dans Gaye, *Carteggio inedito*, II, 311.)

sans hésitation et avec indignation, cette proposition indélicate ; mais il ne s'en montra que plus empressé à obtenir un bénéfice dont le cardinal faisait depuis quelque temps miroiter l'espoir devant ses yeux. Par malheur, cette fois encore, on lui vendait la peau d'un ours vivant. La sinécure dont il s'agissait, l'abbaye de San Pietro in Colle, dans le diocèse de Ceneda, était bel et bien occupée par un certain Giulio Sertorio, archevêque de San-Severino qui ne paraissait nullement disposé à l'abandonner, malgré toutes les pressions pontificales, sinon contre bonne et immédiate compensation. Des négociation, laborieuses, à ce sujet, suivaient leur cours lorsque dans la fin de juillet, le cardinal Alessandro, surpris par un accès de fièvre, quitta précipitamment Bologne, sans même faire prévenir Titien.

Le dépit qu'en eut ce dernier se trahit dans la lettre qu'il adressa, quelques jours après, de Venise au cardinal :

Le départ subit de V. S. R^{me} de Bologne m'a donné la plus mauvaise nuit que j'aie jamais passée de toute ma vie, tant pour n'avoir pu prendre d'Elle mon congé, comme c'était mon devoir, que pour le doute où j'étais qu'une réponse, telle que je l'attendais et la désirais, ne fût venue de Monsr Julio Santa Severina. Si le Maffei n'était pas venu, le matin suivant, me trouver dans mon lit pour me consoler comme il fit, après cette mauvaise nuit, je courais risque d'avoir encore mauvaise journée et mauvaise année. Mais V. S. R^{me} et Ill^{me}, qui m'aime plus que je ne mérite et qui par sa prudence et son bon sens connaissait le fond de mon âme, n'a pas voulu, par sa bonté, me laisser longtemps m'épuiser dans cet ennui. Et, bien que la bonne nouvelle que me donna le Maffei en votre nom de la cession faite par Monsr Julio et de la promesse de m'envoyer l'expédition du bénéfice me fût très agréable, autant qu'on peut l'imaginer, à cause de l'utilité que j'en attends, moi et toute ma maison, néanmoins ce qui m'a été beaucoup plus agréable, c'est d'avoir vu et connu le bon cœur et la bonne volonté de V. S. R^{me} envers moi, ce qui me fait vivre en joie et fierté. Et je l'en remercierais volontiers, si l'on pouvait *trouver des formes de paroles suffisantes ; mais puisque les paroles manquent, je m'efforcerai d'y suppléer par mon bon vouloir et par mes œuvres, en sorte que V. S. R^{me} et Ill^{me} connaîtra qu'elle n'a point obligé un ingrat. Je resterai donc à attendre la lettre de possession, comme me l'a promis en votre nom le Maffei, avec l'espérance que les Bulles seront ensuite expédiées plus à loisir. Possession que je désire, non tant pour moi (car je sais qu'elle ne me peut manquer) que pour la satisfaction de beaucoup de mes seigneurs et patrons auxquels, à cause du bien qu'ils me veulent, il tarde mille heures que cette lettre soit arrivée, afin de se réjouir avec moi de bon cœur et aussi parce qu'une partie d'entre eux a dessein de me faire compagnie quand j'irai prendre possession de l'Abbaye. — Je baise les mains de V. S. R^{me} et la supplie de me tenir en sa bonne grâce.*

De V. S. R^{me} et Ill^{me},

Serviteur,
TITIANO [1].

De Venise, le 26 juillet MDXLIII.

Malgré les témoignages affectés de reconnaissance que contient cette lettre, on n'y sent, de la part de Titien, qu'une médiocre confiance dans les belles paroles dont on le berçait. Sa défiance naturelle était cette fois justifiée ; il devait, en effet, se passer de longs mois et de longues années sans qu'il vît réaliser aucune des promesses faites.

Malgré ces contrariétés, suivant son habitude, il avait fort bien utilisé son temps durant son voyage à Ferrare, à Busseto et à Bologne, en faveur de ses divers patrons. Les Farnese, qui le traitaient si légèrement, n'avaient point à se plaindre de son zèle. Le portrait de Paul III, qu'il avait peint dès sa première rencontre avec le pape, avait excité une telle admiration qu'il avait dû en faire aussitôt une répétition pour le cardinal Santa Fiora. En outre, il avait commencé le portrait de Pier-Luigi Far-

1. RONCHINI, *Relazioni*, 3-4.

nese, le fils du pape, et celui du cardinal Alessandro. Les toiles originales sont perdues ; mais on en trouve, à Naples, de belles répétitions où resplendit le génie pénétrant et puissant du grand physionomiste. Le *Portrait de Paul III* reste, dans l'œuvre de Titien, un chef-d'œuvre de même portée que le *Portrait de Léon X* dans l'œuvre de Raphaël. Le Vénitien s'efforça rarement d'unir, au même degré de force, la vigueur de l'observation, la solidité du dessin, la splendeur du coloris. Toute la duplicité opiniâtre du Farnese respire dans ce vieillard osseux, aux longues mains décharnées, dardant, sous l'épaisseur sombre de ses sourcils tordus, le regard astucieux et perçant de ses yeux noirs. Assis dans un fauteuil rouge, en surplis blanc, camail et calotte rouge fourrés de blanc, la face couperosée, avec une longue barbe blanche, ce prêtre, à mine d'usurier, est une apparition à la fois pâle et sanglante qu'on ne peut oublier. On ne s'étonne pas que les passants, lorsque le tableau était à sécher sur une terrasse, lui aient ôté leur chapeau [1]. Le digne fils de Paul III, *Pier-Luigi, duc de Castro*, dissimule mieux, sous des apparences de force, de jeunesse, de santé, ses instincts monstrueux et ses habitudes vicieuses [2]. Coiffé d'une toque de velours noir à lacets d'or et plume blanches, bien pris dans son pourpoint de soie blanche garni de fourrure, les yeux sombres et brûlants, les joues colorées, les lèvres ardentes, c'est un mâle et brillant séducteur qui enveloppe ses perfidies et ses brutalités d'une grâce sensuelle. De la main droite il

1. « Nous avons vu des portraits tromper beaucoup de gens, par exemple, celui du pape Paul III, qu'on avait mis pour le vernir sui une terrasse au soleil. Beaucoup de ceux qui passaient, le croyant vivant, lui faisaient signe de la tête, *credendolo vivo, gli facevan di capo.* » (Lettre de Vasari à Benvenuto Cellini. BOTTARI, I, 57.)

2. Voir le récit de son attentat sur le jeune évêque de Fano dans Stendhal, *Peinture en Italie*, p. 23.

tient le bâton de commandement et de la main gauche
une épée. La facture du peintre est robuste, vive, audacieuse comme le personnage. Le *Portrait du cardinal
Alessandro Farnese*, fils de Pier-Luigi, a beaucoup
souffert. C'est une figure de grandeur naturelle, vue
jusqu'aux genoux. Le jeune cardinal, de visage régulier,
moins brun que son père, coiffé de la barrette, vêtu d'un
rochet court et d'un surplis blanc, tient, dans la main
gauche, un gant jaune. On croit retrouver à Rome, au
palais Corsini, une étude de tête pour ce portrait, qui
n'est pas en meilleur état.

Tout en achevant ces tableaux chez lui, dans la fin de
1543, Titien mettait en même temps la dernière main à
deux compositions religieuses de grande dimension, une
Assomption, destinée à la cathédrale de Vérone, et un
Ecce Homo commandé par un riche négociant flamand
établi à Venise, Giovanni d'Anna, dont le père, Martin
van der Hann, avait été ennobli en 1529 pour services
rendus à la maison d'Autriche. L'*Assomption* de Vérone
est encore à sa place[1]. C'est un des tableaux qui, apportés
à Paris en 1797, y furent repris en 1815. La composition
ne rappelle que par la disposition traditionnelle la grande
Assomption de 1518. Les Apôtres, debout ou agenouillés
autour du tombeau, gesticulent moins violemment que
leurs prédécesseurs. Au lieu d'agiter, vus de dos,
d'amples draperies, presque tous se montrent de face ou
de profil, dans des attitudes simples et d'une expression
profonde, regardant, avec surprise et piété, s'envoler la
Vierge dans les nues. Aucun essaim de chérubins ou
d'anges ne s'interpose entre les Apôtres et Marie qui,
seule, sur un vol de nuages, chastement drapée dans sa
longue robe, les mains croisées, tient les yeux baissés

---

1. Tableau commencé depuis longtemps sans doute, qui par son
style, se rattache aux œuvres antérieures vers 1520-1525.

en les regardant encore. A quelque distance de sa tête,
qu'entoure une grande lumière, voltigent quelques têtes
enfantines et souriantes de chérubins. L'exécution facile,
sans lourdeur, sans insistance, de cette noble peinture
où repasse comme un souffle de jeunesse, en rehausse
encore le prix.

L'*Ecce Homo*, composition plus importante, marque,
au contraire, un progrès résolu dans le sens du réalisme
expressif et de la mise en scène décorative. La présentation de Jésus, sur les hauts degrés d'un perron, devant
un riche palais, n'est qu'un prétexte à grand déploiement
de figures mouvementées dans tout le reste de la toile.
C'est, en sens inverse, la disposition de la *Présentation
au Temple*; mais, au lieu d'une foule calme assistant
à un spectacle charmant, c'est une foule agitée et passionnée se préparant à une scène tragique. Titien, du
reste, employa toutes ses forces à donner à ce rassem-
blement un aspect vivant et réel. On voit, on sent, on
sait que la plupart des figures sont des portraits. Le
Pilate, lourd et barbu, à l'air sceptique, qui montre
Jésus à la foule, c'est l'Arétin. Des deux cavaliers qui
contiennent la multitude à l'extrémité, l'un, l'homme au
grand turban, est l'empereur Soliman; l'autre, celui qui
fait un geste de commandement, ressemble au duc de
Ferrare. Rien de plus hardiment populaire que le mauvais gars, crépu, déguenillé, assis sur les marches du
perron, jambes nues et bras nus, qui, tenant un chien
par la tête, hurle à large bouche pour appeler les camarades à la fête. Le groupe des hallebardiers luisants dans
les armures d'acier ou les casaques de velours, qui monte
les escaliers, est d'un éclat superbe et ce n'est pas sans
une douce émotion qu'on aperçoit, blanche et rayonnante,
à moitié perdue et tremblante dans la foule qui la presse,
presque entre les jambes des chevaux, une jeune fille

blonde et fraîche, en robe claire, la fille même du peintre, la gentille Lavinia, tenant un enfant par la main. Cette apparition charmante, qui rappelle l'éclat lumineux de la petite Vierge dans la *Présentation,* annonce à un siècle de distance la jolie petite princesse égarée entre les jambes des gardes civiques dans la *Ronde de Nuit*; ce n'est pas, d'ailleurs, la seule fois que Titien aura travaillé pour Rembrandt. Dans l'*Ecce Homo,* il prépare plus encore Tintoret pour le présent et Rubens pour l'avenir; aussi, cette grande toile, malgré certaines lourdeurs de brosse et certaines opacités qui peuvent être dues aux mains de ses collaborateurs, marque-t-elle une évolution de son génie, très importante par l'influence qu'elle eut sur ses contemporains et sur ses successeurs.

Entre temps, Titien, l'Arétin et leurs amis ne cessaient de relancer les Farnese. L'année 1544 arriva sans amener la réalisation d'aucune de leurs promesses. Le 20 mars, Titien écrivait à Maffei, secrétaire du cardinal, sur un ton de flagornerie ironique qui semble trahir l'inspiration de l'Arétin. Au mois d'avril, il se faisait recommander au cardinal par son frère, le jeune Ranuccio, et, avec l'aide de l'Arétin, parvenait à mettre en campagne jusqu'au vieux Michel-Ange[1]. Quant à l'Aré-

1. Lettre à Michel-Ange, du mois d'avril 1544 (ARETINO, *Lettere,* III, 45-46). — C'est quelques jours après que l'Arétin écrivait à Titien la belle lettre si connue : Ayant, seigneur compère, contre mon habitude, soupé seul, ou, pour mieux dire, en compagnie des désagréments de ma fièvre quartaine qui ne me laisse plus goûter la saveur d'aucun mets, je me levai de table rassasié du désespoir avec lequel je m'y étais mis; et, les bras appuyés sur le bord de la corniche de la fenêtre, m'y laissant aller la poitrine et presque tout le reste du corps, je me mis à regarder l'admirable spectacle de ces multitudes de barques, pleines d'étrangers autant que d'indigènes, qui récréaient les yeux des spectateurs, et aussi ce Grand Canal, grand récréateur de tous ceux qui le sillonnent. A peine fut terminé le jeu de deux gondoles, montées par autant de gondoliers fameux qui s'étaient mis à lutter de vitesse, que je pris grand plaisir à

tin, il se retournait de tous côtés, tantôt vers Carlo Gual- *1544*
teruzzi, ami de Bembo, secrétaire d'Ottavio Farnese,
tantôt vers Bembo lui-même. Au mois de novembre, il
finissait par s'adresser directement à Ottavio Farnese.
Malheureusement, les Farnese, en ce moment, étaient
trop préoccupés de leur propre situation pour se mettre
en grand souci de peinture et de peintres. Malgré leur
duplicité savante, le pape et tous les siens, à la suite de
l'échec de Busseto, avaient grand'peine à nager, sans

cette multitude qui, pour jouir du plaisir, s'était arrêté sur le pont
du Rialto, sur le quai des Camerlinghi, à la Pescheria, au Troghetto
de Santa-Sofia et sur celui de la Casa-Mosto. Et tandis que ces
foules, de côté et d'autre, s'en allaient par leurs chemins, voici que
moi, comme un homme à charge à lui-même et qui ne sait que faire
de son esprit ni de ses pensées, je relève mes yeux vers le ciel qui
jamais, depuis que Dieu le créa, ne fut embelli d'une si belle peinture d'ombres et de lumières. Et l'atmosphère était telle que
voudraient la rendre ceux qui vous portent envie parce qu'ils ne
peuvent être vous, comme vous l'allez voir si je vous le dis. D'abord,
les constructions qui, quoiqu'en vraies pierres, semblaient d'une
matière artificielle ; ensuite, l'air que je sentis en certains endroits
pur et vif, en d'autres, trouble et blafard, et enfin, voyez, cette
merveille, des nuages formés de vapeurs condensées qui, au point
central, se tenaient partie au ras des toitures des édifices et partie
dans le lointain, tandis que ma droite n'était qu'une grande fumée
pendante, grise et noire. J'admirai surtout les couleurs variées
dont ils se montraient : les plus proches brûlaient des flammes du
foyer solaire, les plus éloignés rougissaient d'un éclat de vermillon
moins ardent. Oh ! avec quelles belles touches les pinceaux de la
nature repoussaient les vapeurs, les écartant des palais de la façon
dont les écarte Vecellio lorsqu'il fait des paysages. Et, sur certains
points, c'était un vert d'azur et, sur certains autres, un azur vert
vraiment composé par des caprices de la nature, la maîtresse des
maîtres. Et avec des clairs et avec des noirs, elle repoussait, elle
relevait ce qu'elle avait envie de mettre en relief ou de repousser ;
si bien que, moi qui sais combien votre pinceau est l'esprit de son
esprit, trois et quatre fois je m'écriai : « O Titien, où êtes-vous
donc ? » Car, ma foi, si vous aviez peint ce que je vous conte, vous
rempliriez les gens de l'admiration qui continua à me troubler
lorsqu'ayant contemplé ce que je vous ai dit, je m'en repus longtemps l'âme, bien plus longtemps que n'avait duré la merveille de
ce spectacle. — Venise, mai 1544. » *Lettere*, III, 48-49.)

péril entre les deux eaux de l'Empire et de la France. Au commencement de 1544, les hostilités ayant repris de plus belle, la victoire de Cérisoles, d'une part, et, d'autre part, l'invasion de la Provence renouvelaient toutes leurs perplexités, en augmentant leurs doutes sur l'issue finale de ce grand duel, dans lequel il fallait se trouver d'avance rangés du côté du vainqueur.

La paix de Crépy ayant été signée en septembre, Titien en profita pour envoyer à Charles-Quint deux *Portraits de l'impératrice Isabelle* dont il avait reçu, l'année précédente, la commande à Busseto, en se recommandant à son bon souvenir. Par le même courrier, l'Arétin fit parvenir à César une lettre destinée à la publicité, écrite en son langage le plus quintessencié, dans laquelle, après avoir fait, en phrases soigneusement cadencées, le plus bel éloge de l'impératrice morte et de son portrait vivant, il abordait nettement la question des honoraires : « Mais à quoi bon que son pinceau peigne pour vous réjouir, à quoi bon que ma plume écrive pour vous glorifier, bien que la récompense promise soit bien au-dessus de la valeur de nos travaux, si les ministres des trésors impériaux s'en montrent les voleurs ? Voilà neuf ans passés que vous avez accordé à Titien, votre serviteur, une traite sur Naples et, bien loin d'en jouir, voici près de quatre autres qu'on ne lui paye pas sa pension..... O glorieuse épouse d'Auguste, ô âme sainte entre les saintes, sois-nous propice ! Que Dieu, ému par tes prières, inspire celui dont tu as joui comme mari, afin qu'il fasse aboutir en réalité ce qu'il a établi en paroles ! Je baise les genoux de Votre Clémence avec cette stupéfaction que vous, qui vous savez bien faire craindre de l'univers, vous ne puissiez obtenir l'obéissance de vos serviteurs[1] ! » Les

---

1. ARETINO, *Lettere*, III, 77.

deux portraits de l'impératrice avaient été peints d'après *1545* un tableau flamand confié à Titien par Charles-Quint. L'empereur, quelques années après, en se retirant au monastère de Saint-Just, les emporta avec lui et les conserva dans sa cellule jusqu'à sa mort. L'un d'eux est aujourd'hui au musée de Madrid.

C'est encore par la correspondance de l'Arétin que nous connaissons les noms d'un certain nombre de personnages dont Titien fit les portraits pendant les mois qui suivirent. En février 1545, il écrit au grammairien Priscianese pour le remercier de leur avoir recommandé un jeune lettré, *Alessandro Corvino*, qui vient de poser à Biri Grande : « L'art divin du Vecellio l'a représenté dans un geste et une attitude si vraie qu'il semble non seulement qu'il se meut, mais que son pouls bat et qu'il respire. » Dans le même mois, il envoie à l'évêque de Côme, Paolo Giovio, un *Portrait de Daniel Barbaro :* « Par la vertu du céleste esprit qui anime le style du divin Titien, dans la fière et superbe ressemblance du jeune homme apparaît si bien la noblesse dorée de son illustre cœur que, si le regard se fixe sur lui, on pénètre, dans l'ampleur royale de son front serein, jusqu'à l'excellence de sa pensée, jusqu'à la générosité de son esprit, jusqu'à la candeur de son âme[1]. » Au mois de mars, c'est au nouveau duc d'Urbin, *Guidubaldo II*, qu'il adresse des compliments hyperboliques sur son portrait, en attendant qu'il en expédie de semblables à sa femme, *Giulia Varana*, peinte à son tour, mais peinte à distance, probablement d'après un dessin, bien que l'Arétin prétende qu'il a suffi, pour obtenir une ressemblance parfaite, d'une description verbale faite par son mari. Dans l'intervalle, au mois de juillet, un jurisconsulte, *Marc Antonio*

1. ARETINO, *Lettere*, III, 104.

Morosini, reçoit à son tour des coups d'encensoir accompagnés d'un coup de griffe pour le compère : « Ce qui étonne le plus, c'est que votre image coûte à son auteur beaucoup d'argent. On a peine à croire qu'un homme qu'une récompense démesurée décide seule à travaillerait dépensé autant pour tirer un exemplaire de votre visage, car, certainement, le temps qu'il a mis à achever une chose si admirable avec tant de soin lui eût plus que suffi pour peindre vingt autres têtes avec la rapidité de sa manière habituelle... Je vous jure de n'avoir jamais vu miniature qui l'égale pour la patience et pour le charme. Bien plus, Titien lui même peut à peine croire s'y être complu avec tant de plaisir. Vantez-vous donc d'avoir une des plus belles, des plus précieuses, des plus nobles perles qui soient, et, si je me voyais dans mon portrait avec cette allure que je vois dans votre image, je me la tiendrais toujours devant, comme un miroir constant de moi-même [1]. »

On voit, d'après cette lettre, que Titien était en train de faire le *Portrait de l'Arétin*. C'est là même peinture qu'on voit aujourd'hui à la galerie Pitti. Le pamphlétaire impudent, drapé dans son manteau, s'y montre dans toute la grossièreté vigoureuse de sa carrure athlétique, avec l'expression audacieuse et fourbe de sa physionomie sensuelle. Son compère implacable l'avait pénétré jusqu'aux moelles avec son sang-froid accoutumé ; il avait, de plus, avec son goût ordinaire, traité cette figure sanguine et brillante, toute en surface, dans sa manière la plus robuste, la plus extérieure, la plus éclatante. Par manque d'intelligence ou plutôt par dépit, l'Arétin fut assez mécontent de ce portrait. En l'envoyant au duc de Florence, Cosme Ier, il l'accompagna d'une lettre

1. ARETINO, *Lettere*, III, 161.

perfide dans laquelle il faisait payer, d'un seul coup, à
Titien toutes les flatteries qu'il lui adressait en particulier
et en public et se vengeait de lui avoir tant d'obligations :
« La grande quantité d'argent que M. Titiano possède,
et la grande avidité qu'il a de l'augmenter, sont cause
que, n'ayant souci ni des obligations d'amitié ni des
devoirs de parenté, il ne s'occupe avec une étrange
angoisse que de celui qui lui a promis beaucoup. Ce n'est
donc pas merveille si, après m'avoir entretenu six mois
d'espérances, attiré par la prodigalité du pape Paul, il
s'en est allé à Rome, sans me faire autrement le portrait
de votre père immortel, dont je vous enverrai l'image
douce et terrible bientôt et peut-être aussi conforme à la
vraie que si elle sortait des mains dudit peintre. Cependant vous voici le modèle même de ma figure exprimée
par son propre pinceau. Certes, elle respire, son pouls
bat, son souffle se meut, ainsi que je fais dans la vie ; et
si les écus que je lui ai comptés avaient été plus nombreux, sans doute les soies seraient brillantes, souples et
raides, comme le drap, le velours et le brocart, tout de
bon [1]. »

C'était en l'absence de Titien que son commensal le
traitait ainsi. Le peintre, réalisant enfin un projet depuis
longtemps conçu et toujours ajourné, venait de prendre
la route de Rome avec son fils Orazio, sous la protection
du duc Guidubaldo d'Urbin. Celui-ci, après l'avoir em-
mené avec lui de Ferrare à Pesaro, lui avait donné là une
brillante escorte pour le conduire jusqu'à Rome [2]. Jamais

1. Aretino, *Lettere*, III, 238.
2. « ... Titien m'écrit de Rome : Adorez le seigneur Guidubaldo,
compère, compère, adorez-le, car il n'y a pas de bonté de prince
qui l'égale, et cela, il le crie avec la voix de la reconnaissance,
parce que Votre Excellence l'a accompagné jusqu'où il est avec sept
montures, toutes dépenses du voyage faites, en lui donnant compagnie partout, avec tout l'agrément des bons accueils, des hon-

artiste n'avait été traité plus princièrement. A son arrivée dans la ville éternelle, tout le monde s'empressa de lui faire honneur. Le cardinal Bembo, son compatriote et ami, le reçut naturellement avec sa cordialité habituelle[1] ; le pape Paul III l'accueillit de suite et voulut quelques jours après qu'il fût logé au Belvédère, afin d'y travailler plus commodément pour lui et pour sa famille ; son petit-fils, le cardinal Farnese, s'occupant spécialement de lui, chargea Vasari de lui montrer les antiquités et les curiosités de Rome. Vasari, qui travaillait alors dans la chancellerie du cardinal, s'acquitta de ces fonctions de guide avec empressement. Il tint, nous dit-il lui-même, compagnie affectueuse, *amorevol compagnia*, à l'illustre maître. Il le conduisit d'abord dans les galeries de fragments antiques que Titien avait surtout hâte d'étudier : il lui mena voir ensuite les tapisseries de Raphaël et les peintures de la Farnésine ; enfin, ils allèrent admirer les chambres du Vatican. C'est là que le maître, remarquant dans une des salles que les soldats allemands, après le sac de Rome, avaient occupée, certaines figures de

neurs, des présents dont vous l'avez réjoui dans votre maison qui ne paraissait plus la vôtre, mais en quelque sorte la sienne. Certes, il m'a attendri autant en me racontant les merveilleuses démonstrations dont vous avez gratifié, honoré, accommodé sa vertu que, comme elle est en lui divine, il est digne de l'estime qu'en fait tout le monde. » (Lettre de l'Arétin au duc d'Urbin, octobre 1545, ARETINO, *Lettere*, III, 217-218).

1. « ... Votre, ou plutôt notre Titien est ici ; il dit qu'il vous a grande obligation parce que vous êtes cause qu'il est venu à Rome, car, par vos affectueuses paroles, vous l'avez enflammé à se mettre vite en chemin, et il s'en trouve si content qu'il ne suffit pas à le dire. Il a vu aujourd'hui tant de belles choses antiques, qui le font émerveiller outre mesure et se réjouir d'être venu ! Le seigneur duc d'Urbin a usé envers lui de mille tendresses, le gardant et l'assistant jusqu'à Pesaro et ensuite l'envoyant avec ses meilleures montures et compagnies, de telle sorte qu'il avoue lui être grandement obligé. » (Lettre de Bembo à Quirini, de Rome, le 10 octobre 1545. BEMBO, *Opere*, VI, 316.)

Raphaël qu'on avait dû restaurer, se retourna brusquement vers Sebastiano del Piombo et lui demanda quel était le présomptueux et l'ignorant qui avait barbouillé ces visages. Sebastiano fut obligé d'avouer que c'était lui[1].

Il est regrettable que la plupart des lettres écrites de Rome par Titien ne nous soient pas parvenues; mais nous avons le contre-coup de ses enthousiasmes par les réponses qu'y faisait l'Arétin[2] : « Bien que je sois en colère avec vous pour m'avoir repris le moulage de la tête du Seigneur Giovanni, sans l'avoir autrement représenté de votre main, et ensuite à cause de mon portrait plutôt ébauché qu'achevé, il n'en est pas moins vrai que vos lettres me sont très agréables, surtout lorsque j'apprends les larmes qui ont baigné les yeux du Bembo, dès que vous avez transmis à Sa Seigneurie Révérendissime les salutations que je lui envoyais d'une affection véritable et comme son bien dévoué. Si sa bonté, en recevant mes compliments par votre bouche, a versé des larmes, moi aussi, en écoutant les siens dans votre lettre, j'ai pleuré; et je n'ai pas pu ne pas m'émouvoir encore de tout mon cœur de toutes les amabilités qu'on vous montre et de l'accueil qui vous est fait par le pape Notre Seigneur. C'est une grâce particulière de la maison Farnèse d'abonder en quantité de caresses, car on sait qu'elles sont la mère des espérances, inventées par la nature pour l'entretien des hommes qui se repaissent au moins de la certitude des promesses dans la grandeur de leurs doutes. Maintenant, que vous

1. *Giunto a quella parte, dove aveva rifatte le teste Bastiano, gli domandò chi era stato quel presuntuoso ed ignorante che aveva imbrattati quei volti, non sapendo però che Bastiano gli avesse riformati: ma veggendo solamente la sconcia differenza che era dall' altre teste a quelle....* (Dolce *Dialogo della Pittura*, 9.)

2. ARETINO, *Lettere*, III, 236-237.

soyez peiné que ce caprice qui vous est venu à présent de vous transporter à Rome ne vous soit pas venu vingt ans plus tôt, je le crois fort bien : mais si vous en restez émerveillé, dans l'état où vous la trouvez aujourd'hui, qu'auriez-vous donc fait en la voyant dans l'état où je la laissai ? Sachez pourtant que cette grande ville est, dans les troubles de ses malheurs, semblable à un excellent prince maltraité par l'exil ; si les incommodités de la misère le pervertissent, il n'en reste pas moins lui-même en vertu de sa grandeur royale. Chaque heure me semble un mois à attendre que vous reveniez, ne fût-ce que pour entendre ce qu'il vous semble des Antiques dans les marbres et en quoi le Buonaruoto vaut plus ou moins qu'eux, et en quoi ne l'approche pas ou le dépasse Raphaël pour la peinture. Je me réjouirai à raisonner avec vous de la construction de Bramante à Saint-Pierre et des œuvres des autres architectes et sculpteurs. Retenez bien le faire de chaque peintre fameux et de notre Fra Bastiano spécialement. Regardez bien chaque entaille de Bucino et n'oubliez pas de comparer en vous-même les figures de notre compère M. Jacopo avec les statues de ceux qui rivalisent à tort avec lui, ce qui les fait blâmer avec raison. En somme, informez-vous aussi de la cour, aussi des mœurs des courtisans, comme des œuvres du pinceau et du ciseau, et surtout faites attention aux choses de Perin del Vaga, car c'est une admirable intelligence. Cependant souvenez-vous de ne pas vous perdre tellement dans la contemplation du Jugement de la Chapelle que vous en oubliez le départ et que vous restiez absent tout l'hiver loin de moi et de Sansovino. D'octobre, à Venise. M.D.X.L.V.[1] »

1. Une des rares lettres écrites par Titien et que nous reproduisons ci-contre, en *fac-similé*, faisait partie de la collection Benjamin Fillon. Nous en devons communication à MM. Charavay.

Sacratiss.ᵃ Ces. M.ᵗᵉ

Mandai alcuni mesi sono a V.M.ᵗᵃ per le mani del S.ʳ Don Diego suo Ambasciator il ritratto della S.ᵗᵃ memoria della Imp.ᵉ sua consorte fatto di mia mano con qll'altro che mi fu dato da lei per essempio. Ma perche tutte le mie voglie di q'sto mondo no sono altro che uno ar= dentiss.ᵒ disiderio di seruire et sodisfare in cio che io posso a V.M.ᵗᵃ. Sto con infinita deuotioe aspettando d'intendere se q'sta mia opera le sia giunta inanzi, et se le sia piaciuta, o no. Che se io sapero esserle piaciuta, ne sentiro q'l contento nell'animo, ch no son bastante a dirlo: et se ancho sara il contrario, io mi proferisco di racconciarla in maniera che V.M.ᵗᵃ se ne conten-terà, quado N.S. Dio mi donera gratia di poter io uenire a presentarle una figura di Venere da me fatta a nome suo: laqual figura ho speranza che fara chiara fede quanto la mia arte auanzi se stessa in adoperarsi per la M.ᵗᵃ V. Io sono hora qui in Roma chiamatoci da N.S. et uado imparando da q'sti marauigliosiss. sassi antichi cose per leq'li l'arte mia diuenghi degna di pingere le uittorie che N.S. Dio prepara a V.M.ᵗᵃ in oriente. In tanto ule baseio la riuerinissima mano con tutto l'affetto et reuerentia del mio cuore; et la supplico che si degni comettere er fare, che la tratta de i grani del Regno di Napoli dona — tami tanti anni sono dalla V.M.ᵗᵃ et la pensione delli cento scuti, che ella ordino che mi fosse pagata ogn'anno in Milano per cagion della Honciata che io le presentai, habbia effetto che ne luna, ne l'altra lo ha mai hauuto fin qui, senza saputa di V.M.ᵗᵃ Di Roma alli viij. di Decembre. M.D.XLV.

Di V. Ces. M.ᵗᵉ

Humilliss.ᵃ creatura et seruo

Titiano Pittere

Très-Sacrée Majesté Césarienne,

J'ai mandé, il y a quelques mois, à Votre Majesté, par les mains du Sr Don Diego, son ambassadeur, le portrait de la sainte mémoire de l'Impératrice son épouse, fait de ma main, avec un autre qui me fut donné par elle pour modèle. Mais comme toutes mes volontés en ce monde ne sont qu'un ardent désir de servir et de satisfaire autant que je puis Votre Majesté, je suis, avec un dévouement infini, dans l'attente de savoir si cet ouvrage lui a été présenté, et s'il lui a plu ou non. Que si je savais qu'il lui a plu, j'en sentirais dans l'âme un contentement que je suis incapable de dire; et, si c'était encore le contraire, je m'offre de le retoucher en sorte que Votre Majesté s'en contentera, lorsque N. S. Dieu me fera la grâce de pouvoir aller lui présenter une figure de *Vénus* faite par moi à son intention, laquelle figure, je l'espère, montrera clairement combien mon art se surpasse lui-même en s'employant pour Votre Majesté. Je suis ici, à Rome, appelé par N. S., et je vais prenant leçons de ces merveilleuses pierres antiques afin que mon art devienne digne de peindre les victoires que N. S. Dieu prépare à Votre Majesté en Orient. Cependant, je baise son invincible main avec toute l'affection et tout le respect de mon cœur, et je la supplie de daigner commander et faire que la traite des grains du royaume de Naples qui m'a été donnée il y a tant d'années par Votre Majesté, et que la pension de cent écus qu'elle a ordonné de me payer chaque année à Naples à l'occasion de l'*Annonciation* dont je lui fis présent, produisent leur effet, car je n'ai jamais, jusqu'à présent, rien eu ni de l'une ni de l'autre, à l'insu de Votre Majesté.

De Votre Majesté Césarienne,

Très humble créature et serviteur,

TITIEN, peintre.

De Rome, le vIII de décembre MDXLV.

Si Titien était venu plus tôt à Rome, l'étude des chefs-d'œuvre antiques, des peintures de Raphaël et de Michel-Ange aurait-elle modifié la direction de son génie pour le compléter plus heureusement? On peut hésiter à le croire. En s'efforçant d'acquérir une précision de dessin plus constante et de se mettre au niveau de ces grands penseurs par la gravité des conceptions et par la tenue savante de l'exécution, peut-être eut-il perdu ou du moins altéré cet enthousiasme

simple et chaleureux pour la couleur et pour le charme
des réalités vivantes, qui firent de lui l'interprète le plus
naturel de la figure humaine habillée ou nue, et le portraitiste le plus vrai et le plus varié, parce qu'il fut de
tous le plus exempt de système et de parti pris. L'absence
de tout pédantisme scolaire n'est pas la moindre de ses
qualités ; les résultats qu'avaient eus déjà sur lui, à
distance, les influences inévitables de ses grands contemporains, en particulier celles de Michel-Ange,
influences très visibles dans son œuvre depuis le séjour
de ce dernier à Venise, ne sont pas vraiment de nature
à nous faire regretter qu'elles ne se soient pas exercées
sur lui plus directement et plus complètement à l'âge
de sa formation définitive. Quoi qu'il en soit, rien n'est
plus touchant que de voir cet artiste de soixante-huit ans,
acclamé par toute l'Italie comme un maître, éprouver
devant les chefs-d'œuvre de ses prédécesseurs et de ses
rivaux les admirations naïves et respectueuses d'un
jeune homme prêt à retourner à l'école. Dans ce séjour
tardif à Rome, Titien apprit ou crut apprendre beaucoup
de choses. Il aimait longtemps après à le répéter à ses
élèves, leur donnant ainsi l'exemple d'une modestie
laborieuse pour laquelle l'horizon de l'art ne cesse de
s'agrandir, sans qu'elle renonce jamais à en poursuivre
les limites fuyantes, bien qu'elle connaisse, par expérience, l'impossibilité de les pouvoir atteindre [1].

Nous savons par Vasari quelle fut l'activité de Titien

1. « Je me souviens avoir entendu dire à Messer Tiziano, lorsque,
dans mon enfance, pour apprendre aussi quelque peu de peinture,
j'allais des fois dans sa maison, qu'après avoir été à Rome il avait
grandement amélioré ses ouvrages, parce qu'en vérité, que ce soit
vigueur du dessin, ou vivacité des couleurs, ou beauté d'invention,
ou intelligence d'imitation, toutes qualités nécessaires à la peinture,
vous les trouvez là dans leur excellence et dans une exquise perfection... » (Lettre de G. B. Leoni à Montemezzano, du 6 août 1589,
dans Bottari, *Raccolta di Lettere*, V, 53.)

durant son séjour dans les appartements du Belvédère.
Le premier tableau qu'il entreprit fut le *Portrait du
pape Paul III entre le cardinal Alexandre et Ottavio
Farnese.* Les trois figures sont en pied, de grandeur
naturelle. Le vieux pape est assis, de face, dans un
grand fauteuil, près du cardinal, qui, d'un air calme, se
tient debout à sa droite. Il se retourne, par un mouvement brusque, vers le jeune Ottavio qui, son bonnet à
la main, s'avance en le saluant avec obséquiosité. Le
visage du pape, fatigué, tourmenté, marque visiblement
l'impatience et la colère ; celui d'Ottavio est plein d'une
astuce hypocrite et sinistre. Il semble que Titien,
comme l'ont remarqué MM. Crowe et Cavalcaselle, ait
assisté à une des scènes de famille fréquentes alors
entre le grand'père et le petit-fils, gendre de Charles-
Quint, qui ne cessait de conspirer contre son père,
Pier-Luigi, auquel Paul III venait de conférer le titre
du duc de Parme. Bien que, suivant Vasari, l'ouvrage
ait été exécuté à la grande satisfaction de ces personnages, *con molta sodisfazione di que' signori,* la vérité
extraordinaire des gestes et des physionomies parut-elle
trop audacieuse à l'un des intéressés ? Il est certain que
la peinture resta à l'état d'ébauche et que les têtes
seules du cardinal et d'Ottavio furent achevées. Cette
réunion de figures historiques n'en demeure pas moins
l'une des œuvres les plus vivantes du vigoureux observateur, l'une de celles où, grâce même à cette imper-
fection, on saisit le mieux ses façons magistrales de poser
ses figures et de les amener peu à peu, par une série de
touches superposées, à une justesse et à une puissance
de relief admirables [1].

1. « Cette peinture, disent MM. Crowe et Cavalcaselle, ayant
d'abord été ébauchée par larges et grandes masses dans des tons
presques neutres, formant une espèce de clair-obscur coloré, mais

Sur l'invitation du cardinal et d'Ottavio, « il fit ensuite, *1546* pour donner au pape, un Christ à mi-corps, en forme d'*Ecce Homo* ; laquelle œuvre, soit que les choses voisines de Michel-Ange, Raphaël, Polidoro et autres lui fissent tort, ou pour tout autre raison, ne parut pas aux peintres, bien que ce fût un bon ouvrage, de la même excellence que beaucoup d'autres, et surtout ses portraits [1] ». Cet *Ecce Homo* était sans doute une répétition de la figure de Christ qu'il avait déjà traitée et qu'il devait encore traiter tant de fois, le présentant tantôt seul, tantôt entre un soldat et un bourreau. Mais si cet *Ecce Homo*, fait de pratique, n'eut qu'un succès médiocre, il n'en fut pas de même de la *Danaé* qu'il exécuta au même moment. La commande d'une nudité aussi franchement voluptueuse, dans le palais du Saint-Père, par l'un de ses petits-fils, au moment où s'ouvrait le concile de Trente pour réformer les abus de l'Église et combattre la corruption du clergé, est un trait de mœurs assez significatif. Titien, inspiré par la grâce pleine et souple des statues antiques dont il était entouré, se surpassa, cette fois, lui-même dans l'interprétation de la beauté nue. La Vénus d'Urbin, le chef-d'œuvre du naturalisme savant, eut désormais une sœur aussi séduisante qu'elle, dans un style plus ferme et plus élevé qu'anime l'idéa-

---

de nuance très indécise, on voit qu'il y retournait avec la même couleur, jusqu'à ce qu'il eût obtenu l'ensemble qu'il voulait et bien mis toutes les parties en place. Ensuite il repeignait par-dessus avec cette maîtrise qui lui était propre, modelant résolument les formes en leur donnant la vie, comme nous voyons dans cette vaste toile, où quelques parties sont tout à fait terminées et d'autres presque à point, et d'autres encore à peine ébauchées ou indiquées par quelque touche. La facture de cette peinture, quoique par d'autres moyens, nous rappelle la façon franche, hardie et grandiose dont Buonarroti ébauchait ses statues... » (CROWE et CAVALCASELLE, II, 63-64.)

1. VASARI, t. VIII.

lisme plastique des sculpteurs antiques. La Danaé de Corrège, cette merveilleuse peinture déjà fameuse depuis quinze ans, put alors, malgré son charme coquet, paraître un peu petite et maniérée, à côté de cette parfaite créature, si superbement proportionnée, si saine et si vivante, qui, assise sur un lit, dans une attitude souple et calme, développe, avec une tranquillité païenne, le mouvement harmonieux de ses formes accomplies, dans un rythme d'une perfection incomparable. Jamais le grand coloriste n'avait fait jouer avec plus de science et de séduction une lumière douce et tiède sur les carnations tendres et sur les somptueuses étoffes ; jamais il n'avait donné à sa peinture plus d'éclat, de relief, de solidité. Ému par le spectacle des grandes œuvres qu'il venait d'admirer, il avait réalisé, dans cette évocation puissante et douce, l'union d'un coloris sans pareil et de formes choisies, d'un naturalisme savant et d'une poésie chaleureuse. La *Danaé*, dès son apparition, excita l'enthousiasme de tous ceux qui la virent ; le vieux Michel-Ange lui-même mit à peine à son admiration quelques restrictions, que justifient ses habitudes austères d'esprit et sa passion pour l'accentuation rigoureuse, jusqu'à la dureté, des saillies musculaires. « Un jour, dit toujours Vasari, que Michel-Ange et Vasari étaient allés voir Titien au Belvédère, ils virent, dans un tableau qu'il avait achevé, une femme nue, représentant une Danaé qui recevait dans son sein Jupiter transformé en pluie d'or, et ils lui en firent grand éloge (comme on fait devant les gens). Quand ils l'eurent quitté, s'entretenant du faire de Titien, Michel-Ange le loua fortement, disant que son coloris lui plaisait beaucoup et son style, mais que c'était dommage qu'à Venise on n'apprît pas d'abord à bien dessiner, et que les peintres n'y eussent pas une meilleure façon d'étudier.

« Car, dit-il, si cet homme-là était soutenu par la science
« et le dessin comme il l'est par la nature, surtout pour
« l'imitation de la réalité, on ne pourrait faire ni plus ni
« mieux ; c'est une bien belle intelligence et une manière
« bien charmante et bien vive ! » Comme il avait fait
pour plusieurs compositions précédentes, Titien dut,
dans les années qui suivirent, répéter un certain nombre
de fois la *Danaé*, avec quelques variantes portant surtout sur le personnage accessoire. C'est ainsi que
l'Amour, imité de la statue attribuée à Praxitèle, qui,
dans le tableau original, se tient debout au pied du lit,
se trouve remplacé, dans les exemplaires de Madrid, de
Vienne, de Saint-Pétersbourg, par une vieille femme
recueillant les pièces d'or dans un bassin. En même
temps que la *Danaé*, Titien peignit, au Belvédère, le
Portrait de Marguerite d'Autriche, femme d'Ottavio
Farnèse, celui de *Clelia Farnèse*, fille naturelle du
cardinal Alexandre, ainsi qu'une *Vénus* et une *Madeleine*
pour Ottavio.

Son séjour à Rome ne se prolongea cependant guère
au delà de sept à huit mois, pendant lesquels il eut
encore à s'occuper d'affaires ennuyeuses. Quelque temps
après son départ de Venise, il était arrivé un malheur
gravé à son ami Sansovino. La grande salle de la Bibliothèque, dont il était l'architecte, s'était écroulée tout à
coup, le 18 décembre 1545, avant l'achèvement des
travaux. Le gouvernement avait fait immédiatement
arrêter Sansovino, comme coupable de négligence et
d'imprudence. Tous ses amis, l'Arétin, le cardinal
Bembo, l'agent de l'empereur, Mendozza, s'étaient mis
aussitôt en campagne pour obtenir sa mise en liberté ;
mais ce fut Titien, paraît-il, qui, quoique éloigné, obtint,
par son influence auprès du Conseil des Dix et du nouveau doge Francesco Donato, dont il avait fait le portrait

comme sénateur avant son départ, un examen plus bienveillant des charges qui pesaient sur leur ami, l'annulation de l'amende énorme dont il avait été frappé et sa réintégration dans ses fonctions. La correspondance que Titien dut entretenir à ce sujet lui fournit l'occasion de demander au doge, dont il avait à faire, on le sait, le portrait officiel, l'autorisation de prolonger son séjour à Rome, ce qui lui fut accordé sans difficulté.

Le peintre réussissait moins bien dans les négociations qu'il poursuivait toujours au sujet du fameux bénéfice de Colle, de nouveau promis par les Farnese, mais que son titulaire actuel ne voulait pas abandonner sans compensation. A ce titulaire, Sertorio, abbé de Nonantola, se joignaient, pour s'opposer à la cession, deux autres personnes ayant quelques intérêts dans le bénéfice. Le cardinal Farnese essayait de trouver une combinaison qui pût satisfaire tout ce monde ; il n'y parvenait pas. Au mois de mai, une lettre de l'abbé Sertorio le prévint que l'affaire se compliquait de plus en plus, car, tandis qu'on voulait à Rome assurer sa succession à Titien, le duc de Ferrare et le cardinal Salviati, plus voisins de la place, manifestaient leur intention d'en gratifier un de leurs amis. L'artiste dut quitter Rome au mois de mai, sans avoir obtenu la satisfaction si ardemment désirée. Avant son départ, la municipalité de Rome, dans sa séance du 19 mars 1546, lui avait conféré solennellement le titre de *citoyen romain*, honneur accordé seulement à Michel-Ange neuf ans auparavant[1].

Avant de rentrer à Venise, Titien voulut voir Florence qu'il ne connaissait pas. Il y éprouva les mêmes admirations qu'à Rome et fut reçu par le duc Cosme à sa villa de Poggio a Caïano. Il offrit naturellement à ce

1. Communication d'une pièce des archives du Capitole faite par M. Gregorovius à MM. Cavalcaselle et Crowe, II, 67.

prince de faire son portrait; mais « Son Excellence, dit 1546
Vasari, ne s'en soucia pas beaucoup, pour ne point faire
tort peut-être à tant de nobles artistes de sa ville et de
son territoire ». Rien ne ressemblait moins, en effet, à la
manière tendue, sèche et froide des derniers dessinateurs florentins que le style libre, coloré, chaleureux du
Vénitien, et si Cosme, comme il semble, considérait les
œuvres de Bronzino, d'Allori, de Salviati comme le
dernier mot de l'art, il ne pouvait guère apprécier à leur
valeur celles de Vecellio.

En quittant Florence, Titien paraît s'être arrêté à Plaisance pour y faire le *Portrait de Pier-Luigi Farnese*.
Ce tyranneau était déjà gravement atteint d'une maladie
honteuse qui avait amaigri et décharné plus que jamais
son triste visage. Titien le représenta cuirassé, la tête
nue, tourmentant de la main gauche un poignard,
serrant dans sa droite son bâton de commandement,
donnant des ordres à un soldat qui porte un étendard.
La peinture est au musée de Naples et donne une juste
idée de ce vicieux personnage, dont Charles-Quint allait
se débarrasser l'année suivante en le faisant assassiner.

A son arrivée à Venise, Titien fut accueilli à bras
ouverts par le légat pontifical, Giovanni della Casa, qui,
en son absence, s'était occupé de l'affaire de Colle et
avait mis dans les intérêts du peintre plusieurs des
parents même de l'abbé Sertorio, le comte Cesare Bos-
chetti et Galeozzo Paleotti, avec lesquels il s'empressa
de l'aboucher. Titien en conçut immédiatement de nouvelles espérances, qu'il s'empressa de communiquer au
cardinal Farnese[1]; mais celui-ci, s'apprêtant à partir en
Allemagne comme légat, n'eut pas le temps d'y répondre, et le peintre n'eut plus qu'à chercher, comme d'ha-

1. Lettre de Titien au cardinal Farnèse, du 19 juin 1546, dans
Ronchini. p. 6.

bitude, une consolation à ses ambitions déçues dans la régularité de son travail. A ce moment il achève la grande toile de la *Descente du Saint Esprit* pour les chanoines de Santo Spirito, il commence une peinture pour le maître-autel de l'église de Serravalle, il donne enfin à l'Arétin le portrait si longtemps attendu de *Giovanni delle Bande Nere* d'après un moulage posthume, il livre au palais ducal le portrait officiel du nouveau doge *Francesco Donato*. Tout porte à croire que c'est aussi vers cette époque qu'il fit de sa chère fille Lavinia, alors âgée de dix-sept ou dix-huit ans, le délicieux portrait connu sous le nom de la *Jeune fille à l'éventail*, qui est passé de la maison d'Este dans la galerie de Dresde. Au mois de novembre 1546, le cardinal Farnese, ayant été repris en Allemagne par ses fièvres intermittentes, dut quitter le camp d'Ulm pour venir hiverner en Italie. Il s'arrêta quelques jours à Venise et ne manqua pas de venir voir Titien à son atelier et de lui commander une peinture.

Les premiers mois de l'année suivante amenèrent une série d'événements non moins intéressants pour l'artiste. Le 18 février 1547, mourait la duchesse d'Urbin, et son mari s'empressait, dès le 9 juin suivant, de convoler en secondes noces avec Vittoria Farnese, fille de Pier-Luigi et sœur du cardinal. Au mois d'avril, le second fils du peintre, son collaborateur assidu, Orazio, se mariait à Venise. Le 18 juin, on y apprenait la mort subite de Sebastiano del Piombo à Rome. Cette fois, Titien n'hésitait plus, il écrivait au cardinal pour lui demander la survivance de la charge laissée libre par son ami à la cour pontificale [1]. En attendant le résultat de ses démarches, il mettait la dernière main au tableau de Serravalle ; lorsqu'arriva l'heure de la livraison, il

---

1. Lettre du 18 juin 1547, dans RONCHINI, p. 8 et 9.

réclama à la fabrique de l'église un supplément de 1547 25 ducats sur le prix convenu « pour avoir substitué une figure de saint Pierre à une figure de saint Vincent, ainsi qu'on lui en avait exprimé le désir exprès ». La fabrique ayant refusé, un procès s'ensuivit qui ne devait se terminer qu'en 1553. Cette belle peinture, l'un des spécimens les plus éclatants de la manière grandiose du maître, dans sa nouvelle transformation, occupe encore la place pour laquelle elle fut faite. On y remarque, dans le fond de paysage, une représentation de la *Pêche miraculeuse*, où se retrouvent quelques souvenirs du carton de Raphaël que Titien venait d'admirer à Rome.

Suivant son habitude, le peintre avait d'ailleurs toujours dans son atelier un certain nombre de toiles, soit religieuses, soit profanes, en cours d'exécution. Crowe et Cavalcaselle sont disposés à croire que le tableau choisi par le cardinal, dont l'achèvement fut immédiat, était *Vénus et Adonis*, sujet que le peintre devait répéter, comme la Danaé, un assez grand nombre de fois, sans y faire d'importants changements. Nous avons des motifs de penser que le *Repas d'Emmaüs*, du musée du Louvre, sortit aussi vers cette époque de l'atelier de Biri Grande, car, dans la vente en masse que fit Titien à la fin de cette année même, au moment de partir pour l'Allemagne, on en voit une répétition achetée par un patricien, Alessandro Contarini, qui en fit immédiatement hommage à la République. La peinture que nous possédons aujourd'hui à Paris avait donc été envoyée quelque temps auparavant au duc de Mantoue. La puissance d'exécution du savant coloriste s'y accentue dans le rendu de l'architecture, des draperies, des accessoires, en même temps que sa liberté de conception s'y manifeste dans l'union de plus en plus résolue des figures idéales et des comparses contemporains.

Tandis que Titien était en pourparlers avec les membres de la famille Farnese pour obtenir les fonctions de garde des sceaux à la cour pontificale, un événement imprévu changea subitement ses projets. L'empereur Charles-Quint venait de battre les protestants à Mühlberg, d'y faire prisonnier Frédéric de Saxe, d'assurer sa domination en Allemagne. Enhardi par ses victoires, certain de ne plus trouver de résistance en Europe, il avait récemment fait intimer l'ordre au pape Paul III, malgré ses résistances et ses secrètes intrigues, de réunir le concile à Trente. En attendant, il convoquait sa cour à Augsbourg et y faisait inviter Titien. Le peintre ne pouvait songer à refuser une invitation qui répondait d'ailleurs très probablement à l'inclination de sa reconnaissance et de son intérêt. Il ne s'agissait plus que de se dégager adroitement avec les Farnese; c'est ce qu'il s'empressa de faire en écrivant au cardinal la lettre suivante :

Monseigneur Illustrissime,

Il me semblerait agir en serviteur ingrat et indigne des faveurs que mon dévouement reçoit de votre grande bonté, si je vous disais que, bien que Sa M^té me force à aller vers Elle en me fournissant même l'argent et les autres choses nécessaires pour le voyage, je n'y vais pas content, non seulement parce que je n'ai pas rempli votre désir et mes obligations en me présentant personnellement au service de Notre Seigneur et au vôtre, afin de travailler selon vos volontés, mais parce que je n'ai pas pu vous offrir encore le tableau que V. S. R^me a vu ici et m'a commandé; aussi je lui promets en loyal serviteur, dès mon retour, de lui en payer l'intérêt par un autre tableau encore. Cependant, je supplie le bon cœur que vous mettez toujours à gratifier ceux qui vous servent de la façon dont je vous adore, de ne point me priver de votre faveur accoutumée dans l'affaire du bénéfice de Colle, car je n'ai jamais rien désiré davantage. Et celui qui me le veut usurper est un homme qui, étant garçon, enlevait les maris aux femmes, et, maintenant qu'il est homme, enlève les

fils aux pères, et vraiment une telle sorte de vice ne peut être 1548
*confrontée avec ma dévotion. Je me fie en votre vraie noblesse
pour qu'à la fin je me trouve aussi consolé que je suis aujour-
d'hui désespéré. Aussi, avec votre permission, mon unique
patron, j'irai là-bas d'où je reviendrai avec la grâce de Dieu
pour vous servir de tout l'effort de l'intelligence, petite ou grande,
que j'ai reçue dans mes langes. Et je baise aussi les mains de
Votre Ill^{me} et R^{me} Seigneurie.*

Serviteur éternel,
TITIANO.

De Venise, le xxiiii X^{bre} 1547 [1].

Malgré toutes les précautions prises dans les termes
calculés de cette lettre, le prudent Vénitien craignit
pourtant qu'elle ne parût pas suffisante aux Farnese
pour justifier la façon dont il les abandonnait afin de
passer du côté du plus fort; il la remit à son ami le duc
d'Urbin, en le priant de la faire parvenir lui-même au
cardinal avec quelques lignes de sa main. Le duc s'empressa, en effet, de couvrir Titien de sa protection la
plus complète :

Très illustre et très révérend Seigneur,

Mon très respectable parent, j'aime extrêmement, pour son
rare talent et pour les mérites particuliers qu'il a envers moi,
Messer Tiziano, qui fait connaître dans la lettre ci-jointe à
V. A. Ill^{me} ses nécessités et ses désirs. V. S^{rie}, par suite de ce
que je viens de dire, doit se persuader que tout cela est autant
désiré par moi que par lui et que, si l'accomplissement en
devait tourner à mon profit, cela ne me serait pas plus agréable
que tout ce qui sera au profit de Messer Tiziano. Je supplie
donc V.-S. Ill^{me} de daigner me faire à moi, non moins qu'à
lui, une faveur dont je lui serai obligé autant que lui. Et je
lui baise les mains.

Serviteur et parent,
LE DUC D'URBIN.

De Pesaro, le viii janvier MDXLVIII [2].

1. RONCHINI, ouv. cité, p. 9 et 10.
2. RONCHINI, ouv. cité, p. 10.

L'intervention du duc d'Urbin et peut-être aussi la protection hautement manifestée de l'empereur, que les Farnèse avaient tant besoin d'apaiser, eurent cette fois un effet heureux. Les fonctions de garde des sceaux, qui ne pouvaient être confiées qu'à une personne résidant à Rome, furent, il est vrai, données au sculpteur Guglielmo della Porta ; mais Titien obtint ce qu'il désirait le plus, un bénéfice pour son fils Pomponio. C'est ce qui semble résulter d'une lettre de remerciements écrite en son absence, quelques mois après, au duc d'Urbin, par son « frère » l'Arétin[1].

C'est aussi par une lettre de l'Arétin au chancelier Granvelle que nous savons qu'elle émotion produisit à Venise l'annonce du départ de Titien et avec quel empressement, pendant plusieurs jours, on se rendit à la maison de Biri Grande soit pour lui faire ses adieux, soit pour acheter quelques-unes des toiles dont il se débarrassa avant son départ. « Ce fut un bien beau témoignage rendu au talent que de voir, aussitôt que l'invitation du peintre divin fut connue, courir les foules en troupe pour avoir quelque chose de son art, et tous s'efforcer d'acquérir à grand prix qui des toiles, qui des panneaux, qui quoi que ce soit se trouvant dans la maison, car tout le monde est sûr que la Majesté Auguste accommodera si bien son Apelle qu'il ne daignera plus employer son pinceau, sinon en sa faveur[2]. »

Il est probable que Titien fit alors de ses tableaux terminés trois parts, l'une qu'il vendit avant son départ, l'autre qu'il laissa dans son atelier, une troisième qu'il emporta avec lui, soit pour en faire des présents, soit

1. Aretino, *Lettere*, IV, 146-147. Lettre au duc d'Urbin, du mois de février 1548.

2. Aretino, *Lettere*, IV. Lettre à Granvelle, du mois de janvier 1548.

pour les vendre aux courtisans d'Augsbourg. Parmi ces derniers se trouvait un *Ecce Homo*, aujourd'hui au musée de Madrid, qu'il offrit à Charles-Quint et peut-être aussi les deux célèbres *Vénus et l'Amour*, dont l'une se trouvait quelque temps après dans la collection du cardinal Granvelle et qui figurent actuellement, l'une au musée des Offices, à Florence, l'autre au musée du Prado, à Madrid.

CHAPITRE XII

(1548-1556)

C'est dans les premiers jours de janvier 1548 que Titien se mit en route pour se rendre à Augsbourg. Le 6 janvier, il est à Ceneda, où le comte Girolamo della Torre lui remet une lettre de recommandation pour le cardinal Madruzzo, qui avait déjà rejoint la cour impériale[1]. On peut s'imaginer de quelle fatigue devait être, pour un septuagénaire, cette traversée longue et difficile des Alpes dans une pareille saison. Le vieillard, suivant son habitude, s'était fait accompagner par quelques élèves, au nombre desquels se trouvait son arrière-cousin, Cesare Vecellio[2].

---

1. La lettre, extraite d'un manuscrit de la bibliothèque de Trente, est donnée par MM. Cavalcaselle et Crowe, II, 114-115.

2. Titien employa de bonne heure, comme on l'a vu, ses élèves dans ses travaux. Ses collaborateurs les plus assidus furent surtout ses parents : Francesco, son frère, Orazio, son fils, Cesare Vecellio et Marco Vecellio, qu'on surnomma Marco di Tiziano, tous deux ses arrière-cousins ; ce dernier est le père de Tizianello, son premier biographe. Parmi les innombrables peintres qui se formèrent dans

En arrivant à Augsbourg, il y trouva un grand nombre *1548*
d'anciennes connaissances, seigneurs, ministres, courtisans, notamment chez les riches banquiers Fugger,
qui eux-mêmes avaient depuis longtemps des comptoirs
et des résidences à Venise dans le quartier de San
Samuele, qu'avait habité autrefois Titien. Augsbourg,
la ville la plus pittoresque et la plus richement décorée
de l'Allemagne méridionale, présentait alors le spectacle
d'une animation extraordinaire. Charles-Quint, vainqueur
des protestants à Mühlberg, venait d'y convoquer, pour
la Diète, un grand nombre de princes et de dignitaires
allemands, espagnols, italiens, qui s'étaient empressés
de répondre à son appel en amenant leurs femmes et
leurs familles. L'empereur habitait, sur la grande-rue,
un palais magnifique que les Fugger avaient mis à sa
disposition; en face, dans une maison réunie à ce palais
par un pont volant, il faisait garder, comme un précieux
otage, son prisonnier de Mühlberg, le protecteur de
Luther, le gros Frédéric de Saxe, dont Lucas Cranach
a si souvent reproduit les traits. Parmi les grands personnages logés dans les environs se trouvaient le frère
de l'empereur, le roi Ferdinand, ses deux fils, Maximilien et Ferdinand, sa fille Anna avec son mari
Albert III de Bavière, Marie, reine douairière de Hongrie, Emmanuel-Philibert de Savoie, Maurice de Saxe,
le duc d'Albe, le prince de Salerne et un grand nombre

l'atelier de Biri Grande et prêtèrent leur aide à leur maître, les plus
connus sont Tintoretto, Andrea Schiavone, Paris Bordone, Savoldo,
Nadalino, Polidoro Veneziano, Boldrini, Maganza, Niccolò Frangi-
pani, Santo Zago, Girolamo da Treviso, Cristoforo Rosa, Bonifazio,
le Moretto, Preterazzano, Mazza, Mario Verdizzoti, Francesco Bassano, Palma le jeune, sans compter nombre d'étrangers, tels que :
Barent d'Amsterdam, Van Calcar du duché de Clèves, Christophe
Schwartz d'Ingolstadt, Amberger d'Augsbourg, Roelas et Navarrete
d'Espagne, etc., etc.

de capitaines italiens et espagnols, sans compter les deux Granvelle père et fils, le chancelier et le cardinal.

On sait, par les lettres de l'Arétin répondant à des lettres perdues de Titien, quel gracieux accueil le peintre reçut de l'empereur. Dès son arrivée, il se mit au travail ; ses dix mois de séjour à Augsbourg peuvent compter parmi les périodes les plus laborieuses de son existence. Le premier qui posa devant lui fut le vieil empereur, qui endossa de nouveau la cuirasse et qui voulut être représenté, dans son costume de bataille, sur le cheval qu'il montait à Mühlberg. Au mois d'avril, le travail était fort avancé ; Titien regrettait alors, dans une lettre, de n'avoir pas auprès de lui un confrère de sa taille, comme Lorenzo Lotto, par exemple, auquel il pût, avant la fin, demander un bon conseil. Au mois de mai, il avait déjà épuisé toute sa provision de couleurs et priait instamment l'Arétin de lui envoyer par le prochain courrier impérial une demi-livre de laque.

Le *Portrait équestre de Charles-Quint*, bien que fort maltraité dans l'incendie du palais du Prado, en 1608, reste encore une des gloires du musée de Madrid. L'empereur, de grandeur naturelle, couvert d'une armure noire damasquinée d'or, coiffé d'un morion à panache rouge qui lui laisse le visage découvert, une longue et fine lance dans la main, sort d'un bois dont les arbres montent sur la gauche. Il pousse en avant, vers la droite, son cheval bai brun richement caparaçonné du côté de l'Elbe qu'il va franchir. Sa face, jaune et desséchée, s'allume, dans sa barbe grise, d'un éclat factice et rapide pour ce dernier triomphe. On sent à la fois, dans la tension de tous les membres, l'affaiblissement fatal de ce vieux corps usé par tant de travaux et d'excès, et l'énergie de la volonté indomptable qui le force encore à se tenir raide et à faire son devoir avec dignité. Un coup de lumière, s'échappant d'un ciel nuageux, frappe de côté la figure et lui donne un relief extraordinaire.

C'était là le Charles-Quint officiel, le Charles-Quint d'apparat, tel qu'il voulait se montrer à la postérité. Si le peintre lui avait donné, même dans cette image héroïque, un accent énergique de réalité qui ne laisse aucun doute sur la ressemblance, il n'avait pu cependant analyser cette étrange figure à loisir, comme il le fit quelques jours après, lorsque le même empereur vint s'asseoir longuement devant lui, en négligé, dans son fauteuil de goutteux. L'admirable étude, conservée à Munich, nous donne de l'homme qui mena l'Europe pendant un demi-siècle l'image la plus complète et la plus vivante qu'on puisse désirer. Assis, dans une attitude fatiguée, sur un grand fauteuil à bras, près d'une loggia ouverte qui laisse venir à lui le grand air, le potentat infirme, coiffé d'une toque noire, les épaules couvertes d'une fourrure, les mains nues, se laisse aller, devant son peintre familier, au courant ordinaire de ses pensées déjà sombres. La hardiesse et la liberté de l'exécution contribuent puissamment à donner à cette belle peinture, largement traitée en ébauche, un accent d'exactitude inoubliable[1].

Il va sans dire que tous les parents et favoris du sou-

1. La familiarité de Charles-Quint avec Titien excita naturellement la jalousie de son entourage. On connaît les diverses anecdotes ayant cours dans le xvie siècle à ce sujet. Un jour que quelques seigneurs paraissaient se plaindre des faveurs accordées au peintre, l'empereur leur répondit *qu'il était en son pouvoir de faire des comtes et des barons, mais que Dieu seul pouvait faire un Titien*. Une autre fois que le peintre, pour examiner une toile suspendue très haut, avait besoin de monter sur une table, qui se trouva trop basse encore, Charles-Quint, avec l'aide de plusieurs courtisans, aurait soulevé la table sur ses épaules. L'histoire du pinceau ramassé est plus fameuse, ainsi que la réponse du souverain au peintre descendu de son échafaudage et s'agenouillant pour s'excuser : *Titien est digne d'être servi par César*.

verain voulurent profiter de l'occasion pour tenir leur portrait des mains de celui qu'on considérait comme le premier peintre du monde. Devant l'artiste vinrent successivement poser le roi Ferdinand, ses deux fils et ses cinq filles, la reine Marie de Hongrie, Emmanuel-Philibert de Savoie, Maurice de Saxe, le duc d'Albe. Tous ces portraits, emportés à Bruxelles par la reine Marie, prirent, en 1556, le chemin de l'Espagne ; on les y retrouve en 1582, mais ils paraissent avoir tous péri dans l'incendie du palais du Prado. Le prisonnier de Charles, l'*Électeur de Saxe*, eut lui-même son tour. Son portrait est au musée du Belvédère. C'est, pour le naturel, le pendant de celui de l'empereur. Le gros homme est assis, la tête nue, dans un siège à bras, en pourpoint noir rayé, avec un pardessus fourré de soie noire. Il tient dans la main un bonnet noir. Sa large face rubiconde est rayée, à la joue gauche, par la balafre qu'il a reçue à Mühlberg. Le Vénitien a exprimé son caractère apoplectique, avec une force chaleureuse que ne connut jamais son peintre ordinaire, Cranach. La supériorité de l'art italien à cette époque éclate plus encore dans la noblesse imprimée, par l'ampleur de la facture, à cette physionomie énergique et intéressante, malgré l'épaisseur de ses formes.

Aux souverains succédèrent les courtisans, et tout d'abord le *Cardinal Madruzzo*, prince-évêque de Trente dont l'image fut, jusqu'en 1905, conservée[1] dans sa famille. Ensuite, vinrent le chancelier *Nicolas Granvelle*, sa femme, *Niccoline Bonvalot*, et son fils, le *Cardinal Antoine*. Le chancelier paraît même s'être fait représenter deux fois. L'un de ses portraits est resté dans la

----

1. Aus. dans la collection James Stillmann, à Paris. V. les *Portraits des Madruzzo* par Georges Lafenestre (Revue de l'art ancien et moderne, 1906).

ville de Besançon, où Granvelle avait fait bâtir, de 1534 à 1540, un superbe palais dans lequel il réunissait déjà, avec un goût supérieur, des œuvres choisies d'artistes italiens. Les toiles de Titien allèrent y rejoindre la *Joconde* de Léonard et la *Sainte Catherine* du Corrège. C'est peut-être à cette époque qu'il acheta au peintre la *Vénus couchée près d'un joueur d'orgue*, la *Vénus endormie avec un Satyre*, la *Vénus au miroir* et la *Danaé*, qui furent depuis vendues, en 1600, par son petit-neveu, François de Cantecroix, à Rodolphe II[1]. Un amateur si passionné de ses œuvres méritait d'être bien traité. Le portrait de Granvelle est, en effet, une œuvre excellente. Tout en achevant ces divers portraits, le peintre trouvait le temps de se livrer à ses goûts personnels en traitant quelques sujets mythologiques. C'est à Augsbourg qu'il fit un *Prométhée*, un *Ixion*, un *Sisyphe*, un *Tantale* probablement destinés à décorer les quatre parois d'une salle. Ces quatre tableaux, achetés par la reine Marie, eurent le même sort que les autres peintures de la même collection.

Au milieu de ses occupations incessantes, le Cadorin ne perdait pas de vue ses intérêts. Le 10 juin, il se fit délivrer par l'empereur une patente doublant sa pension sur le trésor de Milan, pension idéale, qu'à vrai dire il ne touchait jamais. Il eut la précaution de faire écrire en même temps au gouverneur de Milan, Ferrante Gonzaga, par son agent à Augsbourg, Natale Musi, une lettre pressante, dans laquelle on lui faisait savoir que « l'intention de l'empereur était qu'on payât régulièrement sa pension à Titien et qu'on la lui payât à Venise ». De son côté, Titien suppliait Gonzaga de s'occuper de l'affaire et lui offrait, pour ses bons offices, un portrait

1. A. CASTAN, *Monographie du palais Granvelle à Besançon.* Besançon, 1867.

de l'empereur « des plus beaux qu'il eût jamais faits ». Quelques mois après, en quittant Augsbourg, lorsqu'il s'arrêta à Inspruck, chez le roi Ferdinand, pour y faire les portraits de ses enfants en bas âge, il profita de l'occasion pour demander la concession d'une coupe de bois dans les forêts du Tyrol. La concession lui fut accordée, mais l'extension que voulut lui donner Titien rencontra immédiatement des difficultés auprès des conseillers du roi, ainsi que le prouve la lettre suivante :

TITIEN AU ROI FERDINAND

Roi Sérénissime et Puissantissime, et Seigneur Clémentissime,

Bien que Votre Royale Majesté, dans sa royale bonté, m'ait octroyé la faveur que, sur le bois que je transporterai pendant trois ans, la douane me remette..... (illisible) cent à l'année, néanmoins, Seigneur Très Gracieux, comme j'en sollicitais l'expédition, il m'a paru que les Conseillers de la Chambre mettaient obstacle à la permission de faire des coupes dans la forêt dite Rorboldt, parce que Votre Majesté, dans son dispositif, n'en fait pas mention. Ils disent que cette forêt est réservée pour l'usage des mines, ce qui m'a quelque peu ennuyé, car je ne pouvais croire que lesdits Conseillers dussent résister à un ordre de Votre Majesté. D'autant plus que, moi, je ne suis pas homme à en faire marchandise, c'est seulement pour mon usage et pour mes constructions. Et j'ai servi et je sers V. M. *avec toute la diligence et bonne foi que l'on cherche en un serviteur dévoué, comme ces seigneurs peuvent bien, s'ils veulent, s'en faire donner bons témoignages. Ainsi je supplie humblement Votre Majesté d'aviser à ce qu'ils ne m'empêchent pas de couper dans cette forêt, d'autant plus que d'autres y ont coupé l'an passé, comme on le peut prouver, et qu'il n'y a point de mines plus proches qu'à vingt milles allemands et plus, et, enfin, Votre Majesté me faisant cette grâce, je ne lui suis point un ingrat serviteur, et je m'efforcerai de toutes mes forces de savoir le reconnaître.*

Les portraits des filles Sérénissimes seront finis en deux jours et je les emporterai à Venise d'où je m'arrangerai en toute diligence et avec tout mon savoir pour les envoyer promptement à Votre Majesté ; et, quand ces seigneurs les auront vus, je suis

certain qu'ils me feront plutôt meilleure grâce que non et que 1549
celle qu'ils m'ont faite. Et je me recommande humblement à
Votre Majesté.

D. V. M^{té},

Le fidèle serviteur.

TITIANO[1].

D'Inspruck, au xx *d'oct. de 48.*

Quelques jours après, l'artiste était réinstallé à Venise, dans sa chère maison de Biri Grande, où ses amis venaient en foule entendre, de sa bouche, des détails sur son séjour à la cour ; mais il ne put y demeurer long-temps. Le fils de Charles-Quint, le prince Philippe que son père songeait déjà à associer à l'Empire, en attendant qu'il pût se décharger sur lui du fardeau du pouvoir, venait de faire son entrée solennelle à Gênes. Titien pensa qu'en allant au-devant de lui à Milan, avec l'appui de ses amis d'Augsbourg, le duc d'Albe et le cardinal de Trente, il obtiendrait enfin, par une démarche directe et faite sur place, de la part des trésoriers de Milan, l'exécution, toujours remise, des ordres de l'empereur, et le payement de cette pension insaisissable que son fils Orazio poursuivait inutilement, en son nom, depuis si longtemps. Il alla donc à Milan et n'y resta que peu de jours, le temps de peindre un *Portrait du duc d'Albe* et un *Portrait de Gosellini*, le secrétaire du gouverneur. Toutes ses démarches, d'ailleurs, avaient été faites en pure perte ; on continuait à le payer en monnaie de singe. Huit mois après, rien n'était fait encore. Il fallut qu'il s'exécutât en rechignant et qu'il envoyât au gouverneur, Gonzaga, le portrait de l'empereur promis à Augsbourg, sans avoir rien touché encore de ses arrérages. Au portrait était jointe une lettre suppliante :

1. D'après MM. Crowe et Cavalcaselle qui ont donné le texte de cette lettre, l'original se trouvait en 1867, à Leipzig, chez le libraire Rodolppe Weigel (II, 141).

J'envoie à Votre Excellence, par les mains du porteur de la présente, le portrait de l'Empereur, autant pour exécuter en partie la promesse que je lui fis, que pour me montrer reconnaissant, de la façon qui m'est possible, des offres très courtoises et très gracieuses que m'a faites en son nom le S^{gneur} Franc^o Cortese, de me faire toucher mes pensions échues, si je lui envoyais les privilèges authentiques. De quoi je lui rends des grâces infinies et je reconnais lui devoir être d'autant plus obligé de cette courtoisie que, dans ce moment, rien ne pourrait m'arriver plus à propos que cet argent; parce que, me trouvant à marier ma fille, je l'ai déjà quasi mariée dans l'espérance et la confiance que je porte à Votre Excellence. C'est ce que je devais Lui dire, pour que sa courtoisie soit l'occasion d'une bonne et charitable œuvre. Les privilèges seront présentés là-bas, avec ma procuration, au nom de Messer Jac^o Fagnano. Je prie V. Ex^{llence} de daigner donner suite à la bonne et courtoise volonté qu'elle a pour moi et d'appuyer en cela mon mandataire. Il me reste à baiser respectueusement sa main invincible et très honorée, en la suppliant de daigner me commander, car je tiendrai toujours pour grande grâce et faveur de la servir, et à Milan et à Venise et où Elle voudra.

De V. Ex^{llence},

Très dévoué et très obligé Ser^{teur}.

TITIANO VECELLIO, *peintre*[1].

Au VIII *de septembre 1549. De V^{se}.*

Malgré le ton suppliant de cette lettre, il ne semble pas que le gouverneur de Milan se soit occupé de l'affaire, pour la soumettre au Sénat de Milan, avant le mois de mai de l'année suivante.

Les plaintes de Titien n'étaient pas sans fondement, et ses affaires, en effet, allaient assez mal en ce moment. Tandis qu'aucune des pensions accordées par ses illustres protecteurs, en échange de belles et bonnes peintures, ne lui était régulièrement payée, son fils Pomponio continuait ses dépenses folles, malgré les

---

1. Lettre publiée par Ronchini, p. II.

représentations de l'Arétin, qui, dans cette circonstance, *1550*
semble avoir joué, entre le père et le fils, un rôle de
conciliateur assez habile et dévoué. D'autre part, le mariage déjà convenu de sa fille Lavinia avec un gentilhomme de Serravalle, Cornelio Sarcinelli, se trouvait
suspendu par suite de l'impossibilité de fournir la dot.
Au mois de mars 1550, la situation se compliqua par la
mort de sa bonne vieille sœur Orsola, la gouvernante de
ses enfants et de sa maison, et Lavinia dut prendre la direction de ses affaires domestiques[1].

Sur ces entrefaites, Charles-Quint, ayant convoqué, à
la suite de la mort de Paul III, une nouvelle Diète à Augsbourg, pria Titien de repasser la frontière et de venir
quelques jours encore auprès de lui. Titien arriva à
Augsbourg le 1er novembre 1550; il y remit à l'empereur
une lettre de l'Arétin qui, en ce moment, espérait obtenir
du nouveau pape le chapeau de cardinal. Charles-Quint,
méditant déjà de se retirer du monde, malade et dé-
goûté, était plus triste que jamais. Il demanda à son
peintre favori de lui faire une composition allégorique,
dans laquelle seraient exprimées toutes ses désillusions
mondaines et son immense soif de bonheur et de repos.
Titien lui proposa de lui montrer la gloire de la Cour céleste, avec la Trinité, la Vierge, les Patriarches, les Prophètes, les Évangélistes, s'ouvrant à ses désirs et à ses
pénitences ainsi qu'à ceux des êtres qui lui étaient le
plus chers. C'était la Vierge elle-même qui devait la présenter à son fils Jésus-Christ en même temps que sa
femme Isabelle, sa sœur Marie de Hongrie, son fils Philippe[2]. Le vieil empereur accepta ce projet; la discussion

---

1. Voir les deux lettres de condoléance adressées par l'Arétin à
Titien et à son frère. ARETINO, *Lettere*, V, 243-244.

2. Lettre de Titien à l'Arétin, d'Augsbourg, le 11 novembre 1550,
(BOTTARI, III, 188-190).

des détails donna lieu à de longues conférences. En même temps, le maître commençait le portrait en pied du jeune *Prince Philippe d'Espagne*, âgé de vingt-quatre ans, que son père présentait déjà partout comme son successeur et auquel il espérait même alors assurer la succession à l'Empire. Cette peinture, terminée dans les premiers mois de l'année suivante, est au musée de Madrid : on en trouve une excellente répétition au musée de Naples ; l'esquisse est conservée à Padoue dans la collection Giustiniani. Dans l'esquisse, le prince est assis, de trois quarts, près d'une fenêtre ouverte. Il porte un justaucorps de soie et un pardessus blanc garni de fourrure sombre. Il est coiffé d'une toque noire ornée de bijoux, et laisse sa main gauche pendre sur le bras de son siège ; il tient dans la main droite un bâton. Cette esquisse, vivement et légèrement brossée, très précise pour le visage, fut le modèle que garda le peintre afin de pouvoir exécuter, dans la suite, tous les portraits du prince qu'on lui commanderait. Dans le tableau du musée de Madrid, la tête, en effet, est la même. L'attitude et le costume sont seuls changés. Le jeune homme, en chausses de soie blanche en haut-de-chausses brodé d'or, porte la cuirasse et l'épée. Son casque et ses gantelets, sur lesquels il étend la main, sont posés à sa droite, sur une table. Ce riche ajustement et la beauté du coloris font un peu onblier ce qu'il y a déjà de triste et de dur dans le visage ingrat de Philippe. Ce portrait ravit, d'ailleurs, toute la famille. Deux ans après, lorsqu'il fut question du mariage de Philippe avec Marie Tudor, la reine Marie de Hongrie ne crut pouvoir mieux faire, pour décider l'Anglaise, que de lui envoyer la peinture de Titien, avec recommandation de la lui rendre lorsqu'elle aurait le bonheur de posséder l'original. La vieille princesse tomba, en effet, disent les mémoires du temps,

extraordinairement amoureuse de son jeune fiancé d'a- *1551*
près cette image, qu'elle restitua consciencieusement
après noces faites. Dans la peinture de Naples, c'est le
même visage, la même attitude, sauf le mouvement des
mains dont l'une joue avec un gland de la ceinture et
l'autre, pendante, tient des gants ; mais le costume est
le vêtement de cour, sans autre insigne guerrier que
l'épée de gala, chausses de soie blanche, justaucorps
de drap blanc brodé d'or, serré à la taille, petit manteau bleu à l'espagnole avec revers de fourrure, collier de la Toison d'or. On croit que cet exemplaire
est celui que Titien envoyait, en 1553, à Philippe et
dont celui-ci lui accusait réception, en le remerciant,
le 18 juin[1].

Durant son séjour à Augsbourg, Titien fit encore quelques autres portraits, entre autres celui du secrétaire
de Philippe, Giacomo, et de son nain. Ces peintures, qui
nous sont connues par les copies de Rubens et qui ne
furent pas indifférentes à Velasquez, ont malheureusement disparu. Il en est de même du *Portrait de Titien*
que fit, à cette époque, son confrère Lucas Cranach,
tenant alors fidèle société à son prince prisonnier et
toujours traîné par l'empereur à sa suite. On a perdu la
trace de cette peinture intéressante. Pendant son séjour
à la cour impériale, Titien avait reçu deux cent trente
ducats de la caisse de Philippe, le 6 janvier. Au moment
de son départ, Charles-Quint, au nom de son fils, lui
assigna une nouvelle pension de cinq cents écus, qui,
pas plus que la pension de Milan, d'ailleurs, ne devait
être régulièrement payée. Titien quitta Augsbourg à la

1. La lettre originale de Titien, du 25 mars, et la minute de la
réponse au verso, de la main de Philippe, font partie des archives
de Simancas. On en doit les copies à MM. Crowe et Cavalcaselle, II,
162-163.

fin du printemps et s'arrêta quelque temps à Inspruck;
au mois d'août, il était réinstallé à Venise.

Dans le programme des obsèques solennelles que les
peintres vénitiens projetèrent de faire à Titien, mais que
les circonstances ne leur permirent pas d'exécuter, une
des toiles décorant les entre-colonnements devait représenter « Titien, enfin revenu à Venise, exposant au doge
Francesco Venier et au Sénat les honneurs qu'il avait
reçus de l'empereur Charles-Quint et du roi Ferdinand ».
Aucune pièce authentique, ne confirme l'exactitude du
fait. Si cette réception inaccoutumée fut en effet réservée
au grand artiste, à son arrivée d'Allemagne, ce ne fût
point, en tout cas, par le doge Francesco Venier qui ne
succéda au doge Trevisani que trois ans plus tard, le
31 mai 1554. Ce qui a pu donner lieu à cette tradition, ce
sont les négociations que le peintre poursuivit alors avec
le Sénat pour obtenir sa réintégration dans sa charge
de courtier du Fondaco, charge qui lui avait été encore
une fois retirée probablement à cause de ses longues
absences. Le 29 octobre 1552, le Conseil des Dix lui
donna satisfaction et reçut de lui la promesse que les
dernières peintures à faire de la Salle du Grand Conseil
seraient achevées, sous sa direction, dans le temps fixé.
Il les confia bientôt à son fils Orazio, à Tintoret, à Paul
Veronese, qui s'acquittèrent de leur besogne dans un
bref délai.

Désormais, c'est pour la maison d'Autriche, pour
Charles-Quint et son fils Philippe, que l'atelier de Biri
Grande fonctionne le plus régulièrement. Le 11 octobre 1552, une caisse, contenant trois tableaux, part pour
l'Espagne, à l'adresse de Philippe avec la lettre suivante:

Très Haut et très Puissant Seigneur,

Une Reine de Perse m'étant récemment tombée sous la main,
de la façon et qualité que vous verrez, je l'ai jugée immédia-

tement digne de comparaître en la haute présence de Votre 1552
Altesse. Aussi l'ai-je aussitôt envoyée avec mission (en atten-
dant que quelques-uns de mes autres ouvrages soient secs) de
faire respectueusement quelques recommandations à Votre
Altesse, en accompagnant le Paysage et le portrait de Sainte
Marguerite déjà envoyé par le Sr Ambassadeur Vargas et
recommandé à l'évêque de Ségovie. Et que Notre Seigneur Dieu
garde et protège la très haute et très puissante personne et état
de Votre Altesse en toute félicité et prospérité, selon le désir de
Titien le très dévoué serviteur de Votre Altesse!

De Venise, le 11 octobre 1552 [1].

La *Sainte Marguerite* est au musée de Madrid; mais quelle était cette *Reine de Perse*? Sans doute une de ces figures de fantaisie que le peintre composait en habillant d'un costume somptueux quelque beau modèle. Quel était ce *Paysage*? On l'ignore aussi. Actuellement on ne connaît, dans les collections publiques ou privées, qu'un seul paysage peint de Titien, l'*Orage* de Buckingham-Palace. Cependant, il est certain, d'après les témoignages des contemporains, d'après les gravures faites aux XVIe, XVIIe et XVIIIe siècles d'après d'innombrables tableaux, dessins et croquis de sa main, dispersés dans tous les musées, qu'il fut le premier, en Italie, à faire de véritables tableaux de paysage dans lesquels les figures ne jouaient plus qu'un rôle accessoire. Il est certain aussi que ces peintures eurent un très grand succès. Ridolfi cite un *Paysage avec des soldats et des animaux* qui se trouvait chez Paolo del Sera. « Entre tous, dit Lomazzo, comme le soleil au milieu des petites étoiles, resplendit Titien, non seulement parmi les Italiens, mais parmi tous les peintres du monde, dans les paysages comme dans les figures, s'égalant à Apelle qui fut le premier inventeur des orages, des pluies, des vents, du soleil, des éclairs,

---

1. Archives de Simancas. Lettre publiée par MM. Crowe et Caval-caselle, II, 172.

dès tempêtes. Et en particulier lui, Titien, a peint d'une manière délicieuse les montagnes, les plaines, les arbres, les bois, les ombres, les lumières et les inondations de la mer et des fleuves, les tremblements de terre, les animaux et tout ce qui concerne le paysage [1]. » D'autre part, dans un autre livre de Lomazzo, Aurelio Luini, le fils de Bernardino, raconte qu'étant allé rendre visite à Titien et lui ayant demandé comment il s'y prenait pour accorder si bien ses arbres avec ses terrains et ses fonds, le vieux maître lui fit voir un grand paysage largement ébauché dans lequel on ne pouvait rien distinguer de près; mais, dès qu'on le mettait à bonne distance, il semblait que tout s'y éclaircit soudain comme par un rayon de soleil. Et Luini sortit de l'atelier en disant qu'il n'avait jamais vu chose si merveilleuse [2]. Nous pouvons sans doute juger la valeur de Titien, comme paysagiste, par les entourages magnifiques de montagnes et de verdure au milieu desquels il place presque toutes ses scènes religieuses ou profanes. Il n'en est pas moins regrettable que ses paysages proprement dits aient été anéantis ou plutôt que, confondus avec les œuvres de successeurs ou d'imitateurs, ils aient perdu, par la suite du temps, leurs actes de naissance.

Dans le courant de la même année, Titien fit le *Portrait de Mgr Beccadelli*, le nouveau légat du pape Jules III à Venise où il avait remplacé Giovanni della Casa, et l'Arétin célébra ce portrait dans un sonnet. C'était une dette de reconnaissance qu'acquittaient ainsi le peintre et le poète, car, dès son arrivée à Venise, le légat leur avait rendu un grand service, celui de faire mettre en liberté leur confesseur, un franciscain, Fra Curado. Il paraît que ce saint homme, un peu borné, semble-t-il,

1. Lomazzo, *Idea del tempio della pittura*. Bologna. In-4°, p. 44.
2. Lomazzo, *Trattato della pittura*.

accoutumé à en écouter de belles, s'était laissé aller à 1553 dire « pour paraître savant, bien qu'il ne soit pas illettré, par hasard, et sans y penser, que la très sainte confession n'était pas de droit divin ». En outre, chargé d'encourager une jeune fille à prononcer ses vœux, il l'avait au contraire engagée à épouser un jeune homme. Ces façons de pratiquer ses devoirs ecclésiastiques lui avaient valu une peine disciplinaire et la mise aux arrêts dans son couvent. De là grand émoi chez son dévot pénitent l'Arétin, qui réclama instamment « ce prêtre modeste, cet homme très humble » dans le sein duquel il avait, pendant seize ans, déchargé ses péchés, « comme le savaient les statues, les autels, jusqu'aux murs et aux arbres du couvent, sans lui jamais entendre sortir de la bouche un propos qui ne fût de l'Église » ! Malgré les garanties données par ce saint homme sur l'orthodoxie de Fra Curado, le « poverino » languit encore quelques mois dans sa cellule jusqu'à ce que Beccadelli, s'étant mêlé de l'affaire, put enfin rendre leur précieux directeur de conscience à ses nouveaux amis.

En 1553, on ne sait à quel propos, le bruit courut en Europe de la mort de Titien. Charles-Quint, qui se trouvait à Bruxelles, écrivit, le 31 mai, à Venise à son embassadeur Vargas pour savoir ce qui en était : « Ici a couru le bruit de la mort de Titien ; mais, comme la chose ne s'est pas confirmée, je n'y ai pas grande foi. Cependant, vous voudrez bien me donner connaissance de la vérité et nous dire encore s'il a terminé certains portraits qu'il s'était chargé d'exécuter en quittant Augsbourg ou du moins à quel point il les a menés ». Francesco Vargas s'empressa de répondre à son maître : « Titien est en vie et en excellente santé, et il a été très touché en apprenant l'attention qu'a eue Votre Majesté de demander de ses nouvelles. Il m'a voulu montrer la

Trinité qu'il a promis de finir pour la fin de septembre. Autant que j'en puis juger, ce sera une œuvre pleinement digne de son grand nom, non moins que l'*Apparition du Christ à la Madeleine dans le Jardin* qu'il peint pour la Sérénissime reine Marie. L'autre peinture qu'il compte exécuter sera une *Vierge aux douleurs* qui fera pendant à l'*Ecce Homo* que Votre Majesté possède déjà, et, pour excuser son retard, il ajoute que jusqu'à présent on ne lui a pas indiqué la dimension, et promet de la mener à fin dès qu'il en sera avisé. A Venise, le 30 juin 1553[1]. »

Quelques semaines après, la mort du doge, Francesco Donato, forçait Titien d'interrompre ses travaux pour faire, suivant les devoirs de sa charge, le *Portrait de Marc Antonio Trevisani*, son successeur, sur lequel, dès le mois de novembre, l'Arétin pouvait faire un sonnet. Entre temps, il donnait leurs portraits à l'ambassadeur *Vargas*, et au protonotaire *Thomas Granvelle*. Néanmoins, dans l'été de 1554, tout ce qu'il avait promis était terminé, et l'on pouvait expédier successivement en Espagne une *Danaé* pour le prince Philippe, un *Christ apparaissant à la Madeleine* pour la reine Marie de Hongrie, une *Vierge aux douleurs* et la *Trinité* pour Charles-Quint, et, en Angleterre, à l'automne, une *Vénus et Adonis* pour le prince Philippe à l'occasion de son mariage avec la reine Marie Tudor.

Les lettres de Titien au sujet de la *Danaé* et de *Vénus et Adonis* nous édifient à la fois sur la générosité de Philippe envers le peintre habile qui se montrait prêt à satisfaire tous ses désirs et sur la facilité avec laquelle le prince, dévot et lascif, mêlait à ses pratiques de piété superstitieuse le goût des nudités provocantes. Dans la

1. Archives de Simancas. Document publié par MM. Crowe et Cavalcaselle, II, 179.

première, après avoir chaleureusement remercié le 1554
prince des cadeaux qu'il lui avait fait remettre lors de la
réception de la *Danaé*, il lui annonce l'envoi prochain
d'une suite de peintures du même genre. « Je voudrais,
en échange, pouvoir peindre l'image de mon cœur,
depuis longtemps déjà consacré à Votre Altesse, afin
qu'Elle y vît sculptée l'image de sa valeur dans sa partie
la plus parfaite. Mais, cela ne se pouvant faire, je pense
à finir la fable de Vénus et Adonis en un tableau de
forme semblable à celui qu'eut déjà Votre Majesté, de la
Danaé ; aussitôt fait, ce qui sera bref ; je l'enverrai ; je
vais aussi préparant d'autres œuvres, pour les consacrer
toutes à mon Seigneur, car de mon terrain aride ne
peuvent sortir de plus nobles fruits [1]. »

Le fable ou, comme on disait d'ordinaire, la *Poesia*
de Vénus et Adonis fut, en effet, bientôt terminée, et
Philippe, le jeune époux de la vieille Marie Tudor, la
reçut quelques semaines après ses noces, accompagnée
de la lettre suivante qui ne semble indiquer, ni de la
part du prince, ni de celle de l'artiste, une intention bien
marquée de demander à la peinture un encourage-
ment sérieux aux vertus matrimoniales :

TITIEN AU ROI D'ANGLETERRE

Majesté Sacrée,

*Mon âme vient à cette heure se réjouir avec Votre Majesté du
nouveau royaume que Dieu lui a concédé, en s'accompagnant de
peinture ci-jointe, Vénus et Adonis, laquelle peinture sera, je
l'espère, regardée par Elle avec ces yeux joyeux qu'il avait
naguère coutume de tourner vers les œuvres de son serviteur
Titien. Et, comme la Danaé que j'envoyai déjà à Votre Majesté
se voyait tout entière par devant, j'ai voulu varier dans ce second
poème et lui faire montrer la partie opposée, afin que le cabinet*

---

1. TICOZZI, Appendice, 311-312. — BOTTARI, II, 25.

où elles doivent se tenir soit plus gracieux à la vue. Bientôt je lui enverrai le poème de Persée et Andromède qui offrira une vue différente encore de celle-ci, et de même pour Médée et Jason ; et j'espère, avec l'aide de Dieu, lui envoyer, en outre, une œuvre très dévote, que j'ai entre les mains depuis dix ans déjà, et où j'espère que Votre Sérénité verra toute la force de l'art que Titien son serviteur sait mettre en sa peinture. Cependant, que le nouveau grand roi d'Angleterre daigne se rappeler que son peintre indigne vit dans le souvenir d'être le serviteur d'un si haut et si bon seigneur et espère par son moyen avoir acquis de même la grâce de la reine très chrétienne son épouse. Laquelle reine Notre Seigneur Dieu béni puisse-t-il conserver en même temps que Votre Majesté, durant de longs siècles, afin que se conservent heureux les peuples gouvernés et conduits par ses saintes et pieuses volontés [1].

Par malheur, la *Poesia* de Vénus et Adonis arriva à Londres en fort mauvais état. Philippe s'en montra très chagrin ; il écrivit sur-le-champ, le 6 novembre, à Vargas : « Le tableau d'Adonis que Titien a terminé est arrivé ici. Il me paraît vraiment de la perfection que vous dites ; mais il est gâté dans le beau milieu par un long pli, en sorte qu'il a besoin d'une longue restauration. Je désire que, pour les autres tableaux que m'exécute le peintre, vous lui fassiez de nouvelles instances ; mais ce sera dorénavant plus sage de ne pas me les expédier sans m'avoir avisé de leur achèvement et avant que je vous aie donné des ordres au sujet de leur expédition [2]. »

La *Danaé* dont il s'agit est celle du musée de Madrid. Son attitude est celle de la *Danaé* de Naples, avec un accent de naturalisme plus marqué : moins de souplesse dans les formes, moins de délicatesse dans les extrémités, moins de transparence dans les colorations. Le caractère de divinité, d'une divinité païenne et volup-

1. BOTTARI, II, 27-28.
2. Archives de Simancas. Document publié par MM. Crowe et Cavalcaselle, II, 194.

tueuse, s'efface, d'ailleurs, dans la *Danaé*, de plus en plus, chaque fois qu'elle sort à nouveau de l'atelier du peintre. A mesure que l'imagination de l'artiste se fatigue et que sa main s'affaiblit, l'ancienne déesse tourne de plus en plus à la courtisane vulgaire. Ce n'est plus à Jupiter qu'elle s'abandonne, sous l'œil indulgent de l'Amour; c'est à la pluie d'or qu'elle se livre, sous la surveillance rapace d'une vieille entremetteuse. Dans le tableau de Madrid, Cupidon s'est déjà enfui, bien que Danaé soit encore délicieusement belle; il est remplacé par une ignoble mégère, à la trogne rugueuse et barbue, toute dépenaillée, un trousseau de clefs à la ceinture, qui tend son tablier crasseux à l'averse des florins. C'est cette horrible vieille qui restera désormais au service de Danaé abandonnée par l'Amour; nous la retrouverons, sous des vêtements plus ou moins convenables, remplissant encore son service à Vienne et à Saint-Pétersbourg. On peut croire que, dans quelques-unes de ces répétitions, Titien se faisait fortement aider soit par son fils Orazio, soit par son neveu Cesare, soit par quelque autre de ses élèves.

Le musée de Madrid a aussi recueilli *Vénus et Adonis*. On voit encore, en travers de la toile, la trace du pli qu'avait remarqué Philippe d'Espagne. C'est, d'ailleurs, comme la *Danaé*, une répétition, avec quelques légères variantes, d'un sujet déjà traité plusieurs fois par lui et dont il conservait même probablement, comme modèle, le premier exemplaire dans son atelier. On retrouve, dans le même musée, les restes de ce qui fut le *Noli me tangere* envoyé à Marie de Hongrie et les deux peintures que Charles-Quint conserva, jusqu'à sa mort, devant ses yeux dans la solitude de Saint-Juste, *la Vierge aux douleurs*, figure vénérable, d'une expression simple et profonde, l'une des créations les plus nobles du maître, et la grande composition de la *Trinité*. C'est, on s'en souvient, à Augsbourg, dans de longs entretiens avec l'empereur, qu'avait été arrêtée l'ordonnance de cette composition symbolique. Au sommet, dans une auréole de lumière, trônent le Père et le Fils ayant entre eux le Saint-Esprit sous la forme d'une colombe. Sur la gauche, s'avance, enveloppée d'une draperie blanche, la Vierge que suit saint Jean-Baptiste. A droite, des anges soutiennent sur les nuages l'empereur, l'impératrice, la reine Marie, Philippe et sa sœur, tous les cinq enveloppés de draperies, agenouillés, les mains jointes, les yeux dressés, en suppliants, vers la Trinité. Autour d'eux, et au-dessous d'eux, s'agitent et montent, dans des attitudes hardies, les Prophètes et les Patriarches, Noé portant son arche, Moïse tenant les tables de la Loi, parmi lesquels s'élève, vue de dos, une belle femme aux bras nus et aux tresses pendantes, sainte Madeleine. Toutes ces figures ascendantes ont, dans les gestes et les physionomies, une expression triomphante qu'augmente encore la solennité puissante avec laquelle s'épanche, d'en haut, la vive et chaude lumière qui se répand entre tous ces corps demi-nus, pour mettre en saillie leurs formes robustes. Cette composition, une des plus originales du peintre pour la disposition, est aussi une des plus grandioses pour l'exécution. Dans la lettre qui accompagnait l'envoi de cette belle toile, Titien fut obligé de mêler encore à ses assurances de dévouement des lamentations sur l'infidélité des fonctionnaires impériaux de Milan et de Naples, qui s'obstinaient décidément à ne point lui payer ses pensions :

Majesté Césarienne Très Sacrée,

Il me fut autrefois assigné, par ordre de V. M. C., une provision à Milan de deux cents écus et ensuite une redevance sur les grains de Naples, pour laquelle je me trouve avoir dépensé une centaine d'écus afin d'entretenir un homme dans le Royaume. En dernier lieu, il m'a été concédé une naturalisation en Espagne dans la personne de l'un de mes fils avec 500 écus l'an de pension ; mais toutes ces choses n'ayant jamais eu d'effet par suite de ma mauvaise chance, j'ai voulu en dire un mot à V. M. C. dans ce papier, espérant que l'âme libérale du plus grand Empereur chrétien qui fut jamais ne voudra pas souffrir que ses ordres ne soient pas exécutés par ses Ministres, et parce que, si un tel ordre était effectué à présent, ce serait pour moi une œuvre de charité, me trouvant en quelque mécompte parce que j'ai été malade et que j'ai marié ma fille. J'ai donc supplié la Reine Céleste d'intercéder en ma faveur auprès de V. M. C. par le souvenir de son image qui se présente à vous aujourd'hui avec cet aspect douloureux que lui a su mettre sur le visage la force de mes propres tourments. J'envoie aussi à V. M. C. son ouvrage de la Trinité ; et en vérité, n'avaient été ces tourments, je l'aurais achevé et expédié beaucoup plus tôt, quoique, pensant surtout à satisfaire V. M. C. je n'aie épargné de défaire trois ou quatre fois le travail de beaucoup de jours pour l'amener à mon contentement ; c'est pourquoi j'y ai mis plus de temps qu'il ne faut ordinairement. Si j'ai satisfait V. M. C., je me tiendrai très heureux, la suppliant encore d'accueillir mon ardente volonté de la servir qui n'estime autre gloire en ce monde que celle de lui plaire, et avec toute la dévotion et humilité de mon cœur je lui baise son invincible main.

Le portrait du Seigneur Vargas qui est dans le tableau, je l'ai fait par son ordre ; si cela ne plaît pas à V. M. C., n'importe quel peintre, avec deux coups de pinceau, le pourra changer en un autre.

De V. M. C.

Le très humble serviteur,

Titiano, peintre [1].

Venise, le x septembre MDLIIII.

Les tourments dont parlait Titien n'étaient pas seulement des tourments pécuniaires. Depuis plusieurs

1. Archives de Simancas. Document publié par MM. Crowe et avalcaselle, II, 187.

années, son fils Pomponio le désolait par ses désordres de toute espèce. Malgré l'intervention fréquente de l'Arétin qui, dans ces circonstances, semblait montrer vraiment beaucoup de prudence, de finesse et d'affection, les rapports entre le père et le fils devenaient de plus en plus difficiles. En 1564, la rupture fut complète. Titien se décida à traiter cet indigne enfant avec une rigueur tardive à laquelle s'associa l'Arétin non sans avoir fait tous ses efforts pour amener une conciliation. Au mois d'avril, le père se décida à faire enlever à son fils ce canonicat de Medole qui lui avait coûté tant de démarches humiliantes ; il demanda au duc de Mantoue la permission de le transférer à l'un de ses neveux : « Depuis que je suis né, et il y a longtemps, j'ai toujours été serviteur de l'Ill^me Maison de V. Exc., la servant autant qu'il est en moi. Il a plu, entre autres choses, à l'Exc. du Seigneur duc Federigo votre père qui me donna beaucoup de preuves d'amour, de m'accorder la faveur du bénéfice de Santa Maria de Medole pour un mien fils qui ne me paraît pas, comme je voudrais, fort enclin à être homme d'Église ; c'est pourquoi j'ai pensé à concéder le bénéfice à une personne capable de le tenir et de le servir à la satisfaction de V. Exc. et à la mienne, et c'est un mien neveu auquel je le donnerai avec la bonne grâce de V. Exc. à laquelle je ne voudrais déplaire en rien [1]... » Au mois d'octobre suivant, Titien se faisait attribuer à lui-même les rentes d'un autre bénéfice à Sant' Andrea del Fabbro, près de Mestre, qu'il venait encore d'obtenir à l'intention de son fils [2]. Cette grande fureur paternelle

---

1. Lettre de Titien au duc de Mantoue du 26 avril 1564. (Braghi-nolli ; *Lettere inedite*. Cavalcaselle et Crowe, II, 197.)

2. Le texte de la cession de droits faite par Talamio, prêtre de Reggio, « au Seigneur Tiziano Vecelli, peintre célèbre, homme laïque, domicilié à Venise », a été publié par MM. Cavalcaselle et

ne dura pas indéfiniment, car, trois ans après, les rentes de Sant' Andrea del Fabbro étaient déjà touchées par le fils incorrigible, mais pardonné.

C'est peut-être à l'occasion de l'installation de son neveu comme curé de la paroisse et pour lui attirer l'affection de ses ouailles que Titien fit cadeau à l'église de Medole du beau tableau qui s'y trouve encore, l'*Apparition du Christ à la Vierge*. D'après la tradition locale, ce serait après une maladie faite chez son neveu, qu'il aurait laissé cette peinture aux habitants du pays en souvenir de leur bon accueil. La peinture, quoique détériorée, est encore admirable et le peintre a rarement donné à ses figures plus de noblesse dans un éblouissement de lumière plus victorieuse. Le Christ, les jambes et la poitrine nues, sa plaie saignante au flanc, avec une ceinture blanche nouée sur les épaules en forme de manteau, s'avance, debout sur un nuage, entouré d'une vaste clarté rayonnante. Derrière lui apparaissent Adam, qui lui porte sa croix, Ève et deux patriarches dont on ne voit que les têtes. Devant le Ressuscité, s'agenouille, extasiée, en grand manteau bleu, sa mère, avec un geste d'admiration. Au-dessus d'eux, à l'extrémité des rayons lumineux, s'agitent des rangées de têtes ailées de chérubins souriants, formant comme une bordure ogivale. Les deux figures principales, fermes et robustes, sans aucune exagération musculaire, drapées avec simplicité, ont une profondeur d'émotion noble et contenue qui en font deux des plus belles créations religieuses du maître. Le tableau de Medole est un de ceux dans lesquels on sent le mieux ce qu'en effet Titien pouvait avoir gagné dans son commerce tardif et rapide avec les Romains et avec les Florentins. Si le Christ fait penser

Crowe d'après une copie des registres de Sant' Andrea del Fabbro communiquée par M. Luigi Mozzi de Serravalle (II, 197-198).

à la statue du Christ de Michel-Ange dans l'église de la
Minerve, la Vierge, par la simplicité pieuse de son attitude, par l'arrangement aisé et discret de ses vêtements,
ne nous laisse aucun doute sur l'enthousiasme avec
lequel le vieux naturaliste avait dû admirer, en Toscane,
Perugin et Fra Bartolomeo.

Les doges, qu'on choisissait toujours parmi les sénateurs les plus âgés, se succédaient parfois avec rapidité.
Dès le 31 mai 1554, Trevisani était passé de vie à trépas,
et son successeur, *Francesco Venier*, se hâtait, à son
tour, de se faire peindre par le portraitiste officiel. Son
portrait fut terminé par Titien dans les premiers jours
de l'année suivante. Venier, homme intègre et scrupuleux, s'avisa alors que son prédécesseur immédiat, Marc-
Antonio Trevisani, n'avait pas eu le temps de faire exécuter le tableau votif que chaque doge avait droit de
placer dans le palais; il se souvint aussi que même
mésaventure était arrivée autrefois, par suite d'autres
circonstances, à Antonio Grimani et, s'inquiétant d'accomplir un devoir de conscience, il voulut commander les
deux toiles à Titien.

Le 19 août 1554, Titien fut donc appelé au palais
ducal. Le doge lui fit signer un engagement provisoire
de livrer, dans le délai d'un an, à partir du 1er septembre,
la peinture votive pour *Marc-Antonio Trevisani* où ce
doge, en costume officiel, devait être représenté, à
genoux, devant la Vierge à laquelle le recommande-
raient saint Marc, saint Antoine, saint Dominique, saint
François. Une somme de 171 ducats et 12 sous, payable
par acomptes, était attribuée à l'artiste. Toutefois, le
contrat ne pouvait être valable qu'avec l'approbation du
Conseil des Dix; or cette approbation se fit tellement
attendre que, par extraordinaire, le peintre avait terminé sa peinture presque au moment où on la lui com-

manda. En effet, le Conseil, dans ses séances du 5 et du *1555*
28 septembre, avait, deux fois de suite, refusé de ratifier
le projet de contrat présenté par le doge. Ce fut seulement le 7 janvier de l'année suivante qu'on signa le
décret. On n'eut donc plus qu'à expertiser une peinture
toute prête qui fut placée peu de jours après dans la Sala
dei Pregadi où devait l'anéantir l'incendie de 1577 [1].
Presque immédiatement, le 22 mars, fut commandée la
peinture votive d'Antonio Grimani. Titien en arrêta la
composition, en commença l'exécution ; mais, par suite
de circonstances inconnues, cette toile ne lui fut jamais
redemandée, en sorte qu'on la trouva inachevée après
sa mort dans son atelier : Marco Vecellio fut alors chargé
d'y ajouter les deux personnages qui manquaient. C'est
ainsi que cette grande composition héroïque et décorative,
l'une des plus importantes que le maître eût entreprises
dans sa vieillesse, échappa à l'incendie de 1577 et peut
encore être montrée, sous le titre de la *Foi*, dans la
Sala delle Quattro Porte, au palais ducal.

La figure principale, celle de la *Foi*, sous les traits
d'une jeune femme, aux cheveux flottants, vêtue d'une
robe blanche, portant au cou un gros médaillon d'orfèvrerie, est une figure volante qui, portée sur des nuages,
enveloppée de lumière, apparaît dans le centre de la
toile. De la main gauche elle soutient une énorme croix
dont un petit ange, en bas, porte le pied, et, de la main
droite, lève un calice, qu'elle semble montrer au doge
Grimani, agenouillé sur la droite. Le vieux soldat, cuirassé sous son manteau ducal, et coiffé d'un serre-tête
blanc, fait un geste de surprise et d'adoration. Un jeune
page, agenouillé à son côté, porte son bonnet ducal.
Derrière lui, se tiennent debout deux hallebardiers. Sur

1. Lorenzi, *Monuments*. Ouv. cité, p. 285, 287, 292.

la gauche, saint Marc, debout, un grand livre à la main, se retourne pour regarder l'apparition rayonnante. Au fond, la mer et Venise. L'ensemble de la composition est grandiose et saisissant ; on y reconnaît presque partout cette exécution hardie et libre et ces colorations intenses avec ces lourdeurs intermittentes qui marquent les œuvres de la dernière période du maître. Les halle-bardiers sont d'une facture un peu plus sèche. Ce sont les figures que la tradition attribue à Marco Vecellio.

Quelques événements importants dans la vie de Titien se placent encore dans les années 1555 et 1556. Le 20 mars 1555, il put enfin signer le contrat de mariage de sa fille Lavinia avec un jeune gentilhomme de Serra-valle, contrat projeté, nous le savons, depuis longtemps, mais que différents motifs, probablement des difficultés pécuniaires, avaient fait ajourner. Par ce contrat, il constituait à sa fille une dot de 2,400 ducats, dont il paya 600 le jour même du mariage, le 19 juin, et le reste l'année suivante au mois de septembre [1]. Le mariage de Lavinia fut très heureux, mais de courte durée. Elle eut cinq enfants de suite, et mourut en couches du sixième vers 1561 ou 1562.

Vers 1555 arrivait aussi à Venise un jeune peintre, Paolo Cagliari, de Vérone, âgé de vingt-huit ans, qui s'était déjà acquis quelque réputation dans sa ville natale et dans les pays environnants et qui venait tenter fortune dans la capitale. Titien reconnut sur-le-champ sa valeur et, se trouvant chargé avec Sansovino de désigner au Sénat les artistes les plus capables de décorer le plafond de la Bibliothèque de Saint-Marc récemment achevée par ce dernier, il s'empressa de proposer le nom de Paolo Veronese à côté de ceux de Salviati, Zelotti,

1. Le contrat, extrait des archives de la famille Carneliuti à Ser-ravalle, est donné par MM. Cavalcaselle et Crowe, II, 208.

Battista Franco, Andrea Schiavone. L'année suivante, *1556* lorsque les travaux furent achevés, en 1556, ce furent eux deux encore que le Sénat chargea de décerner la prime réservée au peintre qui aurait montré le plus de talent : Titien ne fut que l'interprète de l'opinion publique en saluant comme vainqueur le jeune Véronais et en lui remettant la chaîne d'or offerte par la République.

C'est à ce moment, paraît-il, pour montrer, malgré ses quatre-vingts ans, la vigueur persistante de ses facultés vis-à-vis de ce génie grandissant, que Titien aurait exécuté, pour l'église Santa Maria Maggiore, le fameux *Saint Jean-Baptiste dans le désert* qui est aujourd'hui à l'Académie de Venise. Dans cette mâle figure, à la fois énergique et tendre, austère et douce, contenue et éloquente, si résolument campée, près d'une cascade écumante, dans un paysage forestier qu'illumine un ciel radieux, le vieil artiste donna, en effet, avec un éclat plus retentissant que jamais, la vraie note vénitienne, celle où devait se complaire Paul Veronese, l'accord des colorations ardentes ou exquises avec la noblesse ouverte et bienveillante de l'expression. Ce superbe morceau de bravoure, où l'on peut si bien étudier la technique du vaillant praticien, fut, dès son apparition, salué avec enthousiasme.

La fin de cette même année 1556 fut enfin marquée pour Titien et pour Sansovino par un événement douloureux. Pierre l'Arétin, leur ami, leur commensal, leur « compère » depuis trente ans, mourut subitement le 21 octobre 1556. Son certificat mortuaire dit simplement qu'il fut frappé d'apoplexie à trois heures du matin. La tradition raconte que, soupant avec quelques amis, il éclata de rire si fort en entendant conter une histoire obscène qu'il renversa son siège en arrière et se brisa la tête contre l'angle d'un meuble. Les Vénitiens de sa paroisse ajoutaient que le mécréant, après avoir reçu l'extrême-onction, s'était encore écrié en riant : « Gardez-moi des rats maintenant que je suis huilé. » Tous les princes et seigneurs que sa langue acérée et sa plume audacieuse avaient fait trembler de son vivant se vengèrent immédiatement de leurs longues humiliations en insultant sa mémoire : « A mon arrivée à Venise, écrit l'agent du gouvernement de Milan, Antonio Pola, l'un des anciens flatteurs du *Fléau des Princes*, j'ai appris que ce mufle de l'Arétin avait rendu son âme au diable ; cette mort, je crois, ne déplaira à personne et surtout à vous autres, Seigneurs, parce qu'on n'aura plus à supporter des ennuis et des impôts de la part de ce gros cochon. » Quelle qu'ait été la moralité de l'étrange personnage auquel on faisait de telles oraisons funèbres, son amitié, son influence, ses conseils n'avaient pas été, en mille occasions, inutiles à Titien. Cet aventurier sans scrupule, de tempérament exigeant, aux mœurs cyniques, avait par instants, dans sa conscience ténébreuse et dans son intelligence brouillonne, des éclairs de bon sens, de poésie et même de tendresse qui pouvaient bien tromper son entourage. Malgré ses boutades, l'affection enthousiaste qu'il portait au grand peintre semble avoir été sincère et constante. Aucun des contemporains de Titien n'a mieux compris ni mieux analysé son génie sain et vigoureux, naturel et vivant.

CHAPITRE XIII

(1557-1565)

Titien, arrivé à l'âge de quatre-vingt-un ans, allait 1558 bientôt demeurer le seul survivant de sa puissante génération. La mort frappait sans relâche autour de lui, et chaque année, désormais, lui apporte un deuil de famille ou d'amitié. Après l'Arétin, son compère et compagnon de chaque jour depuis trente ans, c'est le grand empereur Charles-Quint, son protecteur enthousiaste et fidèle, qui meurt dans sa solitude le 21 septembre 1558; l'année suivante, c'est son frère aîné, Francesco Vecellio, qui s'éteint dans la maison patrimoniale de Cadore, en lui laissant, comme témoignage d'une constante affection, sa succession entière. On a tout lieu de penser que c'est aussi, vers cette époque, en 1561 ou 1562, qu'il eut le malheur de perdre sa fille Lavinia, mariée, nous le savons depuis 1555, à un gentilhomme de Serravalle, Cornelio Sarcinelli, et morte à la suite de couches. Le vieux père exprima sa douleur par une allégorie conforme au goût du temps, en se représentant lui-même, tout blanc, tout ridé, tout cassé, près de sa fille enceinte qui, elle au contraire, resplendit de tout l'éclat de sa beauté opulente et mûre, accoudée sur une caisse dans laquelle ricane une tête de mort. Cette peinture étrange frappa beaucoup, soixante-dix ans plus tard, le jeune Van Dyck qui en fit une gravure. En 1559, Titien avait déjà failli se trouver par suite d'un épouvantable attentat, privé d'Orazio, le seul de ses fils, qui pût honorer et soutenir sa vieillesse. Orazio, qui, vivant avec son père, depuis quelques années, s'occupait de ses affaires, était déjà allé, en 1557, à Milan, pour tenter d'arracher au fisc de cette ville les arrérages de la pension octroyée par l'empereur. Il avait alors échoué dans toutes ses démarches. Mais, à la suite de la mort de Charles-Quint, Philippe II, examinant les affaires paternelles avec sa conscience méticuleuse, s'était de nouveau occupé de la pension de Titien. Du couvent même où il s'était enfermé durant son deuil, il avait écrit, le jour de Noël 1558, une lettre péremptoire à ce sujet au gouverneur de Milan, le duc de Sessa, lui ordonnant de faire délivrer au plus tôt les arrérages des pensions « concédées à Titien par Charles son père, maintenant glorieux ». Titien, invité par le duc à se rendre à Milan, s'était excusé sur son grand âge qui lui interdisait les voyages fatigants ; Orazio, muni de sa procuration, s'était donc mis en route à sa place.

Il y avait alors à Milan, menant grand train et faisant tapage, un sculpteur, Leone Leoni, du même pays que l'Arétin, quelque peu son parent, qui avait naguère résidé à Venise et que Titien avait puissamment aidé à se pousser auprès de Charles-Quint et de ses courtisans. C'était un praticien habile et audacieux, mais un drôle de la pire espèce, chassé de Rome et de Venise comme meurtrier, soupçonné d'être un faux monnayeur. Les Vecelli, auxquels il devait sa fortune, avaient imprudemment conservé avec lui des rapports amicaux. Lorsque

Orazio, apportant avec lui un certain nombre de tableaux, voulut descendre à l'*Albergo del Falcone*, Leone Leoni s'y opposa, mettant sa demeure à sa disposition et l'invitant à s'y installer. Orazio accepta l'offre, et, durant quelques mois pendant lesquels il régla ses affaires avec le gouverneur et avec le Sénat, habita le palais Leoni. Le 14 juin, cependant, soit que, devant prolonger son séjour, il craignit d'abuser de l'hospitalité de son ami, soit qu'ayant à faire quelques portraits il désirât être plus libre, soit enfin qu'il eût conçu quelques soupçons touchant la fidélité de son hôte, il prévint celui-ci qu'il allait le quitter pour s'installer chez lui ; c'était le jour même où il avait touché les rentes de son père. Leone Leoni insista le plus gracieusement du monde pour qu'Orazio continuât à demeurer sous son toit ; Orazio refusa absolument et revint, sur le soir, pour surveiller le transport de ses effets. C'est à ce moment que Leone Leoni, assisté de ses gens, se jeta sur lui à l'improviste et le frappa d'un coup de poignard à la tête. Orazio, tombé à terre, put cependant se relever, se sauver, poursuivi par eux, jusqu'à la porte et crier au secours. Son domestique, qui était déjà dans la rue, ayant joint ses cris aux siens, tout le voisinage fut vite sur pied. On transporta Orazio à l'*Albergo del Falcone* où le duc de Sessa envoya aussitôt son barbier pour le soigner, et Leone fut immédiatement arrêté. Quelques jours après, le blessé se trouvait en état de déposer devant le juge. C'est alors que le malheureux père, prévenu à Venise, écrivit à Philippe II la lettre suivante :

Invincible Roi Catholique,

La méchanceté de Leone d'Arezzo, son sujet, indigne du titre honorable de chevalier et de sculpteur de César, est cause que, devant écrire à V. Maj^te de choses plus agréables et plaisantes, je dois aujourd'hui me servir de la plume pour lui dire et ses mauvais agissements et mes sujets de plaintes. Orazio, son serviteur et mon fils, était allé, le carême passé, à Milan à ma place, parce qu'y ayant été appelé par le Duc de Sessa, je n'y pouvais aller, me trouvant alors presque infirme et, ce qui est plus grave, occupé aux peintures de V^{tre} M^{té}. Or il est arrivé que ledit Orazio, après avoir expédié quelques petites affaires, toucha mes pensions de Milan, celles qui m'avaient été accordées autrefois par la magnificence et libéralité de la glorieuse Mémoire de César son père et qui me devaient être payées par ordre de V^{tre} M^{té}. Et sachant le recouvrement de ces fonds, ce Léone d'Arezzo, mu par un instinct diabolique, se mit en pensée de l'assassiner et de lui prendre la vie pour lui prendre l'argent. Et le soir qu'il avait résolu de faire ce coup, se montrant pour Orazio plus courtois que jamais et joyeux de visage, il l'invite et le prie de rester dans sa maison afin de pouvoir exécuter plus commodément ce qu'avait projeté sa vilaine âme. Mais Orazio refusant de rester, cet ennemi de Dieu et son scélérat de fils (déjà banni d'Espagne comme luthérien), fut forcé par sa cruelle avidité d'entreprendre avant le temps désigné, avec quelques compagnons ses pareils, l'assassinat prémédité; et feignant toujours de lui faire des caresses tandis qu'il voulait quitter sa maison, voici qu'un des brigands lui retourne le manteau sur la tête et que tous ensemble l'entourent avec des épées et des poignards nus à la main. En sorte que le pauvre Orazio, frappé sur la tête à l'improviste, comme un homme qui ne savait rien de cette trahison et ne se la pouvait imaginer, tomba à terre tout étourdi et reçut avant de se reconnaître d'abord sept autres blessures très graves. Et il serait resté mort sur la place si un valet, qui était avec lui et qui s'en allait déjà de la maison emportant quelques tableaux, ne se fût retourné en arrière et n'eût mis la main à l'épée en criant sus aux traîtres qui le blessèrent à son tour misérablement en trois endroits. En sorte que s'il n'avait pas eu ce peu de défense, dont le bruit fut entendu par les voisins et qui permit d'enlever à l'assassin l'espoir du butin désiré, celui-ci les aurait, avec ses traîtres compagnons, dépouillés et privés de la vie en même temps que de l'argent au milieu de l'illustrissime Cité de Milan et dans sa propre maison sous prétexte d'amicale hospitalité, en récompense de tant et tant de bienfaits reçus de moi et des miens au temps de ses plus grands malheurs. C'est ce qui fait seulement que j'en souffre et m'en étonne grandement, non que j'estime tels actes impossibles

*envers qui que ce soit de la part d'un tel homme, car je connais
bien sa malfaisante nature qui l'a fait bannir de tout le territoire vénitien comme mandataire infidèle. Il a été aussi condamné aux fers par le duc de Ferrare pour falsification de
monnaies, mais son diable le fit échapper pour l'employer comme
instrument en d'autres mauvaises actions, comme à Rome où il
fut finalement condamné à mort sous Paul III pour d'autres
énormes délits, ainsi qu'on fera clairement voir à Votre Majesté
par les pièces que nous lui enverrons; mais le triste chevalier a
esquivé tous les châtiments pour son malheur et afin que
V^{tre} M^{té} eût, avec tant d'autres mérites devant la M^{té} de Dieu,
celui-là encore de punir ou de faire punir un pareil scélérat qui
s'imaginait, en nous privant de la vie, priver V^{tre} M^{té} de ce
dévouement que nous lui devons tous par la volonté divine. Car
si Orazio était mort, je vous le jure par ma foi, je serais, moi
aussi, mort de douleur (car, dans ma vieillesse impuissante, j'ai
placé toute ma vie et toute mon espérance dans sa santé), ainsi
privé de ne pouvoir plus servir mon invincible Roi Catholique
au service duquel je me vante de vivre heureux et très fortuné.
Je supplie donc V^{tre} M^{té} au nom de cette vertu qui la rend si
admirable au monde et si agréable à Dieu qu'elle daigne, en ce
cas, exécuter la justice qu'on réclame de sa rigueur et de sa
bonté infinie, soit en faisant écrire au duc son lieutenant à Milan
ou à tout autre dans le territoire duquel se puisse trouver ce
brigand, soit en ordonnant lui-même ce que lui paraît mériter
le plus grand scélérat du monde. Et en me recommandant humblement à la bonne grâce de V^{tre} M^{té}, je baise sa royale et catholique main.*

De V^{tre} M^{té},

Le très humble serviteur,

TITIANO VECELLIO [1].

De Venise, le 12 de juillet MDLVIII.

Il est probable que Philippe II, en toute occasion si
bienveillant pour Titien, ne resta pas insensible à cette
douloureuse supplication; mais les souverains les plus
absolus n'exerçaient pas alors, à distance, d'action plus

1. Archives de Simancas. Document publié par MM. CROWE et
CAVALCASELLE, II, 239-241.

certaine sur leurs juges que sur leurs trésoriers. Leone
Leoni, fastueux et prodigue comme l'Arétin, grand don-
neur de fêtes, grand distributeur de cadeaux, batailleur,
insinuant, spirituel, s'était fait à Milan, dans une société
peu scrupuleuse, un grand nombre de protecteurs. La
justice mettait beaucoup de mollesse à pousser l'instruction et, quelque temps après, en lui envoyant plusieurs
peintures, *Actéon*, *Calisto*, une *Mise au tombeau*, un
Portrait de Lavinia, le vieux peintre s'en plaignit au roi
avec quelque amertume :

Roi invincible et catholique,

. . . . .
. . . . Pour me montrer reconnaissant envers Votre Majesté
de toutes les façons que je puis imaginer, je lui envoie, avec les
autres tableaux, le portrait de celle qui est la maîtresse absolue
de mon âme; c'est la femme vêtue de jaune, et, bien qu'elle soit
en peinture, je ne pourrais lui envoyer chose plus chère et plus
précieuse. Mais n'est-ce pas grand témoignage de la nature très
humaine et très noble de Votre Majesté qu'elle me donne l'audace
à moi qui suis vis-à-vis de sa haute dignité un aussi humble
personnage de plaisanter avec elle dans mes lettres? En voilà
assez sur les peintures. J'ai écrit ces jours derniers à Votre
Majesté au sujet du lâche assassinat commis à Milan par Leone
l'Arétin sur mon fils Horace et des blessures mortelles qu'il lui a
faites, en le suppliant de le faire châtier comme il le mérite
suivant les usages de sa justice. On a bien commencé un procès
contre lui et depuis que mon fils a été guéri par la grâce de
N. S. Dieu, il a fait les plus vives instances pour qu'il fût pour-
suivi, et il a même dû pour cela dépenser bonne partie de l'argent
touché à Milan de la générosité de V^{tre} M^{té}. Mais ce misérable
est si retors et si en faveur à cause du titre qu'il étale indigne-
ment de statuaire de V^{tre} M^{té}, et, au contraire, mon fils, étranger
à Milan, y est si peu connu que les choses ont tiré et tirent tou-
jours en longueur et qu'elles s'en iront probablement en fumée
aux déshonneur et honte de la justice, d'autant plus que mon
fils est rentré à la maison et qu'il n'y a personne à Milan qui se
puisse opposer aux ruses, intrigues, corruptions de ce criminel.
C'est pourquoi je prie très humblement et très affectueusement

V^{tre} M^{té} sacrée de daigner faire écrire à cet Illustrissime Sénat pour qu'il expédie un cas de si mauvaise sorte comme est celui-ci en faisant la justice exemplaire qui convient, montrant ainsi qu'elle me compte au nombre de ses serviteurs. Mondit fils Horatio (je l'avais oublié) lui envoie, avec les miens, un petit tableau du Christ en croix peint par lui. Que V^{tre} M^{té} daigne l'accepter comme un faible témoignage du grand désir qu'il a d'assister son père en la servant et en lui faisant chose agréable, et, de toute l'inclination de mon cœur, en même temps que lui, je me recommande et baise sa Royale et Catholique main.....

De Venise, le 27 septembre 1558[1].

Titien ne se trompait pas sur l'issue qui serait donnée au procès de Leone Leoni. Mis d'abord en liberté provisoire, le traître en fut quitte à la fin pour une condamnation à l'amende et au bannissement. Les menaces de vengeance qu'il ne cessa de répandre ensuite contre Orazio, et les tentatives de guet-apens qu'il ourdit à plusieurs reprises contre lui, devaient forcer bientôt ce dernier à demander au Conseil des Dix l'autorisation de ne plus sortir qu'en armes.

Les nouvelles *Poésies* que Titien envoyait au mois de septembre à Philippe II, *Diane et Actéon*, *Diane et Calisto*, étaient depuis longtemps déjà sur le chantier; ce n'est qu'à grand'peine, suivant son habitude, qu'il avait consenti à s'en séparer, ne cessant de les revoir et de les retoucher. Le 19 juin, cinq jours après l'attentat de Milan, mais avant que la nouvelle en fût parvenue à Venise, il avait informé Philippe de leur achèvement, annonçant qu'il se mettrait bientôt à terminer un *Christ au jardin des Oliviers*, et « les deux autres *Poésies* déjà commencées, l'une d'*Europe sur le taureau*, l'autre d'*Actéon dépecé par ses chiens*[2] ». Le roi s'était empressé de répondre le 13 juillet, le priant de faire emballer

1. Archives de Simancas. CROWE et CAVALCASELLE, II, 246-48.
2. Archives de Simancas. CROWE et CAVALCASELLE, II, 242-243.

avec soin les *Poésies* et de les expédier par Gênes afin qu'elles n'eussent point le sort d'une *Déposition de croix* remise en 1557 au maître de poste de Taxis. Cette toile avait été égarée, probablement volée, et, malgré toutes les investigations ordonnées par le roi, n'avait pu être retrouvée. Philippe II terminait sa lettre en commandant au peintre une répétition de la peinture disparue et en l'engageant à terminer au plus vite les trois autres tableaux[1].

Une lettre de Garcia Hernandez, secrétaire de l'ambassade espagnole à Venise, du 3 août suivant, montre bien quels scrupules l'artiste apportait dans la confection de ses toiles. Il s'agit des tableaux que lui-même considérait comme achevés dès le mois de juin :

LE SECRÉTAIRE GARCIA HERNANDEZ A PHILIPPE II

Titien aura terminé les peintures de *Diane et Actéon* dans vingt jours seulement, car elles sont fort grandes. Le travail que le peintre y exécutera est compliqué et les détails sont infinis qu'il y veut ajouter, détails auxquels peut-être aucun autre artiste ne songerait. Avec ces peintures il me livrera encore le *Christ au tombeau* d'une dimension plus grande que n'était le premier exemplaire, car les figures y sont tout entières et une petite peinture de fantaisie représentant une jeune fille turque ou persane, le tout splendidement exécuté...

Les trois peintures, expédiées enfin au mois de septembre, mirent un temps infini à arriver à Madrid. Au printemps de l'année suivante, Titien n'en avait encore reçu aucune nouvelle, bien qu'elles fussent déjà en place dans les appartements du roi. La *Mise au Tombeau*, longtemps conservée à l'Escurial, est aujourd'hui au musée de Madrid. C'est une répétition, avec quelques variantes, du sujet déjà traité pour le duc de Mantoue. La *Diane*

---

1. RIDOLFI, *Meraviglie dell' Arte*. L'original est aux archives de Simancas.

et Actéon et la *Diane et Calisto*, demeurées à l'Escurial 1559 jusqu'en 1704, données à cette époque par Philippe V au marquis de Grammont, firent ensuite partie de la galerie d'Orléans. Lors de la vente de cette collection à Londres, en 1793, les deux tableaux furent achetés au prix de 2,500 livres sterling chacun pour la galerie de Bridgewaterhouse, où ils se trouvent encore.

Le musée du Belvédère possède une bonne répétition de la *Diane et Actéon* ; le musée de Madrid, une copie de la *Diane et Calisto*. Depuis les temps glorieux des *Bacchanales*, à Ferrare, Titien n'avait pas traité de sujets mythologiques et plastiques de cette importance. Le soin qu'il y apporta se montre dans le bel équilibre de la composition, dans la variété et la grâce des attitudes, dans la justesse et la force des modelés, dans la vigueur et l'harmonie des colorations. Cependant, malgré toute la science libre et sûre qu'on y constate, l'impression qui sort de ces *poèmes* un peu laborieux n'a plus la fraîcheur ni le charme d'autrefois, et, devant cette prodigieuse habileté, déjà appesantie par l'âge, on se prend à regretter certaines naïvetés exquises qui donnaient jadis un attrait plus imprévu aux rêves enchantés de son imagination juvénile.

On peut rapporter à ces mêmes années 1558 et 1559 un certain nombre d'autres ouvrages. Le 11 juin 1558, fut livrée à la confrérie de San Bernardino une bannière d'église [1]. Le *Portrait de Marc Antonio Rezzonico*, qui est au grand hôpital de Milan, et le *Portrait de Fabrizio Salvaresio*, accompagné d'un valet maure, au musée du Belvédère, portent la même date. C'est aussi vers cette

1. « 1558. 11 juin, fut faite la bannière pour remettre aux abbés le jour de fête de San Bernardin par Tizzian Vecellio, Cadorin, peintre fameux, qui coûta 17 écus vénitiens. » Note extraite des archives de San Giobbe par Morelli et Cicogna (CROWE et CAVALCASELLE, II, 249).

époque que Titien accepta la tâche de peindre la toile centrale du plafond dans la bibliothèque que Cristoforo Rosa, Schiavone, Paolo Veronese avaient récemment décorée sous sa direction ou avec ses conseils. Il y représenta, avec une habileté et un charme qui pouvaient encore servir d'exemple à tous ses ardents successeurs, la *Sagesse* sous la figure d'une belle femme portée par des nuages et regardant un livre que tient ouvert un génie devant elle. On remarqua, lorsque cette toile fut en place, que le maître octogénaire avait non seulement conservé toute sa force de conception plastique et d'exécution pittoresque, mais qu'il avait même acquis, dans le maniement des figures plafonnantes, une dextérité et une aisance supérieures à celles dont il avait fait preuve à l'église San Spirito. Au mois de décembre, la mort subite d'une jeune fille poète, déjà célèbre, *Irène de Spilimberg*, dont la mère, Giulia da Ponte, avait tenu sur les fonts baptismaux un de ses enfants, lui donna l'occasion de faire un beau portrait d'elle, qu'il envoya, en souvenir, à sa famille, avec un portrait de sa sœur *Emilia de Spilimberg*.

Le grand *Martyre de saint Laurent*, de l'église des Jésuites à Venise, et le *Couronnement d'épines* du musée du Louvre furent achevés durant cette période.

C'est dans ces deux chefs-d'œuvre, tous deux malheureusement fort maltraités par le temps, que Titien, tout rempli des souvenirs de Rome, s'efforça le plus heureusement de se mesurer avec ses grands rivaux, Raphaël et Michel-Ange, en se plaçant dans le milieu classique qu'ils affectionnaient. Le triple effet de lumières qui luttent entre elles dans la nuit, lueur d'un brasier ardent, lueur des torches fumantes, lueur d'une lune voilée de nuages, si merveilleusement combiné dans le *Saint Laurent*, rappelle un effet du même genre cherché par Raphaël dans la *Délivrance de saint Pierre*, tandis que les attitudes énergiques et les gesticulations grandioses de tous les robustes acteurs de la scène font penser aux créations les plus audacieuses de Michel-Ange. Toutefois, le grand coloriste de Venise a su donner à ces étranges combinaisons de formes en mouvement et de clartés combattantes une apparence plus vive de réalité qui en rend l'impression plus dramatique. Dans le *Christ couronné d'épines*, du musée du Louvre, la préoccupation lumineuse est moins grande au contraire que la préoccupation plastique; celle-ci y est même poussée à l'excès, car l'effort musculaire qu'y font les personnages n'y est pas toujours proportionné à l'importance de leur action; mais il est curieux de voir que le maître, revenant sur ce sujet, lorsqu'il le traita une seconde fois, voulut y ajouter au drame des gestes le drame de la lumière. Le second *Christ couronné d'épines*, donné, dit-on, à Tintoret par Titien peu de temps avant sa mort, est éclairé par une grande lampe à plusieurs becs (Pinacothèque de Munich). Cette étonnante ébauche, d'une coloration à la fois si intense et si harmonieuse, montre la virtuosité de l'infatigable praticien se soutenant jusqu'au dernier jour.

C'est dans la fin de l'année 1559, nous l'avons vu, que Titien perdit son frère Francesco. A l'occasion de cette mort il fit un voyage à Cadore durant lequel il peignit ou prépara le tableau de famille qu'on y voit encore dans la chapelle des Vecelli. La Vierge, assise devant une riche draperie, donnant le sein à l'enfant Jésus couché sur ses genoux, est adorée d'un côté par saint André et de l'autre par saint Titien. Saint André, à gauche, un genou en terre, portant sa grande croix sur l'épaule, vieillard robuste, à la tête chauve, avec une longue barbe blanche, serait, d'après la tradition, Francesco Vecellio. Sa figure offre, en effet, des traits de ressemblance assez frappants avec celle de Titien. Quant au bel et jeune évêque, saint Titien d'Oderzo, en grande chape brodée, coiffé d'une mitre emperlée, ce serait le neveu du maître, Marco Vecellio, qui l'accompagnait presque dans tous ses voyages. D'après cette tradition, la Vierge elle-même serait un portrait, celui de Cecilia, sa femme, morte depuis trente ans. Le peintre lui-même est placé modestement dans un coin, à l'arrière-plan, derrière l'évêque dont il tient la crosse, et semble regarder, par-dessus son épaule, avec une curiosité émue, le groupe charmant de la femme et de l'enfant. Il ne saurait y avoir de doute sur sa personnalité ; c'est bien, sous la petite calotte, le même visage ridé et fatigué que nous retrouvons dans la composition allégorique de *Titien et sa fille enceinte*, peinte quelques années après.

Durant l'année 1560, Titien acheva la réunion de portraits de famille qui devait servir désormais de modèle pour les œuvres de ce genre, la *Famille Cornaro*, aujourd'hui dans la galerie du duc de Northumberland. Cependant c'est le nouveau roi d'Espagne qui lui donne le plus à faire. Désormais la correspondance entre Philippe II et Titien va devenir de plus en plus active, soit qu'il s'agisse de nouvelles commandes et de nouveaux envois, soit qu'il s'agisse des arrérages des fameuses pensions toujours si difficiles à récupérer. Le 25 mars 1560, Titien, n'ayant pas encore reçu de nouvelles ni de son envoi de trois tableaux fait en 1558, ni d'un envoi plus récent d'une *Adoration des Mages*, commence à s'inquiéter sérieusement :

Sérénissime Roi catholique,

Il y a déjà de longs jours que j'envoyai à Votre Majesté les peintures que j'ai faites par son ordre. Et, n'en ayant pas

jusqu'à ce jour entendu parler, je suis porté à douter ou que 1560
Votre Majesté les ait reçues ou qu'elles lui aient plu ; dans ce
cas, je m'efforcerais, en les recommençant, de faire en sorte que
Votre Majesté en demeure satisfaite. Je pense qu'elle aura déjà
appris l'offense à moi faite par Leone, sculpteur, dans la personne de mon fils qu'il n'a pas tenu à lui de mettre à mort à
Milan, sans aucune raison, par un lâche assassinat dans sa
propre maison. Si cette mort, comme il le désirait et comme il
le tenta, s'en était ensuivie, sans aucun doute s'en serait encore
ensuivie celle de son serviteur Titien, qui l'aime comme un père
doit aimer son fils vertueux et un homme innocent et bon. Au
contraire, Leone est connu comme un individu mauvais et à
scandales, comme un homme qui a été pour ses mauvaises actions
condamné à Rome à perdre la tête, et par grâce aux galères,
puis ensuite banni de Ferrare pour fausse monnaie et de Venise
et d'autres lieux pour d'autres coquineries semblables. Et l'on
peut attribuer à un grand hasard que César, de glorieuse
mémoire, prince de tant de jugement, lui ait fait la faveur de
le prendre pour sculpteur et pour représenter son image lorsqu'il
se trouve en Italie des douzaines de sculpteurs qui en savent plus
que lui. Toutefois, m'assurant que la justice de Votre Majesté
ne laissera pas impuni un tel crime, bien qu'il se fie tellement
en l'appui de nombreux princes de la Cour de Votre Majesté
qu'il lui semble pouvoir commettre impunément toutes les scélé-
ratesses, je finirai en baisant humblement les mains de Votre
Majesté Catholique, que Dieu exalte et fasse prospérer sans
cesse [1].

> De V. Majesté Catholique,
>
> Humble serviteur.

De Venise, le 24 mars 1560.

Sans attendre une réponse à cette lettre, dès le 22 avril,
de plus en plus inquiet, l'artiste renouvelait ses interro-
gations pressantes :

> Très Invincible et très puissant Roi,
>
> Il y a aujourd'hui sept mois que j'ai envoyé à Votre Majesté
> les peintures qu'Elle m'avait commandées et n'en ayant jusqu'à

1. Archives de Simancas. CAVALCASELLE et CROWE, II, 275-276.

présent aucun accusé de réception, ce me serait une grâce singulière de savoir si elles ont plu; car, si elles n'avaient pas plu au goût parfait de V^{tre} M^{té}, je m'efforcerais d'en refaire de nouvelles, de corriger les fautes passées, et si elles étaient à son gré, je me mettrais de meilleur cœur à finir la fable de Jupiter avec Europe et l'histoire du Christ dans le jardin pour faire quelque chose qui ne soit pas indigne d'un si grand Roi. Quant aux cédules dont V^{tre} M^{té} m'a fait grâce pour l'argent qui m'es assigné en récompense sur Gênes, V^{tre} M^{té} doit être informée qu'elles n'ont eu aucun effet, d'où il semble que, sachant vaincre ses puissants et superbes ennemis par son invincible courage, Elle ne puisse être obéie cependant par ses propres ministres, en sorte que je ne vois pas comment je puis espérer jamais obtenir cet argent que m'a accordé sa faveur. Je la supplie donc humblement que sa Royale Majesté veuille bien vaincre cette insolence obstinée, en leur ordonnant de me satisfaire ou en envoyant soit à Venise, soit où il lui plaira le mieux, une expédition de payement en sorte que sa libéralité produise pour son humble serviteur le fruit qu'Elle désire. Mon dévouement me force encore à rappeler à V^{tre} M^{té} qu'elle veuille bien penser à commander qu'on peigne pour la postérité les glorieuses et immortelles victoires de César. Je désire être le premier à en faire quelqu'une en signe de reconnaissance pour tous les bienfaits reçus de Sa Majesté Césarienne et de V^{tre} M^{té} Catholique; ce me sera une singulière faveur qu'elle daigne me faire savoir sous quel jour, selon la disposition et condition des salles ou chambres, cette peinture devra être placée. Et je me recommande humblement en la bonne grâce de V. Majesté Catholique.

De Venise, le 22 avril 1560[1].

Ce n'est que l'année suivante, par un tiers, que Titien fut enfin rassuré sur le sort de ses tableaux et sur l'accueil qui leur avait été fait à la cour d'Espagne. Il s'empressa d'en remercier Philippe :

Roi Sérénissime et Catholique,

J'ai appris par des lettres de Delfino que les peintures que j'ai envoyées avaient plu à V^{tre} M^{té} Catholique, c'est-à-dire la poésie

1. Archives de Simancas. CAVALCASELLE et CROWE, II, 278.

de Diane à la fontaine, la fable de Calisto, le Christ mort et les 1561
Rois d'Orient, ce dont j'ai reçu le contentement nécessaire au
désir que j'ai de là servir, regardant comme une très grande
félicité que mes ouvrages plaisent à un si grand Roi. Mainte-
nant, je remercie de nouveau V^{tre} M^{té} des deux mille écus dont
elle m'a fait don, depuis trois ans déjà, en ordonnant qu'ils me
fussent payés à Gênes, bien que sa grande libéralité envers moi
n'ait pas eu d'effet encore, et que ce fait que V^{tre} M^{té} ne soit
point obéie ne m'ait pas été d'un mince dommage, car, faisant
fond sur l'espérance de cet argent, j'ai acheté une propriété pour
mon entretien et celui de mes fils, qu'il m'a fallu ensuite vendre
et aliéner à grande perte. Je supplie donc V^{tre} Altesse, puisque
avec la grandeur de son cœur libéral Elle a daigné m'accorder
les deux mille écus que par mauvaise chance je n'ai pu avoir, de
vouloir bien ordonner qu'on me les paye à Venise. Et comme
solliciteuse en ma faveur, j'ai préparé une peinture de la Made-
leine qui se présentera devant Elle les larmes aux yeux en
suppliant pour les besoins de son très dévoué serviteur. Mais,
avant de l'envoyer, j'attends de savoir par V^{tre} M^{té} à qui je la
dois remettre, pour qu'il n'en advienne pas mal comme il est arrivé
pour le Christ. Cependant je préparai le Christ dans le jardin
et la poésie de l'Europe et je lui souhaite la félicité que mérite
sa couronne royale.

    De Venise le 2 avril 1561[1].

Sur cette lettre, Philippe II mit en marge d e sa main
« Il me semble que cette affaire est déjà réglée et qu'on
a donné des ordres pour qu'on accorde ce qui est
demandé. » Cependant, s'étant aperçu bientôt de son
erreur, il s'empressa de donner lesdits ordres à ses trésoriers de Gênes pour qu'ils eussent à faire payer Titien
à Venise. Le peintre s'attendait donc à recevoir enfin la
somme nette de deux mille écus: mais les Génois le
payèrent en ducats, ce qui lui coûta, pour le change, une
perte de 200 écus. De là un nouvel accès de mécontentement qu'il ne put s'empêcher d'exhaler assez vivement

---

1. Archives de Simancas. CAVALCASELLE et CROWE, II, 279.

dans sa lettre de remerciements à Philippe le 17 août 1561[1].
Le roi s'empressa aussitôt de réparer l'erreur commise
en lui écrivant de la façon la plus amicale :

1. Voici la lettre entière :

Invincible Roi Catholique,

Puisque, grâce à la rare bienveillance de Votre Majesté, j'ai pu à
la fin recouvrer l'argent de Gênes, je viens m'incliner humblement
et lui rendre les plus grandes grâces que je puis et puisque ainsi
je suis en partie délivré de quelques tourments, j'espère pouvoir
employer plus tranquillement et plus largement le reste de ma vie
au service de Votre Majesté, mon seul Seigneur, envers lequel je
me sens à la fois très dévoué et très reconnaissant. Il est vrai que
j'ai eu dans ce payement deux cents ducats de moins que Votre
Majesté n'avait ordonné par ses premières cédules, parce qu'il
n'était pas spécifié dans ses dernières qu'on me dût payer en écus
d'or, ce qui fait que j'ai reçu en ducats. Pourtant s'il plaisait à
Votre Majesté de faire éclaircir cela, je recevrais le supplément, ce
qui ne me serait pas d'un petit secours. J'attends que Votre Majesté
me fasse dire à qui je dois consigner le tableau de la *Sainte Marie-
Madeleine*, que j'ai depuis longtemps promis et achevé en sorte que
si Votre Majesté s'est jamais complu en aucun de mes ouvrages,
elle ne se complaira pas moins en celui-là. Elle pourra donc envoyer
quand elle voudra une personne de confiance, afin qu'il ne se
perde pas comme j'ai entendu dire qu'il est arrivé pour le *Christ
mort* et pour d'autres tableaux il y a déjà longtemps. Cependant je
mènerai à fin le *Christ dans le jardin*, l'*Europe* et d'autres peintures
que j'ai déjà dessein de faire pour Votre Majesté, à laquelle je
m'offre et recommande en baisant sa royale et catholique main.

Humble serviteur,

TITIANO VECELLIO.

De Venise, le 17 août MDLXI.

Cette lettre porte en marge, de la main de Philippe II, les notes
suivantes :

1º Envoyer l'argent d'ici directement, ce sera moins difficile.

2º Que le peintre remette la *Madeleine* à Garcia Hernandez, et qu'on
lui écrive, pour qu'il l'expédie à la première occasion sûre avec des
verreries de Venise.

3º Inviter Titien à pousser les peintures dont il parle, en lui
disant de les remettre ensuite au secrétaire et ordonner en mon
nom qu'on les expédie par une voie sûre; écrire en outre qu'on les
expédie de Gênes avec le même soin.

(Archives de Simancas. CAVALCASELLE et CROWE, II, 283.)

Notre Aimé ! Nous nous réjouissons d'apprendre par votre lettre du 17 août que vous avez déjà fini le tableau de la *Madeleine* et que vous-même, comme vous dites, en êtes très satisfait ; nous sommes donc certain qu'elle doit être parfaite, et, comme telle, nous désirons beaucoup l'avoir ici promptement et en bon état. Aussi nous vous chargeons, vous, de l'ajuster et de l'emballer de votre propre main, de façon qu'elle ne puisse s'endommager en chemin ; ensuite vous la consignerez au secrétaire Ferdinando Garcia, mon serviteur, qui séjourne à Venise, auquel je donne l'ordre de me la transmettre avec un soin jaloux. Vous remettrez au même les autres tableaux, *le Christ dans le jardin* et *l'Europe* comme aussi, au fur et à mesure, ceux qui seront terminés afin qu'il me les expédie. Vous me ferez grand plaisir et me rendrez service si vous vous occupez de cela avec la plus grande sollicitude.

J'ai compris ce que vous me dites, que, n'ayant pas spécifié deux mille écu d'or dans la lettre de change que je vous fis remettre à Gênes, ils vous en ont donné deux cents de moins : mais comme ma volonté fut et est qu'on vous paye intégralement, je donne l'ordre que lesdits deux cents ducats qui vous manquent vous soient remis immédiatement.

Madrid, 22 octobre 1561 [1].

Le secrétaire d'ambassade dont il est question dans cette lettre, Garcia Hernandez, répondit bientôt au roi :

J'eus à peine reçu la lettre de Votre Majesté, en date du 22 octobre dernier, que je m'empresserai de remettre à Titien celle qui lui était adressée, et il la reçut avec un grand plaisir. Le peintre s'occupe toujours du tableau de la *Madeleine*, bien qu'il écrive qu'il l'a déjà terminé. Aussitôt qu'il me l'aura livré (et ce sera peut-être dans la semaine), je l'expédierai avec la lettre de Votre Majesté au marquis de Pescara, parce que cette voie me semble la plus sûre et la plus rapide. Des juges très compétents en fait d'art affirment que cette *Madeleine* est la meilleure chose qui soit jamais sortie du pinceau de Titien. Il travaille en outre à deux peintures,

---

1. GAYE, *Carteggio inedito d'artisti italiani*. III, 59. CAVALCASELLE et CROWE, II, 283.

1562	et, bien qu'il avance un peu lentement comme il est naturel, du reste, chez un homme qui a passé les quatre-vingts ans, il assure pouvoir les terminer pour février prochain, temps auquel il espère les pouvoir expédier à Votre Majesté par l'ambassadeur vénitien qui part d'ici à cette époque. Je le presse beaucoup afin qu'il tienne sa promesse et qu'il ne laisse pas échapper une si belle occasion. Que Votre Majesté veuille bien cependant ordonner le payement des quatre cents écus qui sont dus à Titien pour deux ans de pension, car le peintre, étant vieux, est devenu un peu cupide, *giacchè il pittore, essendo vecchio, si è fatto un po' cupido...*

De Venise, 20 novembre 1561 [1].

La *Madeleine* fut, en effet, expédiée au roi dans le courant du mois de décembre. *Le Christ au jardin* et *l'Enlèvement d'Europe* suivirent, au mois d'avril 1562, avec une lettre de Titien dans laquelle il déclare qu'il a résolu, « à cause de sa vieillesse, de se reposer les dernières années qui lui seront concédées par la Majesté de Dieu », mais que, cependant, s'étant voué au service de Philippe, « il emploiera tout de même tout l'espace de vie qui lui reste à manifester très souvent son respect à S. M. par quelque nouvelle peinture ». Pour l'instant, il est en train de faire « une image de Notre-Dame avec l'enfant dans les bras, espérant s'y employer en sorte qu'elle ne plaise pas moins que les autres peintures [2] ». Par un état récapitulatif des tableaux envoyés alors en Espagne qu'il adressa plus tard à Antonio Perez, ministre de Philippe, on sait que, parmi ces envois, figurait, soit avant, soit après celui de 1562, le *Jupiter et Antiope* connu sous le nom de *Venere del Pardo*. Cette brillante peinture dans laquelle l'octogénaire, ravivant les plus gracieux souvenirs de sa jeunesse, retrouve plus d'une fois, pour exprimer la beauté de la

1. Archives de Simancas. CAVALCASELLE et CROWE, II, 286.
2. Archives de Simancas. CAVALCASELLE et CROWE, II, 297.

femme et la beauté du paysage, la souplesse et l'éclat *1563*
de ses meilleurs jours, devait être plus tard donnée par
Philippe IV au prince Charles-Stuart d'Angleterre. C'est
ainsi qu'achetée par Jabach et ensuite par le cardinal
Mazarin, elle est passée au musée du Louvre.

Une partie de cette année 1562 fut employée par
Titien à régler ses comptes avec la ville de Cadore. On
se souvient que, dans un moment de famine et de
pénurie, en 1555, le conseil de Cadore s'était adressé à
son illustre compatriote pour obtenir le prêt d'une
somme considérable. Déjà, à deux reprises, en 1561,
Titien avait fait savoir à la commune que son fils et lui
seraient heureux de rentrer dans leurs fonds ; mais on
ne put s'entendre à ce sujet. L'affaire fut enfin soumise
à un conseil d'arbitres qui, le 8 novembre 1562, siégeant
à Cadore, condamna la commune à payer à Titien et à
son fils Orazio la somme de 980 ducats de 6 livres et
4 sous, en réduisant toutefois l'intérêt à 6 pour 100, au
au lieu de 8 pour 100 que réclamaient les Vecelli. On
suppose que c'est pour le bien disposer ou pour le
remercier de ses bons offices dans cette affaire que, le
4 mai 1562, Titien avait envoyé à son parent Vecellio
Vecelli un *quadretto* d'*Adonis* en lui annonçant pour
bientôt une *Notre-Dame*. A la fin de la même année,
on retrouve encore Orazio à Cadore. Il est chargé de la
gestion des biens de famille et fait lever une hypothèque
consentie autrefois par Francesco Vecelli sur une prairie
près de Taï.

Durant l'année 1563, c'est encore une grande toile
pour Philippe II, une *Cène*, « longue de sept bras et
haute de quatre et même plus », qui occupe presque
constamment l'artiste. Selon son habitude, il l'annonce
comme terminée bien longtemps avant qu'il ait cessé de
la retoucher. « Quoiqu'il ne me reste plus rien à faire de

ce que Votre Majesté m'a commandé, écrit-il le 28 juin, néanmoins je suis en train de conduire à fin un cadre de peinture commencé depuis six ans, dans l'intention que Votre Majesté Catholique, après tant de peintures d'invention fabuleuse, puisse posséder de ma main une scène historique de piété pour l'ornement de quelque salle. C'est une *Cène de Notre Seigneur avec les douze apôtres*, une des œuvres les plus difficiles et les plus importantes peut-être que j'aie jamais faites pour Votre Majesté. » Dans la fin de la lettre les lamentations et les réclamations recommencent suivant l'habitude ; c'est la traite des grains à Naples, concédée depuis tant d'années par Charles-Quint, qui n'a pas encore rapporté un sou ! C'est le trésor de Milan qui, depuis quatre ans, s'est de nouveau obstinément fermé ! C'est la naturalisation espagnole accordée à Orazio qui n'a pas été accompagnée d'une pension !

Rien n'était, en effet, bien régulier alors, pas plus le service des courriers que le service des finances. Un an s'était écoulé depuis que *le Christ au jardin* et *l'Enlèvement d'Europe* étaient partis pour l'Espagne et Titien n'en avait encore aucune nouvelle pas plus que des pensions de Milan et de Naples. Le 6 décembre, il écrivit de nouveau au roi une lettre suppliante : « ... Je crains grandement ou que mes peintures ne l'aient pas satisfaite ou que son serviteur Titien ne soit plus dans ses grâces comme il lui semblait être autrefois. Cependant il me serait agréable par-dessus tout d'être certain soit d'une chose, soit de l'autre, parce que, sachant les intentions de mon grand Roi, je m'efforcerais de faire en sorte qu'il n'y ait plus lieu peut-être de faire entendre mes doléances. Que la bienveillance infinie de Votre Majesté daigne donc faire que je sois consolé en voyant au moins son sceau, sinon son écriture, car je lui jure,

par mon dévouement pour Elle, que cela pourrait *1564*
ajouter dix ans de plus à mon extrême vieillesse pour
servir la Majesté de mon Seigneur Catholique, outre
que ce me sera une invitation à lui envoyer d'un cœur
plus joyeux et plus assuré la *Cène du Christ avec les
Apôtres*, dont j'ai déjà parlé plusieurs fois[1]. »

Cette lettre ne parvint au roi que dans les premiers
jours de mars 1564. Philippe, il faut le reconnaître,
s'empressa d'y répondre dans les termes les plus
affectueux. Il envoyait en même temps au gouverneur
de Milan et au vice-roi de Naples les ordres les plus
précis, mais les plus inutiles, pour qu'on donnât prompte
et complète satisfaction aux réclamations légitimes du
peintre que son père et lui avaient toujours tenu en si
haute estime : « Notre aimé, disait-il à Titien, j'ai reçu
vos deux lettres, la dernière avec la date du 6 décembre
et qui m'est arrivée il y a quatre ou cinq jours. Je me
suis beaucoup réjoui de savoir par elle que vous jouissez
d'une bonne santé et que vous êtes toujours occupé à
faire des choses qui me donneront contentement, comme
est la peinture de la *Cène du Christ* qui serait bien de la
grandeur et de la proportion qui conviennent à un travail
sorti de votre main. Vous pouvez remettre la peinture à
Garcia Hernandez, après l'avoir arrangée de telle sorte
qu'elle ne soit pas endommagée durant le voyage. Quant
à ce qui regarde vos affaires, j'écris à Naples et à Milan,
comme vous en informera Garcia Hernandez. Il me
déplaît bien qu'on ne s'acquitte pas envers vous comme
il est juste ; mais je prendrai les mesures nécessaires
pour que ce qui vous revient vous soit donné, et en cela
comme en tout vous connaîtrez mon bon vouloir envers
vous. Barcelone, 8 mars 1564[2]. »

1. Archives de Simancas. CAVALCASELLE et CROWE, II, 304-305.
2. Archives de Simancas. CAVALCASELLE et CROWE, II, 320. — Phi-

Cette lettre fut remise à Titien par Garcia Hernandez qui, en rendant compte à son maître de sa visite à Biri Grande, nous donne quelques détails intéressants. Il paraît que Titien, malgré ses habitudes d'ordre, avait égaré les pièces de sa créance sur Naples : « L'affaire de Naples est une vieille affaire ! Il ne se rappelle pas, étant appesanti par l'âge, où il a mis les reçus de la concession que lui fit l'empereur de glorieuse mémoire. Quand je le reverrai, je lui dirai comment il doit faire pour cette chose comme pour les autres ; je lui dirai aussi, selon les ordres de Votre Majesté, qu'il se contente pour le moment de prendre ce qui lui revient à Milan où il enverra exprès une personne autorisée... Le tableau que fait Titien de la *Cène du Christ Notre-Seigneur* est très grand et n'est point terminé comme il l'écrit ; il promet d'y travailler sans interruption pour le terminer dans le courant du mois de mai, et je le presse et je le presserai toujours, tant qu'il n'aura pas donné le dernier coup... » Hernandez ne cessait en effet de voir le peintre et de constater son acharnement à l'ouvrage. Cependant, au mois de mai, la *Cène* n'était pas encore finie. Pour faire patienter le roi, Titien lui envoie un *Portrait de la reine des Romains*, sa sœur [1], dont Philippe le fait remercier aussitôt : « Vous direz à Titien que je tiens compte du soin qu'il met à terminer le tableau de la *Cène* du Christ notre Rédempteur et de celui qu'il a mis à faire le portrait de la reine ma sœur [2]... » Cette dépêche de Philippe se

lippe écrivit en effet le même jour au vice-roi de Naples et au gouverneur de Milan des lettres pressantes (*Ib.*, II, 320-321).

1. Archives de Simancas. CAVALCASELLE et CROWE, II, 323. Lettre de Garcia Hernandez à Philippe II, du 11 juin 1564.

2. Archives de Simancas, CAVALCASELLE et CROWE, II, 324. Lettre de Philippe II à Garcia Hernandez.

croisa avec une lettre de Titien du 5 août[1] réclamant toujours avec instance le payement de ses pensions insaisissables : « J'ignorais, se hâte d'écrire le roi à son ambassadeur, j'ignorais qu'on dût de Milan à Titien, ainsi que vous me le dites, cinq années de pension ; si on me l'avait dit, j'aurais ordonné volontiers et avec empressement qu'on le payât, comme je l'ordonne en ce moment à Don Gabriele de la Cueva et, dans la lettre d'affaires, j'ai ajouté un chapitre à ce sujet, afin qu'il comprenne que c'est une chose à exécuter de suite ; vous pouvez le dire à Titien [2]... »

Au moment où cette dépêche parvint à Venise, Titien venait de partir pour Brescia où la municipalité lui avait proposé de peindre un plafond. Hernandez annonça à son maître que la *Cène* était finie et qu'elle lui serait livrée incessamment [3]. Le même jour, dans une lettre confidentielle au secrétaire d'État, Antonio Pérez, il faisait, à ce sujet, quelques observations assez peu bienveillantes pour Titien dont il constatait la bonne santé en même temps que le caractère intéressé :

Illustrissime Seigneur,

J'ai reçu votre lettre du premier du mois dernier en même temps que celle adressée à Titien que j'ai donnée à son fils, car il n'est pas en ville et on l'attend ici d'heure en heure. Dès qu'il sera de retour, je lui dirai ce que vous lui commandez...

Le tableau du *Christ à la Cène*, comme je l'ai déjà écrit, est une chose vraiment admirable, et, même, de l'avis des maîtres de l'art et de tous ceux qui le voient, c'est une des plus admirables peintures qu'aient jamais exécutées Titien. Il est déjà terminé et le peintre devait me le livrer le 15 septembre,

1. Voir cette lettre dans RIDOLFI, *Maraviglie dell' Arte*, I, 172-173.
2. Archives de Simancas. CAVALCASELLE et CROWE, II, 325. Lettre de Philippe II à Garcia Hernandez, du 20 septembre 1564.
3. Archives de Simancas. CAVALCASELLE et CROWE, II, 326. Lettre de Garcia Hernandez à Philippe II, du 8 octobre 1564.

pour que je l'expédie à Gênes, et quand il partit, il me dit
qu'à son retour il me le finirait et livrerait. Mais je soupçonne
que cet atermoiement vient de sa chicherie et avarice qui
l'empêchera de le livrer tant que ne sera pas arrivée une
dépêche de Sa Majesté ordonnant le payement de ce qu'on
lui doit. Si, lors de son retour, il ne me remet pas la peinture,
c'est ainsi vraiment que je l'entendrai. Je m'arrangerai, de
toute façon, pour la lui tirer des mains et pour qu'il commence
le tableau de *Saint Laurent*; en effet, quoiqu'il soit déjà si
vieux, il travaille et peut travailler, et s'il voyait de l'argent,
il ferait plus encore que ne permet son âge, car, pour en
gagner, il a bien été capable d'aller d'ici à Brescia, afin d'examiner une certaine place où doit être placée une peinture
qu'on lui demande. Veuillez rappeler pourtant à Sa Majesté
de faire tenir vis-à-vis de lui les promesses qu'on lui a faites
tant de fois et je suis certain que le peintre sera infatigable;
bien mieux, si vous désirez quelque petite chose de sa main,
je crois qu'en cette occasion Titien vous satisferait de bon
cœur. Il y a dans un monastère de cette ville un *Saint Laurent*,
qu'il a fait il y a plusieurs années et qui répond exactement à
la grandeur et au genre que vous m'indiquez. Les frères de ce
couvent m'ont rapporté qu'ils avaient payé pour cette peinture deux cents écus et que, pour cinquante, Girolamo di
Tiziano, son élève, serait disposé à la copier. Girolamo fut
son élève pendant plus de trente ans et a habité sa maison.

C'est celui qui, après le maître, peut le mieux de tous, exécuter cette copie, quoiqu'on ne puisse faire aucune comparaison entre lui et le grand artiste. Et si Sa Majesté veut
commander deux copies, on pourrait les avoir plus vite par
ce Girolamo.....

Ce qui n'est pas le moins piquant dans cette lettre,
c'est que le diplomate, après avoir quelque peu raillé le
peintre de son impatience au sujet du non-payement de
ses pensions, est obligé lui-même, à la fin, de crier
misère et de se plaindre que ni les marchands auxquels
il achète continuellement pour le roi des verreries ou
autres objets, ni lui-même, qui fait toutes les avances,
ne soient plus régulièrement remboursés par les agents
du fisc.

..... Tout cela coûte de l'argent, et je n'en ai, comme je vous l'ai écrit, que juste le nécessaire pour beaucoup d'autres choses, et si Sa Majesté n'ordonne pas qu'on paye effectivement ce qu'on doit aux marchands de là-bas et ce que je dois à ceux d'ici, je ne saurai plus que devenir. Je vous supplie donc, le plus affectueusement que je puis, de rappeler cela à Sa Majesté et de me pardonner si je suis importun, car c'est la nécessité qui m'y contraint [1].....

GARCIA HERNANDEZ.

De Venise, viii d'octobre 1564.

Quelques jours après, l'ambassadeur revient sur la bonne santé et sur l'avarice de Titien que les trésoriers de l'Empire, il est vrai, s'obstinent à ne pas payer :

« ..... Jusqu'à présent, à Milan, don Gabriele de la Cueva n'a pas voulu le payer malgré les ordres de Votre Majesté. Le peintre est vigoureux et peut toujours très bien travailler ; mais, si Votre Majesté veut encore quelque chose de sa main, il faudra l'en prévenir à temps, car, *suivant ce que disent des gens qui le connaissent bien, il est près de ses quatre-vingt-dix ans,* quoiqu'il ne les porte pas ; pour de l'argent il fera tout..... »

De Venise, xv octobre 1564 [2].

La lettre confidentielle de Hernandez à Perez fut certainement communiquée à Philippe II par son secrétaire d'État en même temps que la lettre officielle, car, sur une dépêche lui annonçant enfin, au mois d'octobre, l'envoi de la *Cène*, le roi, sans doute un peu refroidi vis-à-vis de Titien par les indiscrétions de l'ambassadeur, se contente d'y mettre des notes laconiques : « On a donné l'ordre à Milan de payer, je ne sais où en est l'affaire. — On pourrait acquérir la peinture d'un parent de Titien pour la somme de cinquante ducats. — Celle

---

1 à 2. Arch. de Simancas. CAVALCASELLE et CROWE, II, 221-222-327.

de Titien ne doit pas être prise, si elle n'est différente de l'autre, car autrement on aurait deux copies au lieu d'une [1]. » Le dénouement de la lutte avec la trésorerie de Milan qui, malgré les injonctions réitérées de l'impuissant despote, se fit encore attendre jusqu'à l'année suivante, fut un dénouement onéreux pour le créancier et absolument grotesque. Le trésor de Milan, suivant l'usage des usuriers du temps, paya le pensionnaire, non en bons ducats sonnants ni même en écus, comme autrefois le trésor de Gênes, mais en marchandises : on lui offrit une cargaison de sacs de riz, qu'il dut revendre et sur lequel il perdit plus de cent ducats ! D'autre part, sous toutes sortes de prétextes, on lui avait encore retenu une bonne partie des arrérages échus. Le dépit du vieillard s'exhala dans une lettre suppliante à Philippe II qui, comme les autres fois, s'efforça, avec plus de bonne volonté que de succès, de réparer les sottises de ses fonctionnaires, car on trouve bientôt le peintre travaillant avec activité à une répétition du *Saint Laurent*.

L'achèvement de la *Cène* dont il est question dans cette longue correspondance, fut, pendant les années 1562, 1563, 1564 la principale occupation de notre maître. Nous le trouvons cependant, de temps à autre, employé en quelques autres affaires et livrant, de divers côtés, des peintures de moindre importance. Au mois de mai 1563, il fait partie, avec Jacopo Pistoya, Andrea Schiavone, Jacopo Tintoretto, Paolo Veronese, d'une commission chargée d'examiner, dans la cathédrale de Saint-Marc, les travaux de mosaïque faits par les frères Zuccati d'après les cartons de son fils Orazio. Il y avait, en ce moment, guerre ouverte entre deux groupes de maîtres mosaïstes travaillant tous deux à Saint-Marc;

1. Archives de Simancas. CAVALCASELLE et CROWE, II, 327-328. Lettre de Garcia Hernandez à Philippe II, du 15 octobre 1564.

lés uns dirigés par les vieux Marco Rizzo et Vincenzo *1565*
Bianchini depuis 1517, les autres sous les ordres des
Zuccati qui, depuis 1527, les avaient supplantés dans la
faveur publique. Bianchini accusait Francesco Zuccato
d'avoir, pour dissimuler un barbarisme commis par lui
dans une inscription, *Saxibus* au lieu de *Saxis*, recouvert
une partie de mosaïque d'un morceau de papier peint.
On reconnut l'exactitude du fait. D'autre part, on
constata aussi qu'en d'autres endroits les Zuccati avaient
employé la peinture pour accorder ou raviver les
couleurs ; mais comme, en somme, malgré ces super-
cheries, l'ensemble du travail était très bien exécuté, on
se contenta de condamner Francesco à refaire à ses
frais les parties indûment peintes et Valerio à subir,
pendant un certain temps, la retenue de son salaire. Une
correspondance que Titien entretint peu de temps après
avec le duc d'Urbin pour lui réclamer le payement d'une
Vierge Marie et d'une série de dessins, donne de
nouveaux détails sur son aptitude aux affaires. On voit,
en effet, dans une lettre du 6 janvier, que son fils
Orazio et lui s'occupaient de la vente des bois de construction, probablement des bois de Cadore et qu'ils
fournissaient au prince, non seulement des peintures,
mais encore des planches et des poutres [1].

Au mois de septembre 1565, Titien alla, suivant son
habitude, passer quelques semaines à Cadore. Il y
emmena cette fois plusieurs de ses amis ou élèves, Valerio Zuccato, Cesare Vecelli, Emmanuel Altdorfer, qui
commencèrent, sous sa direction, des travaux dans
l'église. Depuis quelque temps déjà, les Cadorins sup-

---

1. Cette lettre a été publiée dans un opuscule imprimé pour les
noces Galeotti Cardenas, *Lettere d'Illustre Italiani* que nous n'avons
pas pu nous procurer. MM. Cavalcaselle et Crowe qui la signalent
en font l'analyse, mais sans donner le texte (II, 347).

pliaient leur illustre compatriote d'entreprendre cette décoration. Titien, s'excusant sur son grand âge, les pria de se contenter d'un travail de ses élèves. Il leur promettait toutefois de fournir tous les dessins et cartons, et ne demandait que la somme minime de deux cents sequins pour couvrir ses frais. L'achèvement de ces peintures, dont Ticozzi nous a laissé la description, demanda deux ans environ. On les a détruites en 1813 lorsqu'on restaura l'édifice. Valerio Zuccato, Cesare Vecelli, Altdorfer servirent aussi de témoins à Titien, avec le notaire Matteo Palatini, lorsque, exerçant les privilèges qui lui avaient concédés par Charles-Quint, il créa, le 1ᵉʳ octobre, une charge de notaire à Cadore en faveur d'un de ses parents, Fausto Vecellio [1]. Au mois de décembre, il était rentré à Venise.

Parmi les tableaux qu'il acheva durant les mêmes années, on compte encore : le *Christ en croix*, pour l'église de San-Domenico à Ancône, la *Vision de Saint François*, pour une église d'Ascoli, le *Saint Nicolas*, pour l'église Saint-Sébastien à Venise, le *Saint Jérôme* qui se trouve actuellement au musée Brera, la *Vénus au miroir* du musée de Saint-Pétersbourg, la *Transfiguration* et l'*Annonciation* pour l'église San-Salvadore à Venise, *Saint Jacques de Compostelle* pour l'église San-Leo dans la même ville, l'*Éducation de l'amour* ou les *Trois grâces* qui est à Rome au palais Borghèse.

1. L'acte se trouvait, du temps de Ticozzi, dans la bibliothèque de Santa Maria della Salute. (Ticozzi, *Vite dei Pittori Vecelli*, 238.)

CHAPITRE XIV

(1566-1576)

IL semble qu'en avançant vers l'extrême vieillesse, le 1566 robuste vieillard devint non seulement « un peu cupide », comme le remarquait le secrétaire de l'ambassade espagnole, mais plus actif et plus laborieux encore, s'il est possible, que dans ses jeunes années. Il n'est sorte de tâche qu'il n'accepte ou qu'il ne sollicite ; aucune entreprise ne l'effraye. Durant l'hiver de 1566, ce qui l'occupe surtout, c'est la surveillance du travail que font sous ses yeux les graveurs Cornelis Cort et Niccolò Boldrini, depuis quelque temps déjà chargés par lui de reproduire ses compositions, anciennes et nouvelles, les plus connues. Par un décret du 4 juin, le Sénat lui accorde, à cet égard, tous les privilèges qu'il sollicite [1]. Peu de

1. Dans sa demande il priait la Seigneurie de lui concéder le privilège *qu'aucun autre que lui ne pût faire imprimer ni vendre le dessin du* PARADIS, *et diverses autres inventions, qu'à grandes fatigues et grandes dépenses il avait fait mettre en estampes de cuivre pour la commodité des studieux de peinture ; attendu que quelques individus peu habiles dans l'art, afin de s'épargner la peine et par amour du gain, se mettent à cette profession et usurpent l'honneur du premier auteur de ces estampes en les gâtant, outre*

temps après sont publiées les estampes du *Saint Jérôme*, de *Persée et Andromède*, de la *Trinité*, de la *Madeleine*, de l'*Annonciation* de San Salvadore, de *Sisyphe*, de *Prométhée*, et de diverses autres compositions. Une lettre de Dominique Lampsonius, secrétaire du prince-évêque de Liège, à qui Titien avait envoyé quelques épreuves, montre avec quel enthousiasme ces estampes étaient accueillies dans les Flandres. Lampsonius admire surtout son compatriote Cornelis Cort « parce que sa main est plus hardie et plus rapide et donne meilleure grâce aux draperies et aux sauvageries des paysages ». Parmi ces paysages, ajoute Lampsonius, « il y a une petite chose unique au monde, ce paysage désert de l'ermite saint Jérôme, et je m'imagine, avec le plus grand plaisir, ce qu'il doit être peint par l'heureuse main de V. S., en sorte que la figure du S. Jérôme soit aussi grande que le vrai, comme je me persuade que V. S. a dû faire. Et de fait, V. S. l'emporte de loin sur tous nos Flamands en fait de paysages, genre de peinture (quant aux figures, nous étions déjà vaincus par vous autres, Seigneurs Italiens) dans lequel ils croyaient tenir le champ [1]. »

Les peintures dont était encombré l'atelier se terminaient peu à peu. Au mois de janvier, l'agent de la municipalité de Brescia annonce à ses compatriotes l'achèvement prochain des peintures qu'ils ont commandées. Peu de temps après, Garcia Hernandez croit pouvoir assurer à son souverain que le *Martyre de saint Laurent* sera fini au carême et Philippe s'empresse de faire remercier Titien en lui recommandant, suivant

---

qu'ils trompent le public par des estampes contrefaites et de peu de valeur. CADORIN, p. 9.

1. Cette lettre, très longue et très curieuse, a été publiée par Gaye, *Carteggio inedito*, III, 242-244.

son habitude, « de le bien emballer de sa main » pour 1566 qu'il puisse supporter le voyage[1]. Enfin au mois de mai, Vasari, qui venait de faire une tournée rapide en Italie avant de donner une nouvelle édition de ses *Vite de' più eccellenti Pittori, Scultori ed Architetti*, arriva à Venise pour y passer une semaine (du 21 au 27). L'une de ses premières visites fut pour le vénérable maître qu'il trouva entouré de vingt œuvres commencées et dont la verdeur active l'émerveilla. Les lettres qu'il écrivit de Venise à ses amis de Florence ne nous ont malheureusement pas été conservées comme celles qu'il leur envoya de Milan et de Ferrare ; mais, dans la *Vie de Titien*, il a résumé ses impressions d'une façon assez vive : « Quand Vasari, auteur du présent livre, alla à Venise, en l'an 1566, il alla visiter Titien. Il le trouva, bien qu'il fût très vieux, les pinceaux à la main, en train de peindre, et il eut grand plaisir à voir ses œuvres et à discourir avec lui. Celui-ci lui fit connaître Messer Gian Maria Verdezotti, gentilhomme vénitien, jeune homme plein de talent, ami de Titien, très habile dessinateur et peintre, comme il l'a montré dans quelques paysages dessinés par lui et très beaux. Il a de la main de Titien, qu'il aime et révère comme un père, deux figures peintes à l'huile dans deux niches, c'est-à-dire un *Apollon* et une *Diane*... Dans les derniers temps, cet excellent peintre a envoyé au roi catholique une *Cène* du Christ avec les Apôtres, dans un tableau long de sept brasses, qui était d'une beauté extraordinaire... Il a dans sa maison, ébauchées et commencées, les peintures suivantes : le *Martyre de saint Laurent* semblable au premier, qu'il a l'intention d'envoyer au Roi Catholique ; une grande toile dans laquelle il y a

1. Archives de Simancas. CAVALCASELLE et CROWE, II, 345.

le *Christ en croix* avec les larrons et en bas les bour-
reaux qu'il fait pour Messer Giovanni d'Anna; un
tableau qui fut commencé pour le doge Grimani, père
du patriarche d'Aquilée; et, pour la salle du grand
palais de Brescia, il a commencé trois grands tableaux
qui vont dans les décorations du plafond. Il a commencé,
il y a de longues années, pour Alphonse Ier, duc de
Ferrare, un tableau d'une jeune fille nue qui s'incline
devant Minerve, avec une autre figure à côté, et la mer
où l'on voit, au milieu, dans le lointain Neptune sur son
char; mais, à cause de la mort de ce Seigneur, pour
lequel se faisait cet ouvrage à son caprice, il ne fut pas
fini et resta à Titien. Il a encore mené à bon point, mais
non terminé, un tableau, où le Christ apparaît à Marie
Madeleine dans le jardin sous la figure d'un jardinier,
de figures grandes comme nature, et aussi un autre de
grandeur semblable, où, devant la Vierge et les autres
Maries, on dépose le *Christ mort* dans le tombeau, et
aussi un tableau de *Notre-Dame* qui est une des bonnes
choses qui soient dans la maison; puis, un portrait de
lui qui fut fini il y a quatre ans, très beau et naturel; et
enfin un *Saint Paul* qui lit, divine figure qui paraît elle-
même toute pleine de l'Esprit Saint[1]. » On connaît le
sort de quelques-unes des peintures remarquées par
Vasari durant sa visite à Biri Grande[2].

Peu de temps après le départ de Vasari, la parcimonie
du vieil artiste fut mise à une rude épreuve. Sur l'invitation du Conseil des Dix, il dut dresser un état de ses
biens, probablement pour l'établissement de la taxe sur

1. VASARI, VIII, 456-460.
2. Le *Martyre de saint Laurent* est dans la chapelle de l'Escurial;
la peinture de Grimani, la *Foi*, au palais ducal de Venise; l'*Allégorie* dans les appartements privés du palais Doria à Rome (une
répétition avec quelques variantes, au musée de Madrid, sous
titre de la *Religion secourue par l'Espagne*).

les revenus. Cette déclaration est aux archives de Venise.
On y constate que Titien possédait un certain nombre
de « petites pièces de champs » ou de « maisonnettes »
qu'il avait héritées ou acquises avec l'amour du paysan
pour la terre et dont il s'efforce, avec une feinte humilité,
de déprécier la valeur pour se soustraire aux exigences
du fisc. Dans cette pièce curieuse, il n'est d'ailleurs
point question de ses revenus mobiliers, ni des honoraires de la *Senseria*, ni des pensions de Milan et de
Naples qu'il touchait, il est vrai, fort irrégulièrement,
ni du produit de ses dépôts de bois aux Zattere, ni de la
vente de ses peintures, revenus pour lesquels il était
sans doute exempt de la taxe en vertu des privilèges
attachés à ses fonctions de peintre de la République [1].

1.   DÉCLARATION DE BIENS

Pour obéir à l'ordre de l'Exc. Conseil des Pregadi, Magn. et
Ill. Seigneurs les X Sages.

Moi, Titiano Vecellio, fils de feu Gregorio, habitant dans le quartier de S.-Canziano dans les maisons de la Magn. Sig^ra Biancha
Polani, je paie de loyer 60 ducats à l'année et sur ces maison, boutique
et terrain vide, je lui ai donné à valoir en deux fois 350 ducats,
comme il appert d'un contrat par-devant Ser Zulian-Mondo, notaire
de Venise, au 30 avril 1555 ; je tiens encore à loyer de cette Sig^ra afin
qu'il ne vienne pas de courtisanes sous ma maison les réduits
pour lesquels je paye 32 ducats de loyer à l'année. Dans l'un
desquels est M. Zuan Andrea Ugon da Bresa qui me paye de loyer
14 ducats à l'année. Dans l'autre sé tient Ser Piero Bonazzá et me
paye de loyer 16 ducats ; d'où je perds 2 ducats l'an pour lesdits.

Je fais remarquer à V. Ill. Seign. le peu de revenus que j'ai et
avec lesquels il me faut entretenir ma famille, comme il sera pleinement déclaré par moi près des Ill. Seigneurs des Taxes.

Et d'abord à Cadore je me trouve une maison dans laquelle habitait feu mon frère Messer Francesco Vecellio, dont je ne tire aucun
profit, et, près de cette maison, je me trouve un bout de pré dans
l'endroit nommé Montaricho de la quantité d'un semage dont je
tire à peine un foin l'année.

Item. Dans le même pays, au lieu dit Valcalda, un champ avec
un peu de pré dans les fonds d'un journal environ, lequel tient à
loyer Ser Antonio da Coleto de Tai avec les champs ci-dessus ; et
me paye 20 ducats à l'année, comme il appert par contrat dressé

Cet ensemble de petits revenus constituait sans doute au vieil artiste, économe et rangé, une fortune assez

par Messer di Vecellio, notaire à Cadore, au 17 novembre 1561.

Item. Un champ à Valès de deux journaux et demi environ.

Item. Deux morceaux de champ à Chiarnusa de l'étendue de deux journaux.

Item. Un pré à Tai qu'on appelle le Piai d'un demi-journal.

Item. Un marais avec son barrage d'un demi-journal environ.

Item. Un barrage sur l'étang de la commune d'un quart de journal.

Item. Le barrage de la Storta d'un journal et demi.

Item. Le barrage à Giai de 2 journaux et demi.

Item. Un pré avec une cabanette d'un quart de journal.

Item. Une autre pièce de barrage sous une piécette des Palatini d'un journal, desquels biens je paye la culture, les salaires et les impôts, charges telles qu'elles prennent plus que je n'ai de revenu. En sorte que V. Ill. Seign. voudront bien s'aviser que pour les mêmes biens je paye impôts et deniers dans cette illustre cité et dans le territoire de Cadore.

Item. Sur ledit territoire au lieu dit Ansogne, je me trouve deux moissons dont l'une est louée à l'Ill. M. Zachario Bernardo qui me paye de loyer 24 ducats à l'année, et l'autre à Ser Zammaria de Tisà de Perayolo qui me paye de loyer 24 ducats à l'année, sur lesquels il me faut chaque année faire d'infinies dépenses pour les conserver afin que la Piave ne me les emporte pas; et cependant il n'en reste pas moins qu'elles ne soient en grand péril, comme V. Ill. Seign. s'en pourront éclaircir.

Item. Dans ledit lieu je me trouve une pièce de pré qui chaque année est mangée par la Piave de laquelle je puis tirer à l'année environ huit charrettes de foin; mais, pour faire ledit foin, il y a de telles et excessives dépenses qui s'en vont en main-d'œuvre que je puis dire que je n'en retire aucun profit.

Item. Dans le territoire de Serravalle à Col-de-Manza je me trouve 10 champs environ avec une maisonnette dessus.

Item. Au lieu dit Milarè 18 champs environ dont une partie sur le territoire de Conegliano, ce qui fait 28 champs environ qui sont travaillés par Ser Isepo de Col. de Macèr avec moitié pour sa part de tous les gros grains et vins, et les deux cinquièmes pour les petits, en sorte que de tous lesdits champs je retire pour ma part une année dans l'autre 16 mesures de blé environ, 7 mesures de fèves, 8 mesures de blé noir, 10 mesures environ de maïs, une tonne de vin, un porc, deux chapons, deux poules.

Item. Sous Serravalle dans ledit lieu deux champs tenus à loyer par Marcho di Nosto qui me paye de loyer une mesure et demie de froment et la moitié du vin et une paire de chapons.

considérable pour le temps, et lui permettant de mener, *1567*
dans ses derniers jours, à Biri Grande, la vie large et
hospitalière dont il avait l'habitude. Néanmoins, il est
possible que l'état de gêne dont il se plaint fût par
instant réel : le chanoine Pomponio continuait à mener
sa vie de désordres et de dissipations et son second fils,
Orazio, quoique très laborieux, fort attaché à son père,
vivant dans sa maison, collaborant à presque tous ses
travaux, chargé de la gestion de ses biens, semble avoir
toujours conservé d'assez grands goûts de dépenses ; il
se serait même, au dire des contemporains, adonné aux
recherches de l'alchimie. Titien, malgré son avarice et
quelques accès non durables de sévérité, se montra
toujours très faible envers ses enfants ; le désir de leur
venir en aide put donc être pour lui une cause fréquente
d'embarras.

Sans qu'il interrompît jamais ses travaux, ses dernières
années furent en partie employées à réaliser ce qu'il
pouvait leur laisser de fortune. Nous le voyons alors,

Item. Audit lieu une maisonnette basse et une élevée, seulement
les murs et la toiture, non habitée. Et pour la maisonnette basse
on me paye pour loyer deux mesures de froment par les héritiers
de feu Jacomo del Zoto, lesquelles maisons se trouvent dans la
même cour que les étables pour ses bestiaux.

Item. Une pièce de pré contigu, pour lequel lesdits me payent
cinq *calviè* de froment (8 *calvie* font une mesure).

Item. Je me trouve une rente de 100 livres de petits lopins qu'a
Ser Colo Martorel Piva au-dessus de sa cour à Collo sous Serravalle
et il me paye de rente une mesure de froment dont il peut se
libérer par le déboursement de 100 livres.

Item. A Conegliano, dans le bourg S. Antonio, une maisonnette
qu'habite Maître Marco Garzoto et il me paye de loyer 30 petites
livres dont je paye 3 livres de rente l'année aux frères de S. Antonio.

Par moi Bartalomeo Gradenigo des X Sages,

Sebastian Badoer des X Sages.

1566, le 28 juin.

(Extrait des Archives générales de Venise par Cadorin, p. 90-92).

de tous les côtés, régler successivement toutes ses
affaires avec le sang-froid et la ténacité qui sont un des
traits de son caractère, comme un homme qui envisage
avec calme et qui prépare sa disparition prochaine. Des
documents curieux nous le montrent, à cette époque,
s'occupant du commerce d'objets d'art avec l'antiquaire
Strada et son successeur Stoppio et leur servant soit
d'intermédiaire, soit d'expert, pour les ventes qu'ils
font aux Fugger, les riches banquiers d'Augsbourg ou
au duc de Bavière. En 1567, il se charge de vendre un
écrin de cristal monté en argent appartenant à l'un de
ses amis, Carlo della Serpa, ancien grand chambellan
du pape Jules II. Il en demande mille couronnes d'or ;
l'agent des Fugger, David Ott, n'en veut donner que
mille ducats. La plus grosse difficulté est de savoir
comment on expédiera le coffret au duc de Bavière,
pour qu'il l'examine et à qui incombera la responsabilité
en cas de perte ou d'avarie. David Ott eut, à ce sujet,
avec Orazio Vecellio, représentant son père, une discussion fort animée qui faillit dégénérer en rixe : « L'écrin
de cristal, écrit Stoppio, a été remis aujourd'hui entre les
mains de David Ott. J'aurais payé pour que Votre Altesse
entendît la dispute qu'eurent Carlo Serpa et le fils de Titien
sur la façon dont serait livré l'objet. Ils se chamaillèrent
tellement qu'aucun des deux ne raisonnait plus. Il est
vraiment bien difficile de traiter avec des gens faits de
la sorte [1]. »

L'année précédente, Titien avait fait un admirable
Portrait de Strada qu'on voit aujourd'hui au musée
du Belvédère. L'antiquaire, portant la chaîne de conseiller aulique, est debout, près d'une table, tenant des
deux mains une statuette de Vénus. Dans le fond,
à gauche, on aperçoit une étagère chargée de livres.
C'est une peinture ferme, éclatante, hardie, exécutée

du bout du pinceau et qui ne se ressent en rien des quatre-vingt-dix ans du maître.

Titien, en même temps, bat le rappel auprès de tous ses débiteurs, princes ou roturiers. Le 3 mai 1567, il rappelle de nouveau au duc d'Urbin qu'il lui a envoyé la *Notre-Dame* sans recevoir ni un souvenir de sa munificence, ni même un accusé de réception. Il est obligé de renouveler, avec plus de vivacité, la même réclamation le 27 octobre. Cette fois, on lui fit droit sans doute, car il ne tarda pas à expédier à Urbin une *Cène* dont la composition différait sensiblement de celle de la grande peinture envoyée en Espagne et une *Résurrection* qui n'est point non plus une simple répétition du retable de Brescia. Ces deux tableaux sont encore à Urbin. En même temps, le vieillard se souvient de son ancienne liaison avec les Farnese; il pense qu'il serait bon de renouer ces relations utiles dans l'intérêt de ses fils. Autour de lui, on ne s'intéressait plus guère à Pomponio. Philippe II avait bien autrefois accordé à ce scandaleux ecclésiastique la naturalisation espagnole; mais, lorsqu'on lui avait demandé de joindre à cet honneur une pension pécuniaire, le roi avait fait la sourde oreille. Le père obstiné espère pourtant que, par l'intermédiaire du cardinal Farnese, on pourra faire revenir cette affaire sur l'eau. Au printemps de 1567, après s'être assuré de ses bonnes dispositions par une première lettre, il lui fait remettre, par le cardinal Facchinetti, évêque de Nicastro, une *Sainte Madeleine dans le désert*. L'intercession de cette belle pénitente lui avait souvent été utile : « Voici une image, dit-il, de la *Sainte Marie Madeleine dans le désert* dans une attitude de piété et de repentir. Si d'autres fois V^{tre} S^{rie} Ill^{me} et Rev^{me} n'a pas dédaigné de manifester son amour à quelque autre peinture de moi, je me persuade que celle-là ne lui plaira pas moins, et comme c'est une peinture de mon extrême vieillesse et faite pour mon plaisir, je supplie V^tre S^rie Ill^me et Rev^me de la recevoir avec bienveillance en témoignage du dévouement que je lui porte [1]... »

Par la même lettre, Titien priait le cardinal d'offrir de sa part au Saint-Père, Pie V, un tableau de *Saint Pierre martyr*. Deux mois après, il n'avait pas encore de réponse. Il se voyait donc obligé de rappeler au cardinal, non seulement l'affaire de Pomponio, mais encore l'envoi des deux toiles. L'évêque de Nicastro joignait ses instances aux siennes en faisant entendre au cardinal qu'il pourrait bien encore, s'il lui répondait, obtenir de Titien un troisième tableau. Le cardinal écrivit, en effet, au peintre, lui fit toutes sortes de belles promesses, s'offrant de le servir « en tout ce qu'il pourrait lui demander et même de lui envoyer un cadeau ». En échange, il ne tarda pas à recevoir une *Sainte Catherine* que lui porta le nonce de Venise. Toutefois, un an après, ni Titien ni son fils n'avaient vu la couleur des écus d'Espagne, ni reçu le souvenir promis, comme il le constate mélancoliquement par une dernière lettre écrite à ce patron oublieux [2].

C'était donc toujours Philippe d'Espagne qui se montrait, en somme, le plus généreux et le plus secourable ; aussi, dès que la copie du *Martyre de saint Laurent* fut assez avancée, Titien se retourna-t-il de nouveau vers lui. Malheureusement, leur intermédiaire ordinaire, le secrétaire Garcia Hernandez, venait de mourir subitement ; c'est par le consul d'Espagne, moins au courant de leurs relations, qu'il dut s'adresser au roi. Si l'on songe que le peintre avait alors quatre-vingt-onze ans,

<hr>

1. RONCHINI, p. 14.
2. Lettre de Titien au cardinal Alessandro Farnèse, du 10 décembre 1568, dans TICOZZI, p. 315-316.

on admirera la tranquillité hardie avec laquelle il conti- *1567*
nue à faire de vastes projets :

Très Invincible et Puissant Roi,

J'ai appris par les lettres de Votre Majesté Catholique au Secrétaire Garcia Ernando, de bonne mémoire, son très grand désir d'avoir la peinture du Bienheureux Laurent. Ce tableau serait arrivé en Espagne depuis longtemps, si ce n'avaient été la fatigue et l'indisposition, puis la mort dudit Secrétaire ; maintenant je la remettrai au consul, qui la mettra en route ; mais comme, en outre, j'ai entendu dire de Votre Majesté Catholique désirait voir développée en peinture toute la vie dudit saint, si cela est, je la supplie de daigner me faire savoir en combien de parties elle la veut, et la hauteur et la longueur des cadres ainsi que leur éclairage, car on pourrait la faire en six, en huit ou en dix morceaux, sans compter celui de sa mort qui a quatre bras de large et six bras et demi de hauteur. Et quand j'aurai entendu sa volonté, je mettrai tout en œuvre pour qu'elle soit promptement servie, tout en m'aidant pour cela de mon fils Orazio et de son serviteur, ainsi que d'un autre de mes élèves très capable, afin que l'ouvrage soit exécuté dans le court espace de temps qu'elle me fixera, puisque je suis disposé à dépenser tout ce peu de vie qui me reste à son service. Je supplie bien, je supplie humblement Votre Majesté de daigner se souvenir de moi et de mes besoins, à mon âge, au moins, sinon d'autre façon, pour exiger de ses ministres qu'on me paye mes provisions sans aucun retard, car je ne fais pas rentrer un liard que la moitié ne s'en aille en frais et intérêts, autant de procureurs et de cadeaux que de changes, et cependant la Chambre d'Espagne m'est redevable des arrérages de trois ans et demi, et, de plus encore, la Chambre de Milan, les mois derniers, m'a retenu plusieurs annuités, ce que je n'attendais point de la part de vos ministres, mon service près de Votre Majesté Catholique ayant été continu ; en outre, pour me payer 400 écus, elle m'a donné un lot de riz de 400 charges, et quand j'ai voulu en tirer de l'argent, j'ai dû perdre deux réaux par change, ce qui m'a causé plus de 80 écus de perte environ. Joint à ce malheur que, de mes droits de traite à Naples, on ne m'a jamais rien donné depuis tant et tant de temps, malgré les innombrables cédules d'ordonnance de Votre Majesté. Je la supplie donc humblement de daigner vouloir faire

19

écrire à ses ministres que si on ne retrouve un double de cette concession (car les originaux sont égarés), on veuille bien m'en faire une expédition, et je prie Dieu et Votre Majesté Catholique que cela soit, afin qu'un jour je puisse me rembourser des dépenses infinies que j'ai faites à ce sujet jusqu'à présent, de telle sorte que j'ai quasi plus de perte que de rapport, tant en salaires qu'en cadeaux faits inutilement à divers gentilshommes et à mes procureurs. Et, en suppliant de nouveau humblement Votre Majesté Catholique d'avoir en recommandation son serviteur Titien et de m'excuser si, par la faute de ses ministres, j'ai tardé jusqu'à présent à lui envoyer la toile du Bienheureux Laurent, je l'informe qu'avec ladite toile je lui envoie une peinture d'une Vénus nue que j'ai faite depuis. Et avec tous les sentiments de dévouement et de respect je lui baise ses mains catholiques.

De Venise, le 2 décembre MDLXVII [1].

Le *Martyre de saint Laurent* parvint, en effet, peu de temps après en bon état à Madrid. On le plaça sur le maître-autel de la vieille église de l'Escurial, où il se trouve encore. C'est une répétition, avec quelques variantes, de la célèbre composition de l'église des Jésuites à Venise.

Les trois peintures promises à la ville de Brescia allaient aussi être bientôt terminées. C'étaient des toiles destinées à décorer le plafond de la grande salle du palais communal. D'après le programme donné par les députés de la municipalité, le compartiment central devait représenter la *Ville de Brescia avec Minerve, Mars et trois Naïades* ; dans les deux autres cadres, on devait voir d'un côté *Vulcain et les Cyclopes* à la fournaise avec un lion terrible qui rugit sur le devant et, de l'autre, *Cérès et Bacchus* avec deux Nymphes [2]. Le procureur Girolamo Grimani, ami de Titien, fut chargé, à

---

1. Archives de Simancas. CAVALCASELLE et CROWE, II, 372.
2. ZAMBONI, *Memorie intorno pubbliche fabbriche di Brescia*. In-fol. Brescia. 1778.

plusieurs reprises, par les Brescians de presser le *1568*
peintre; celui-ci put enfin leur écrire, au mois de mai
1568, que les toiles étaient achevées : il n'attendait que
de l'argent pour les expédier. Deux de ces compositions
furent exposées d'abord dans l'église de San-Bartolomeo,
puis envoyées à Brescia où Cristoforo Rosa, élève du
peintre, chargé des décorations complémentaires, s'empressa de les recevoir et de les déballer. Orazio se présenta quelques jours après pour toucher le solde des
honoraires paternels; mais il se trouva alors en présence
d'une municipalité irritée qui lui manifesta hautement
son mécontentement, disant qu'il était impossible de
reconnaître la main de Titien dans ces peintnres négli-
gées. Un tribunal d'arbitres fut constitué qui estima à
mille ducats la valeur des toiles. Titien refusa cette offre
qu'il considérait comme insuffisante ; cependant, malgré
l'intervention de l'évêque Domenico Bollani qu'il avait
mis aussitôt en campagne, il dut, à la fin, baisser ses
prétentions devant la résistance des Brescians et se contenta de la somme allouée par la sentence arbitrale [1]. Il
nous est impossible de juger de quel côté était la raison
dans cette querelle, car les peintures de Brescia n'eurent
pas longue vie : elles furent brûlées, du vivant même du
maître, le 18 janvier 1575. Une seule des compositions,
celles des *Cyclopes*, nous a été conservée par une gravure de C. Cort en 1572. On y remarque une mise en
scène plus hardie que jamais des figures plafonnantes ;
l'invention, sinon l'exécution, y porte encore l'empreinte
du vieux lion. Le laborieux nonagénaire ne cachait pas,
du reste, que, pour poursuivre ses travaux toujours
nombreux, il avait recours à son fils, à ses neveux et
cousins et à un certain nombre d'élèves. Il l'avait fran-

1. Lettre de Titien à Domenico Bollani, du 5 juin 1569, dans
ZAMBONI, ouv. cité, 143.

chement déclaré à Philippe II en lui proposant d'entreprendre, en huit ou dix compartiments, la vie de saint Laurent. A l'âge où il était, on ne pouvait compter qu'il mît beaucoup lui-même la main à des toiles décoratives d'une si grande dimension ; l'étonnement de la municipalité de Brescia semble marquer à cet égard quelque naïveté provinciale. C'était à des peintures de dimensions moins vastes, pouvant êtres vues de plus près, qu'il consacrait ce qui lui restait de vigueur et de feu. Il ne cessa d'y travailler jusqu'à son dernier jour et, malgré l'affaiblissement fatal qui s'y trahit par un certain vacillement des formes, les dernières œuvres qu'il laissa inachevées témoignent d'une persistance merveilleuse dans ses facultés de compositeur et surtout de coloriste. Le *Couronnement d'épines* qu'on admire à la Pinacothèque de Munich en est l'exemple le plus frappant. Jamais son pinceau n'avait trouvé une gamme d'harmonies plus expressives et plus profondes que dans cette étonnante ébauche où la composition du Louvre est reprise avec une liberté bien plus chaleureuse. Dans l'atelier de Titien, le *Couronnement d'épines* avait excité une telle admiration que Tintoret, dit-on, pria le vieux maître de le lui donner en souvenir. C'est, en tout cas, chez le fils de Tintoret que Boschini le vit plus tard, peu de temps avant que celui-ci le vendît à un amateur des Pays-Bas, où, pendant le XVIIᵉ siècle, il a pu être étudié par Rubens, Van Dyck et peut-être par Hals et Rembrandt[1].

---

1. Aucun peintre au monde n'a jamais employé le pinceau avec plus de fermeté et de maîtrise que Titien, à quatre-vingt-dix ans, sur cette toile. Il y a réduit les couleurs de sa palette au blanc, au noir, au rouge, à l'orange, les seules couleurs dont se servaient, paraît-il, les plus anciens peintres de la Grèce. Plus tard, Rubens et Van Dyck suivirent parfois l'exemple de Titien ; mais, mieux que tous les autres, y réussit le vieux Frans Hals dans les deux fameux portraits du musée de Haarlem. » (LERMOLIEFF, p. 46.)

Cependant, toujours préoccupé d'assurer un avenir 1569 brillant à son fils Orazio, Titien avait, dès 1567, fait des démarches auprès du Conseil des Dix pour qu'on lui accordât la survivance de sa charge de courtier à l'entrepôt des Allemands. Au mois d'avril 1569, on avait fait droit à sa requête[1]. Peu de temps après, il obtenait de Philippe II des lettres-patentes transmettant, après sa mort, à Orazio, sa pension de 200 écus sur le Trésor de Milan[2]. Depuis quelque temps déjà il avait aussi laissé à son fils le soin de s'occuper seul et sous son nom de leur commerce de bois de constructions[3].

Sa correspondance avec le roi d'Espagne devient insensiblement plus rare ; cependant, elle ne cessa jamais. Les archives de Simancas ont conservé une collection de lettres écrites par lui soit à Philippe, soit à Antonio Perez dont la longueur et la netteté attestent une main encore ferme et un esprit toujours présent. S'il ne s'y accusait lui-même d'affaiblissement dans la mémoire, on aurait quelque peine à croire qu'elles émanent d'un homme de cet âge. Cette correspondance se prolonge jusqu'en 1576, quelques mois avant sa mort. Ce sont toujours les mêmes protestations de dévouement mêlées aux mêmes réclamations d'argent et accompagnées de projets de travaux. Ces perpétuelles lamentations à propos de la douane de Naples ou du trésor de Milan ressemblent fort sans doute à du rabâchage ; cependant, lorsqu'on voit la longue liste des chefs-d'œuvre envoyés

1. CADORIN, 9, 11, 65.

2. GAYE, *Carteggio*, III, 297. Les lettres patentes, portant la date du 5 juillet 1571, faisaient partie de la collection de B. Fillon (n° 2098, inventaire par Charavay, 1879).

3. Dans les manuscrits du Dr Jacobi, à Cadore, se trouve un ordre du Podestat de Murano, en date du 4 août 1568, de payer à Orazio Vecelli, « marchand de bois aux Zattere », 280 livres 16 sous, pour bois fournis à la commune de Murano pour la restauration du Grand Pont. CAVALCASELLE et CROWE, II, 378.

en Espagne par le grand peintre et pour lesquels il n'avait jamais reçu d'autres payement régulier que ces concessions honorifiques de pensions illusoires, on accorde bien des circonstances atténuantes à cette apparente avidité. Ce qui reste, d'ailleurs, intéressant pour nous au milieu de cette phraséologie courtisanesque à la mode espagnole et de ces trop fréquents appels de fonds dans les formes humiliantes qu'exigeaient les mœurs du temps, c'est cette activité incessante de l'artiste que l'âge ne peut affaiblir. Ayant déjà dépassé les bornes ordinaires de la vie humaine, il semble que le nonagénaire oublie par instants qu'elles existent encore pour lui. Le 26 octobre 1568, il annonce au roi qu'il vient de terminer un *Notre Seigneur avec le Pharisien lui montrant la pièce d'argent*. Ce n'était sans doute qu'une répétition, avec quelques variantes, du *Christ au denier* fait pour le duc de Ferrare plus de cinquante ans auparavant:

Je supplie Votre Majesté de daigner en jouir en même temps que de mes autres peintures; et, comme je désire clore les jours de cette extrême vieillesse au service du roi Catholique mon Seigneur, je lui promets que je vais composant une autre invention de peinture d'un travail et d'un art beaucoup plus grand qu'il ne m'en a fallu peut-être dans aucune depuis bien des années; dès qu'elle sera achevée, je la présenterai très humblement à son très haut respect. En attendant, afin que je puisse travailler plus librement, sans ces continuels tracas et frais que me donne cette bienheureuse concession de grains dans le royaume de Naples non encore réalisée depuis tant et tant d'années, et afin que je puisse servir Votre Majesté en achevant cette peinture, je la supplie très humblement de daigner vouloir que cette traite me soit expédiée dans le plus bref délai, sans aucun retard, et qu'elle me soit expédiée libre de tous change et frais par la chambre, en récompense de tant et de si continuelles dépenses faites pendant de longues années pour cette affaire et à cause de mon ancien dévouement. Et de même que cette grâce peut m'être très facilement concédée par la bonté infinie et la munificence de Votre Majesté Catholique, de même elle me soulagera,

en sorte que, dans le très grand besoin où je me trouve à pré- **1570**
sent, je croirai que l'âme m'est revenue dans ce corps affligé et
tout consacré à son service[1].

Quelques semaines avant d'écrire cette lettre, Titien
avait exercé l'un des privilèges les plus extraordinaires
qui lui eussent été conférés par l'empereur Charles-
Quint. Le 18 septembre 1568, il avait légitimé, par procuration, les deux fils d'un prêtre de Cadore, Pietro Costantini, curé de San Vito, dont l'un avait déjà dix-neuf
ans, et l'autre dix-sept[2].

Aucun événement important pour Titien ne paraît
avoir signalé l'année suivante ; mais, en 1570, la mort
de son meilleur ami, du dernier survivant du Triumvirat,
l'architecte et sculpteur Sansovino, âgé de quatre-vingt-
onze ans, l'avertit, une fois de plus, d'avoir à songer au
grand départ. Il se presse alors de plus en plus de
mettre ordre à ses affaires et, bien que le roi d'Espagne,
trop occupé par le soulèvement des Pays-Bas pour prêter
une oreille attentive à ces plaintes lointaines d'un vieux
serviteur, ne répondît plus, comme autrefois, à ses lettres,
il ne cesse cependant de lui chanter son antienne accoutumée, en l'accompagnant toujours d'un envoi de tableau
nouveau :

Très Invincible et très Puissant Roi,

*Je crois qu'à cette heure Votre Majesté aura reçu la peinture
de Lucrèce la Romaine violée par Tarquin[3], que l'ambassadeur*

---

1. CAVALCASELLE et CROWE, II, 379-380.

2. L'acte porte l'inscription suivante : *Légitimation accordée par
Titien à la requête du Rév. P Pietro Costantini, curé de S. Vito de
Cadore, de ses deux fils Antonio de 19 ans et Giovani Battista de
17 ans, qu'il a eus de la femme Maria, fille de Giacomo Perini de
San Vito, payée par lui.* (TICOZZI, p. 241).

3. Le *Tarquin et Lucrèce* fait aujourd'hui partie de la collection de
sir Richard Wallace, après avoir passé par celles de Joseph Bona-

des Vénitiens lui devait présenter ; c'est pourquoi je viens la supplier humblement de daigner me faire savoir comment elle lui aura plu. Et puisque j'y suis forcé par la calamité des temps présents durant lesquels chacun pâtit, à cause de la guerre continue, je supplierai en même temps Votre Majesté de daigner favoriser son serviteur Titien de quelque bienveillante faveur de sa grâce très clémente, soit par quelque secours de là-bas, soit par quelque autre moyen qui lui conviendrait, car je n'ai pu rien retirer depuis de longues années ni de la concession de Naples, ni d'aucune de mes pensions ordinaires. En sorte que je ne sais comment trouver moyen de vivre dans mes dernières années, que je dépense toutes au service de Votre Majesté Catholique, sans servir personne autre, n'ayant pas reçu un liard depuis dix-huit ans en payement des peintures que je lui ai envoyées de temps en temps. J'en adresse le mémoire à cette occasion au secrétaire Perez, et, certain que sa clémence infinie saura reconnaître le dévouement d'un serviteur de quatre-vingt-quinze ans par quelque témoignage de sa libéralité infinie et quelque munificence, en lui envoyant aussi deux estampes du dessin de la peinture du Bienheureux Laurent, je me recommande humblement en sa bonne grâce.

De Vtre Mté Catholique,

Très humble et très dévoué serviteur,

Titiano Vecellio.

De Venise, le 1er jour d'août 1571[1].

Il est possible que Titien exagérât, dans une certaine mesure, les difficultés de sa situation ; mais il est certain, d'autre part, que la cour d'Espagne, malgré ces octrois intermittents de pensions insaisissables pour leur titulaire, restait la débitrice du peintre. Voici, en effet, le mémoire récapitulatif que le peintre envoyait ce jour-là à Antonio Perez et qu'il dut lui renvoyer une seconde

parte, lord Northwick et Conyngham. MM. Cavalcaselle et Crowe croient que c'est le tableau acheté par Louis XIV à Jabach qui figure sur les inventaires du Louvre jusqu'en 1754 (CAVALCASELLE et CROWE, II, 385.)

1. Archives de Simancas. CAVALCASELLE et CROWE, II, 344.

fois, trois ans plus tard, dans une lettre dont nous *1571*
l'extrayons :

MÉMOIRE A SA MAJESTÉ CATHOLIQUE PAR TITIEN ET ORAZIO, SON FILS

Primo, qu'on mette en compte la pension d'Orazio mon fils sur Milan, afin que sans tant de tracas, de fatigue et de frais il puisse jouir de la faveur accordée par Sa Majesté.

Item, les peintures envoyées à Sa Majesté à diverses époques depuis vingt-cinq ans sont les suivantes, ou du moins quelques-unes, mais non toutes, et c'est en quoi on désire que le Seigneur Alons [1]*, peintre de Sa Majesté, ajoute celles qui manquent parce que je ne me les rappelle pas toutes :*

VÉNUS AVEC ADONIS (1556).
CALISTO ENCEINTE DE JUPITER (1561).
ACTÉON SURPRENANT DIANE AU BAIN (1561).
ANDROMÈDE LIÉE AU ROCHER (1562).
EUROPE EMPORTÉE PAR LE TAUREAU (1556).
CHRIST DANS LE JARDIN, EN ORAISON (1562).
LES HÉBREUX TENTANT LE CHRIST AVEC LA PIÈCE D'ARGENT (1568).
CHRIST AU SÉPULCRE (1561).
LA SAINTE MARIE MAGDELEINE (1561).
VÉNUS AVEC AMOUR QUI TIENT LE MIROIR (?)
LA FEMME NUE AVEC LE PAYSAGE ET LE SATYRE (1567).
LA CÈNE DE NOTRE-SEIGNEUR (1564).
LE MARTYRE DE SAINT LAURENT (1567).

avec beaucoup d'autres que je ne me rappelle plus [2]*, etc., etc.*

D'autre part, la République souffrait, comme tous les autres États, de la crise violente des guerres religieuses qui agitait alors l'Europe ; la situation des artistes y devenait fort précaire. Depuis 1570, on était en lutte avec le Sultan, et Venise jusqu'alors n'avait éprouvé que des défaites, perdant l'île de Chypre et plusieurs autres possessions dans la mer Ionienne. Les corsaires turcs infestaient les côtes de Grèce, les îles Ioniennes,

1. Alonso Cano.
2. Archives de Simancas. CAVALCASELLE et CROWE, II, 399.

pénétraient impunément dans l'Adriatique. Ce fut, sur
la place Saint-Marc, un immense cri de soulagement,
lorsqu'on y apprit la grande victoire remportée à Lépante
par les flottes espagnole et vénitienne alliées sous le
commandement de Don Juan d'Autriche (7 octobre 1571).
Dès le 8 novembre suivant, le Conseil des Dix décida
qu'il y avait lieu d'immortaliser le souvenir de cette
glorieuse journée par une grande peinture dans le
palais ducal. On sollicita Titien de s'en charger, avec
l'aide de Salviati ; mais le vieillard s'excusa probablement et c'est à Tintoret qu'échut la tâche de représenter
la *Bataille de Lépante*, dans la salle de la Bibliothèque.

Néanmoins, le vieux maître n'était point demeuré
indifférent à ce triomphe de la civilisation et de la
chrétienté. S'il ne se crut plus capable d'entreprendre
une composition vaste et mouvementée comme celle du
palais ducal, il céda facilement à l'invitation de
Philippe II. Ce monarque l'avait prié de lui conserver le
souvenir de cette action mémorable par une allégorie
dont il lui envoyait le projet. Pour bien préciser son
désir, le monarque avait fait faire cette esquisse par
Sanchez Coello qui se prêta, paraît-il, d'assez mauvaise
volonté à cette fantaisie irrespectueuse pour Titien. Le
roi, en armure, était représenté tenant dans ses bras
son petit enfant et l'offrant à un ange lumineux qui
descend du ciel avec une couronne et une palme, tandis
qu'à leurs pieds se roule dans la poussière un Turc
enchaîné. A cette esquisse Coello avait joint un portrait
de Philippe. Quand Titien reçut les deux toiles, son
premier mouvement fut de les renvoyer à Coello dont
il avait appris sans doute les scrupules. Il écrivit au roi
que le peintre habile auquel il devait ces esquisses était
très capable de les exécuter et qu'on n'avait pas besoin

de s'adresser à des artistes d'outre-mer lorsqu'on en *1574*
avait de si vaillants chez soi. Mais Philippe II insista et
Titien dut peindre, d'après l'esquisse de Coello, l'allégorie
qui se trouve au musée de Madrid, peinture assombrie,
brossée avec une hâte visible, mais où la vigueur du
vieux praticien éclate encore dans la fierté de la touche
et dans l'intensité des colorations.

La *Bataille de Lépante* fut expédiée à Madrid le
jour de Noël 1574. C'est une des peintures que put voir
dans l'atelier de Biri Grande Henri III, roi de France,
lorsque, revenant de Pologne, il traversa Venise au mois
de juin et voulut rendre visite au plus glorieux artiste de
l'Italie. On ne sait s'il emporta en France quelques-uns
des tableaux que Titien lui aurait offerts. D'après une
tradition contemporaine, l'une des peintures qui avaient
le plus frappé le roi, à Venise, était le grand *Ecce Homo*
(du musée du Belvédère) appartenant alors à Giovanni
d'Anna. Henri III en offrit huit cents écus à son propriétaire, mais celui-ci ne voulut pas le céder. En
expédiant la *Bataille de Lépante*, Titien y joignait
derechef le mémoire cité plus haut avec une lettre au
secrétaire Antonio Perez, dans laquelle il le remerciait
de ses bons offices et lui accusait réception de 800 écus
sur 1,100 qui lui avaient été payés par la Chambre
d'Espagne. Quant à la Chambre de Milan, elle faisait
toujours sourde oreille. « Cependant, ajoutait Titien,
je ne cesse pas de servir tant que je peux Sa
Majesté Catholique autant dans la *Bataille* que dans
d'autres ouvrages commencés, comme dans la peinture
de la *Nativité* que j'ai commencée, ayant entendu dire
par le peintre qui est arrivé d'Espagne ces jours-ci et
qui est venu chez moi, que Sa Majesté désirerait la
Nativité de Notre-Seigneur, la seule de mes peintures
qui lui manque. Semblablement, je vais conduisant à

fin, autant que le permet le temps en cette saison, les autres peintures de Votre Seigneurie et de la Sig^ra son épouse, qui sont déjà menées à bon terme[1]... »

Un an se passa encore sans que ni le roi ni le secrétaire n'eussent répondu par quelque faveur effective à Titien au sujet du mémoire qu'il leur avait adressé, bien qu'Alonso Cano eût été chargé de dresser l'inventaire demandé. A l'occasion de la fête de Noël, le vieillard tenace crut pouvoir renouveler sa réclamation et renvoyer une copie de sa malheureuse facture, pour la troisième fois au moins[2]. On ne lui répondit toujours pas. Il renouvela sa plainte trois mois après, il la renouvela l'année suivante. Ces deux suppliques humiliantes, les deux dernières lettres de lui qui nous aient été conservées, marquent, jusqu'au bout, malgré la lenteur pénible et comme épuisée de leurs interminables phrases, une constante présence d'esprit :

Titien a Philippe II

Catholique et Très Puissant Roi, mon Seigneur,

Sachant avec quelle grande bonté Votre Majesté Catholique a déjà ordonné que lui fût rappelé le récolement des peintures envoyées par son ordre en divers temps, je viens maintenant, avec la confiance de son vieux serviteur Titien, lui en remettre un nouveau mémoire dans la ferme espérance que sa Royale et haute libéralité envers moi voudra qu'on exécute ce qu'elle a ordonné en ma faveur, afin que d'un cœur plus joyeux je puisse vaquer aux autres ouvrages consacrés à la gloire de Votre Majesté que je vais faisant dans mon âge dernier. Et, en vérité, dans les mauvaises fortunes du monde, j'ai grand besoin de la puissance et très réelle libéralité d'un prince comme est au monde Votre

1. Archives de Simancas. Cavalcaselle et Crowe, II, 398-399.
2. MM. Cavalcaselle et Crowe font observer que, dans son mémoire, Titien avait oublié de marquer un certain nombre de toiles envoyées par lui à Madrid, notamment l'*Adam et Ève* et le *Christ portant sa croix* qui sont encore au musée du Prado, II, 400-401.

Majesté Catholique, que Notre-Seigneur Dieu garde longtemps, 1575
ainsi que je le prie très dévotement à toute heure et très dévotement je m'incline.

De Votre Majesté Catholique,

Le très dévoué et très humble serviteur,

TITIANO VECELLIO.

De Venise, le jour natal de Notre-Seigneur Jésus-Christ 1575.

TITIEN A PHILIPPE II

S. C. R. Majesté,

La bonté infinie de Votre Majesté Catholique, qui, par une
habitude naturelle, gratifie tous ceux qui l'ont fidèlement servie
et la servent constamment, me donne le courage de comparaître
devant elle par la présente pour me raviver en sa Royale
mémoire, dans laquelle, à vrai dire, je me persuade que mes
vieux et dévoués services me tiennent encore conservé, comme
aussi pour la supplier d'une faveur qui est celle-ci : vingt-cinq
ans environ sont déjà dépassés depuis qu'en récompense de nombre de peintures que j'ai, en diverses occasions, envoyées à Votre
Majesté, je n'ai reçu aucune chose; ayant cependant connu par
des lettres du Seigneur secrétaire Antonio Perez la bonne volonté
de Votre Majesté envers ma personne pour me gratifier. C'est
pourquoi, étant déjà réduit à un âge très pesant et non sans de
grands besoins, je viens en toute humilité la supplier de donner,
avec sa bienveillance habituelle, à ses ministres les ordres qui lui
paraîtront les plus efficaces pour venir en aide à mes nécessités,
afin que la glorieuse mémoire de Charles-Quint son bienheureux
Père m'ayant inscrit au nombre de ses familiers ou, pour mieux
dire, de ses fidèles serviteurs, en m'ayant au delà de tous mes
mérites honoré du titre de chevalier, je puisse encore, par la
faveur et protection de Votre Majesté, vrai portrait de cet
immortel empereur, soutenir comme il convient ce nom de chevalier si honoré et si estimé du monde et afin qu'on connaisse en
même temps que mes travaux faits durant tant d'années pour la
Sérénissime Maison d'Autriche lui ont été agréables, ce qui me
fera passer d'un cœur plus joyeux le restant de mes jours au
service de Votre Majesté Césarienne, durant lesquels, me voyant
soulagé par sa grâce dans ma vieillesse, je serai d'autant plus

*obligé de prier le Seigneur Dieu qu'il lui concède heureuse et
longue vie avec accroissement de sa divine faveur et prospérité
de ses Royaumes; cependant je demeure attendant de la Royale
bonté de Votre Majesté le fruit de sa faveur désirée, et avec le
respect et humilité que je dois lui baise ses mains sacrées.*

> *De Votre Majesté catholique,*
>
> *Le très humble et très dévoué serviteur,*
>
> TITIANO VECELLIO [1].

De Venise, le 27 février 1576.

A l'heure où le vieillard faisait ces derniers et lamen-
tables appels à la reconnaissance du souverain auquel
il avait, en effet, depuis de longues années, consacré
d'énormes labeurs, la peste avait, depuis plusieurs mois
déjà, fait son apparition à Venise et s'y était répandue
avec une violence inaccoutumée. Les relations avec le
continent étaient interrompues; toutes les affaires
publiques ou privées, en suspens: on avait dû installer à
la hâte des hôpitaux dans presque toutes les îles des
Lagunes, d'où s'élevait, chaque jour, en noirs tourbillons, la fumée des grands feux où l'on jetait les
vêtements et les meubles des victimes. Une terreur
silencieuse planait sur la ville où l'on n'entendait que le
murmure des inutiles prières, faites dans toutes les
églises, à saint Marc et à saint Roch. Les morts,
abandonnés de tous, étaient embarqués à la hâte et
ensevelis dans ces îles maudites. En un an, sur une
population de 190,000 habitants, 50,000 avaient été
emportés par la contagion. Pourquoi Titien et son fils
Orazio, au lieu de se réfugier, comme tant d'autres,
dans leurs montagnes salubres, demeurèrent-ils en plein
foyer de contagion? Sont-ce des devoirs impérieux qui
les retinrent à Venise? Y restèrent-ils seulement pour

---

1. Archives de Simancas. CAVALCASELLE et CROWE, II, 402-404.

veiller, dans cet universel désordre, sur leur maison et *1576*
sur leurs biens ? Ou bien la sortie de Venise fut-elle, à
un certain moment, interdite à ses habitants par la
population affolée des contrées environnantes ?

Quoi qu'il en soit, le 27 août 1576, au moment où il
allait achever sa centième année, le robuste vieillard fut
frappé par le fléau, au milieu de ses œuvres inachevées,
dans sa maison de Biri Grande. Son fils Orazio, atteint
en même temps que lui ou peu de jours après, fut transporté dans le Vieux Lazaret, au Lido, où il mourut.
Leur maison, restée déserte et sans surveillance, ouverte
à tous venants, fut pillée de la cave au grenier. La
plupart des tableaux, tous les bijoux, tous les petits
meubles, tous les papiers disparurent avant que la police
parût. Une proclamation faite, l'année suivante, par le
Conseil criminel pour inviter la population à dénoncer
les voleurs ne fit rentrer dans les mains des héritiers
qu'un petit nombre de ces objets précieux, parmi
lesquels se trouvait sans doute une correspondance
importante dont la perte est irréparable. Cependant, au
milieu de l'épouvante générale, les magistrats de la
République se réunirent pour déclarer qu'il y avait lieu
de déroger aux décrets sanitaires en l'honneur d'un si
grand homme et que, malgré les lois interdisant la
sépulture dans l'intérieur de la ville, Titien serait,
suivant sa volonté, enseveli dans l'église Santa Maria dei
Frari à laquelle il avait destiné sa dernière peinture, une
Pietà. Le 28 août, les chanoines de Saint-Marc se rendirent en grande pompe à la maison dévastée et, au
milieu d'une population atterrée et respectueuse, trans-
portèrent processionnellement le cadavre dans la
chapelle du Crucifix, sous la protection de ses deux
chefs-d'œuvre : la *Vierge des Pesaro* et l'*Assomption*.
Les artistes de Venise, convoqués sur-le-champ, avaient

aussi projeté de lui faire des funérailles magnifiques ; mais la nécessité d'un ensevelissement précipité et la persistance du fléau les obligèrent à renoncer à l'exécution de leur programme qui nous a été conservé par Ridolfi.

Palma Giovine plaça peu de temps après, sur la tombe de Santa Maria dei Frari, le buste de Titien, son maître, et celui de Palma Vecchio, son oncle. Plus tard, lorsqu'il eut lui-même suivi dans la tombe les deux illustres amis, un de ses élèves, à son tour, fit poser sur le mur une inscription qui pendant longtemps signala seule l'endroit où reposait l'un des plus grands génies de la Renaissance :

TITIANO . VECELLIO

JACOBO . PALMA . SENIORI . JVNIORIQVE

ÆRE . PALMEO

COMMVNI . GLORIA

En 1838 seulement, grâce à une souscription universelle, fut commencé, par les sculpteurs Luigi et Pietro Zandomeneghi, le mausolée de marbre, terminé en 1852, qu'on y voit aujourd'hui en face du mausolée de Canova.

Palma le jeune se chargea aussi d'achever la *Pietà* qui se trouve aujourd'hui à l'Académie des beaux-arts. Le révérend abbé Pomponio s'était déjà hâté de se faire mettre en possession de l'héritage paternel. Dès les premiers mois de l'année suivante il était en procès avec son beau-frère C. Sarcinello, tuteur de ses neveux, que Titien, par un codicille spécial, en cas de mort d'Orazio sans descendance légitime, avait prudemment avantagés aux dépens du dissipateur. Au mois de décembre 1580, il vendait, par procuration, la maison patrimoniale de Cadore, et, au mois de décembre 1581, il cédait, pour payer ses dettes, celle de Venise, avec tous les tableaux qu'elle contenait, à Cristoforo Barbarigo, l'un des membres de cette famille patricienne qui avait toujours aimé et protégé son père. Au mois de mai 1582, il ne possédait plus que cinq petits champs et une cabane et finit par se retirer dans un village, à San Pietro di Castello, où il mourut misérablement.

FIN.

ŒUVRES PRINCIPALES DE TITIEN

ALLEMAGNE

ANGLETERRE

AUTRICHE

BELGIQUE

ESPAGNE

ÉTATS-UNIS D'AMÉRIQUE

FRANCE

ITALIE

TABLE DES MATIÈRES

BIBLIOTHÈQUE VARIÉE, FORMAT IN-16

A 3 FR. 50 LE VOLUME

QUESTIONS D'ART ET D'ESTHÉTIQUE

BERGER (C.) : *L'École française de peinture depuis ses origines jusqu'à la fin du règne de Louis XIV*... 1 vol.

CHEVRILLON (A.) : *La pensée de Ruskin*... 1 vol.

FILON (A.) : *La caricature en Angleterre*, avec 8 photog... 1 vol.

GAULTIER (P.) : *Le rire et la caricature*, avec 16 planches hors texte... 1 vol.
Ouvrage couronné par l'Académie française.
— *Le Sens de l'Art*, avec 16 planches hors texte... 1 vol.
Ouvrage couronné par l'Académie des Sciences morales et politiques.
— *L'idéal moderne*... 1 vol.

GEBHART (E.), de l'Académie : *Sandro Botticelli*... 1 vol.

JUGLAR (L.) : *Le style dans les arts et sa signification historique*... 1 vol.
Ouvrage couronné par l'Académie française.

LAPAUZE (H.) : *Mélanges sur l'art français*... 1 vol.

LARROUMET (G.), de l'Institut : *Études de littérature et d'art*, 3ᵉ et 4ᵉ séries... 2 vol.
L'art et l'État en France... 1 vol.
Petits portraits et notes d'art... 2 vol.

LA SIZERANNE (R. de) : *La peinture anglaise contemporaine, ses origines préraphaélites, ses maîtres actuels, ses caractéristiques*, 3ᵉ édit... 1 vol.
Ouvrage couronné par l'Académie française.
Ruskin et la religion de la beauté, sa physionomie, ses paroles, sa pensée esthétique et sociale, 6ᵉ édition, avec 2 portraits... 1 vol.
Ruskin, pages choisies... 1 vol.

LA SIZERANNE (R. de) (Suite) :
Le Miroir de la Vie (Essais sur l'évolution esthétique)... 1 vol.
Les questions esthétiques contemporaines : I. L'Esthétique du fer. — II. Le Bilan de l'impressionnisme. — III. Le Vêtement moderne dans la statuaire. — IV. La Photographie est-elle un art? — Les Prisons de l'art... 1 vol.

LEMONNIER (H.) : *L'Art français au temps de Richelieu et de Mazarin*, 6ᵉ édit... 1 vol.
Ouvrage couronné par l'Académie française.

MARÉCHAL : *Rome, souvenirs d'un musicien*... 1 vol.
— *Paris, souvenirs d'un musicien*... 1 vol.

MARTHA (C.), de l'Institut : *La délicatesse dans l'art*, 3ᵉ édition... 1 vol.

MICHEL (E.), de l'Institut : *Étude sur l'histoire de l'art* (Diego Velasquez; les débuts du paysage dans l'école flamande; Claude Lorrain; les arts à la cour de Frédéric II)... 1 vol.

MOREAU-VAUTHIER (Ch.) : *Gérôme, peintre et sculpteur, l'homme et l'artiste*... 1 vol.

ROLLAND (Romain) : *Les grands musiciens modernes*... 1 vol.

RUSKIN (J.) : *Le repos de Saint-Marc*... 1 vol.

SOURIAU (P.) : *L'imagination de l'artiste*... 1 vol.

TAINE (H.), de l'Académie française : *Philosophie de l'art*, 11ᵉ édition... 1 vol.

9 782019 229047